U0456112

正在消失的记忆

王封臣 著

团结出版社

图书在版编目（CIP）数据

中国年：正在消失的记忆 / 王封臣著. -- 北京：团结出版社，2021.2（2023.3 重印）
ISBN 978-7-5126-8498-0

Ⅰ.①中… Ⅱ.①王… Ⅲ.①春节－风俗习惯－中国－通俗读物 Ⅳ.① K892.18-49

中国版本图书馆 CIP 数据核字（2020）第 250909 号

出　版：团结出版社
（北京市东城区东皇城根南街 84 号　邮编：100006）
电　话：（010）65228880　65244790（出版社）
（010）65238766　85113874　65133603（发行部）
（010）65133603（邮购）
网　址：http://www.tjpress.com
E-mail：zb65244790@vip.163.com
tjcbsfxb@163.com（发行部邮购）
经　销：全国新华书店
印　装：三河市东方印刷有限公司

开　本：170mm × 240mm　16 开
印　张：25
字　数：343 千字
版　次：2021 年 2 月　第 1 版
印　次：2023 年 3 月　第 2 次印刷

书　号：978-7-5126-8498-0
定　价：66.00 元

序

“中国年”就是中国的春节，是每年一次全体中国人最祥和、最吉庆的日子，也是中国文化中人文关怀文化的集中体现，更是充满了丰富多彩的民俗活动和传说故事。所以，“春节”被国务院认定为中国非物质文化遗产。了解中国文化应该从了解“中国年”开始，“讲好中国故事”也应该要讲好“中国年”的故事。

众所周知，评书是讲故事最好的形式之一，北京评书是国家非物质文化遗产，我又是这个遗产的传承人。从这个意义上讲，封臣亦是传承人。现在，他用评书这个非物质文化遗产来宣扬“春节”这个非物质文化遗产，我称之为是一种大胆而又恰当的“双遗”尝试。

到今年为止，我与封臣相识整整十五年，成为师徒也已十一年。封臣是一位创作型的说书人，十五年来，我们一起合作了《古今荣耻谈》《轩辕黄帝》《中华好人颂》《虞舜大传》《中国母亲风采》《话说泰山》《燕泉香传奇》《红顶清风》《尧母大传》《彭大将军》《新老虎学艺》《消失的罗马军团》《花果山传奇》《大孝惟忠》等二十多部长短篇评书作品。封臣也逐渐成了一名创作、表演成熟的评书家。

不但如此，封臣还一直专注着中国传统文化的教育与普及工作，是多家大、中、小学的国学讲师，针对不同人群，发挥评书特长，将中国优秀传统文化讲解得绘声绘色，深受他的听众喜爱，他的传统文化功底也日渐深厚，陆续开展和出版了《禅宗的智慧》《清史》《菜根谭的智慧》《话说中国典故》《故事解析金典语句》等讲座与图书。

尤其是他创作的《中国年》，一经推出，已在全国五百家电台播出，成为近些年春节期间在电台播出频率最高的艺术作品。

从整体结构上来说，《中国年》不能算是一个“传统”意义上的评书。它没有一贯到底的书胆（主人公），也没有一脉相承的剧情。它是一个以“中国年”（春节）这个概念为主线将中国传统广义上“年”的每一天串联起来，以每一天的民俗、传说、神话、掌故为血肉的“民俗串讲”。但是，里面的每个传说、每个掌故却无一不是用“评书”的形式和结构表现出来的，使得整个春节民俗在听众耳里更加的活泼、鲜明、有趣。

《中国年》播出之后，反响特别热烈。这部书曾被中央人民广播电台选中，他们请封臣将其再次创作成了十段二十回的春节评书特别节目——《新春话年俗》，邀请了包括我在内的田连元、田战义、连丽如等评书家共同录制并播出，得到听众的认可；中国网曾三个春节期间邀请封臣用音频、新年画、直播等不同方式为网友讲述过这部书的相关内容；中国教育电视台更是邀请封臣做客 2018 年春节期间的“国史演义”，推出了五期名为《春节秘事》的栏目。可见，封臣的《中国年》是目前国内介绍“春节”最为详尽的书籍之一，已经得到广大媒体和听众的认可。

如今，这部书的文本经过封臣的再次整理出版，希望能得到广大读者的再度认可，并为“讲好中国故事”添砖加瓦。

刘兰芳

2020 年 12 月

目录

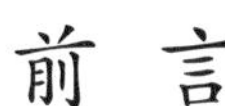

前言

这本书叫《中国年：正在消失的记忆》。

有人说了：“有吗？中国年不就是春节吗？我们年年过啊。办点儿年货，吃顿饺子，给孩子点儿压岁钱，大家在一起吃顿团圆饭，看看春晚，不就是这回事儿嘛！哪里消失了？”

这还没消失呢？过年就吃顿饺子、给包压岁钱就算完了？咱们传统新春佳节过年的事儿多了去了。就拿吃饺子给压岁钱来说，这里面就有许多学问。为什么吃饺子呢？为什么给压岁钱呢？饺子怎么包？压岁钱怎么给？有什么深层次的意义？可能这些记忆，有些朋友就不太清楚了。如果我们不把这些记忆捡起来，那这些记忆不就慢慢消失了吗？

其实不光是过年，咱们中国每个节日的背后，都有着浓厚的文化底蕴。不过，随着时代的发展，随着我们国际化步伐的加快，最近这些年外国的文化不断地冲击着中国的传统文化。不少的人，尤其是一些年轻人，对外国的节日可以说是趋之若鹜，总觉得人家外国的节日都好，忽视了我们中华自古以来的这些佳节。

其实，外国的那些节日在咱们中国都有。都有？啊！您别不信！您说什么节咱们中国没有吧！

有人说了：“人家外国有圣诞节！”——咱们有春节啊。

“人家有平安夜！”——咱们有除夕啊。

“外国有万圣节！”——这不就是外国的鬼节么？我们的更多啊，清明算一个吧？七月十五盂兰金盆节，这也算一个鬼节吧？甚至说冬至有的地方也作为鬼节。

“外国有狂欢节！”——咱们中国的正月十五、正月十六历来就是狂欢节。甭说现在，在古代到了十五、十六这天，连皇上娘娘都得出来搭鳌山、观灯点火与民同乐。这要不是正月十五观灯点火，能引出来那么多英雄故事吗？《隋唐演义》上面“七煞反长安”，《薛刚反唐》上面“薛刚惊圣驾”，《水浒传》上面“宋江闹花灯”，这多少英雄故事发生在这个元宵佳节上面啊。那就是因为元宵节是中国的“狂欢节”。

“外国人有情人节”——中国人有七夕啊。七夕牛郎会织女，金风玉露喜相逢嘛。

……

总而言之，这些节日在我们中国都能找到。不仅咱们中国有外国人这些节日，中国独有的节日他外国还不一定有呢！为什么？因为咱们中华是一个有着万年文明的文明古国，而且这种文明从古至今、一脉相承，从没有间断过，这是咱们每个中华儿女都应该感到自豪的。为什么呢？您就说现在世界上哪一个国家有咱们中国的文化深厚吧，可以说没有。四大文明古国——古埃及、古巴比伦、古中国、古印度，到了现在还能够繁荣地存在的，也就咱们中国这一个了。能不值得咱们骄傲吗？

不过话又说回来了，正是由于目前我们中国人自身的不重视，才慢慢导致我们这些传统的节日光芒暗淡，甚至有些节日被外国注册成了人家的世界文化遗产，这不能不说是我们中国人的一个遗憾啊，也不能不引起我们自己的反思。

所以，我们每个中华儿女应该从本身做起，来维护我们的节日，来发扬光大我们的传统佳节。这也是我们提升“文化自信”必须去做的！

有人说了：“你说了半天，咱们这些中国节背后究竟有什么好东西，有哪些可以回忆起来的美好记忆呢？”

您别着急啊，咱们得慢慢地聊。

别的节日咱们暂且放在一边，就先说说这过年吧。

首先说中国的“年”是从哪天开始呢？中国的春节又到哪天结束呢？

有不少人都认为，中国的年是从腊月二十三也就是“祭灶”开始，到正月十五基本结束。其实，这个说法，不算十分正确。广义上的年，严格意义上的传统春节，应该从腊月初八就开始了，一直要到二月初二这才算完完全全地真正结束。那么长？是啊。过去不是有一个过年的童谣么？

腊八祭灶，

年下来到，

小闺女要花，

小小子要炮，

老太太要个新裹脚，

老头子要个新毡帽。

就是说“年”是从腊八开始的，那么咱们就从“腊八节”开始寻找记忆吧……

第一章

腊八节
——舶来的「洋节」还是中国的土产？

最早舶来的“洋节”却关系朱皇帝的婚事，好吃的腊八蒜乃是讨账的高招，败家子败家的结果与大文豪中奖的后续竟如此的不同，一碗腊八粥引发了诸多的争议……

中国每年的阴历腊月初八，称为“腊八节”。家家户户在这一天，要喜气洋洋地吃一种粥，叫腊八粥。腊八粥的做法很多。有的用糯米、红豆、桂圆、枣、栗子、花生、榛子、白果、松子煮成一种“甜稀饭”，有的用小米、大枣、地瓜做成粥……总而言之，“腊八粥”是一种黏黏糊糊的、营养丰盛的、抗冻耐寒的一种“吃喝”。另外，在中国北方一些地方还有着在这天吃腊八蒜或做腊八蒜的习俗——把蒜泡到醋里面。有的在腊八以前泡好了，腊八吃；有的就放到除夕过年的时候就着饺子吃。

为什么要过腊八节呢？对于“腊八”的起源，说法不一，大体有两种说法。

一种说法，“腊八”就是我们土生土长的华夏民俗。早在《礼记》中就有记载：“腊，猎也。谓猎取禽兽以祭先祖五祀也。”因为“腊”字的繁体字“臘”和“猎”的繁体字“獵”差不多。也就是说古代到了腊月，人们要打一些飞禽走兽来祭奠祖先、祈福消灾。这个习俗在夏朝的时候叫作“嘉平”、殷商的时候叫作“清祀”、周朝的时候叫作“大蜡”、到了汉代改作“腊”。据西汉的文学家杨恽《报孙会宗书》记载，当时“田家作苦，岁时伏腊，烹羊炮羔，斗酒自劳”。就说老百姓忙了一年，到这个时候要杀羊酿酒，慰劳一年的辛苦。这就说明在汉代以前，人们就重视腊祭。哪一天为腊日呢？《说文解字》上有解释：“冬至后三戌为腊。”曹魏以辰日为腊；两晋以丑日为腊。一直到了南朝时，在《荆楚岁时记》中记载，谓“十二月八日为腊日”，“腊八”出现了！那个时候，老百姓到了这天，鸣鼓起舞，还有个谚语叫：“腊鼓鸣，春草生。”就是说这个腊八的。以上证据说明了

“腊八节”是咱们土生土长的华夏民俗。

当然，还有一个说法说“腊八节”是个舶来品，源于佛教，腊八是佛陀成道日。

为什么一到腊八，各大寺院都舍粥呢？就是为了纪念这个意义非凡的日子。那么哪种正确呢？个人认为，这两种说法并不冲突、矛盾。本身它是一个巧合。也就是说，腊八既是咱们中国古代的一个祭祀的重要节日，又是佛陀的成道日。老百姓把这两个吉祥的事情结合在一起，才形成了我们中国独有的腊八节。

腊八节和如来佛有关？

“佛陀成道日”之说是怎么来的呢？

佛陀就是指的释迦牟尼佛。他本来是迦毗罗卫王国的王子叫“悉达多”。可是悉达多并不贪恋王位，而是目睹着社会的不平，众生的痛苦，他下定决心要寻找一种能够解脱人类的痛苦的方法。于是，二十九岁的悉达多毅然抛弃荣华富贵，出家修行，寻找解脱大道。他跟随了很多高士仙人学习了很久，尝试了很多条道路，吃了很多苦，受了很多罪，但仍然找不到解脱众生的方法。最后这些仙人也没什么东西教给悉达多了。悉达多一跺脚，唉！看来求人不如求己，他决心用自己的智慧和精进来寻找真理，于是他找到了一片苦行林，决心把这里作为道场，不成就自己的大愿，决定不离此地。他就在这里用种种苦修的办法进行修炼。

一年、两年、三年、六年！静静地，慢慢地，悉达多一天一天走近解脱之门。但是，此时的悉达多已经瘦得皮包骨头了，像一具骷髅。悉达多感觉到心中渐渐地明白了，但这种明白的境界是不能用语言来形容出的。太子仔细思量，知道了，明白了一个道理。什么道理啊？苦了肉体，反而是执着于肉体。就是说自己老想着刻苦精进，其实是执着于精进；老想使自己受苦，使自己受磨炼，其实，反倒是执着于受，执着于磨炼。解脱的大事不是用肉体受苦才能得到，也不是用坐禅才能够得到的，而是要忘了肉体才能够获得。不能忘怀肉体，心就无法清净；心不清净，则一切污秽不能消除；污秽不能消除，那能走上解脱的大道吗？不行，我这种修为不对！悉达多想到这里就想起来。可是现在，起不来了。他晃晃荡荡往上一站，就觉得两腿发飘，脑袋嗡嗡作响，头晕目眩，怎么了？血糖太低！吧唧！悉达多摔倒在地，人事不省！晕过去了。

幸好，被一个名叫苏阇妲的放羊姑娘看到了。她赶紧从身上取出一个小坛子来，打开了。这坛子里边还有少半坛子的羊奶米饭。苏阇妲用羊奶米饭救活了悉达多吃。

悉达多谢过苏阇妲，起身就来到尼连禅河，在这儿沐浴过后，遇到了一个担草之人，叫苏谛耶。悉达多受苏谛耶一束芒草的供养，找到了一棵大菩提树，他把芒草铺在了地上，然后静坐在草座之上，面朝东方沉思冥想。突然，悉达多眼睛一睁，“欸！”他是恍然大悟，证到了无上正等正觉！也就是《金刚经》上所说的阿褥多罗三藐三菩提。这位说了：“哎，他恍然大悟，悟的什么啊？”这个啊？我也不知道。怎么？我要是悟了，我就成佛了。佛是什么啊？佛就是觉者。没觉悟就不是佛，觉悟了就是佛。究竟怎么觉悟的，您自己悟去吧。总而言之，悉达多悟了，成佛了，从现在开始他就是一代的伟大的导师——佛陀！也就是常说的如来佛祖。

那一天，查一下日历，正好是腊月初八！为什么腊月初八要喝腊八粥呢？就是为了纪念佛陀成道，也是为了感谢那个牧羊女赠粥。直到现在，一到腊八节，各大寺庙的僧众们都会施舍腊八粥来纪念这个日子。闹了半天，腊八粥原来就是那个牧羊女施舍给佛陀的奶油米饭！

但是，也有传说，说腊八粥本来就是来源于咱们中国，和外国的佛陀没关系。

腊八节跟放牛皇帝朱元璋有关

明代人刘若愚作《明宫史》中就有有关腊八粥的描述。说“初八日，吃腊八粥。先期数日，将红枣捶破泡汤。至初八日，加糯米、白果、核桃仁、栗子、菱米煮粥。供佛圣前，户牖、园树、井灶之上，各分布之。举家皆吃，或互相馈赠，夸精美也”。看来腊八粥在明朝的宫廷里也是非常出名。为什么呢？原来，关于腊八粥起源的传说，还有一个，虽与正史记载有出入，但也非常有趣，在此也说来听听，这个传说跟明朝开国的乞丐皇帝朱元璋扯上了关系。

话说朱元璋小的时候，家里特别的穷。不得已，为了生活，朱元璋只能给村里的马大户家打工。打什么工呢？割草、放牛，干点零活儿，挣一文半分的，养家糊口。天长日久，朱元璋居然把马大户家的姑娘马秀英给勾搭住了。马秀英？啊，就是那位未来有名的马大脚马娘娘。其实也不是朱元璋给勾搭上的，是人家马秀英姑娘看上朱元璋的。一看朱元璋这人，相貌不凡！嗯……太丑了！五孔朝天，嗬！丑得太出奇、太可爱了。俗话说得好，有奇异的长相，必有奇异的能力。你别看这个朱元璋现在给我家放牛，看此人以后必成大事！为什么马秀英这么想呢？有原因。

说有一次，朱元璋又出去放牛去了。一边放牛，一边砍柴。放牛，这是公活儿，给马大户家放牛嘛，算打工；砍柴，这是外落儿，利用放牛的时间砍点柴，卖俩钱儿，挣个零花钱，补贴家用。

朱元璋砍了半天柴，砍累了，想找个地方休息休息。他发现，不远处有块草地，一面靠着树林，三面都是陡坡，好像一块盆地。这地方不错，又软乎，还有太阳光，天然的太阳浴场所！朱元璋一看，挺好！就躺在草地之上睡起觉来。他一睡觉，四肢打开，整个人大大咧咧地躺在那儿。要打上面往下看，人形就如同一个“大”字似得。

也赶巧了，正在这时，马秀英打观音庙烧香回来，正在坡上经过，她无意间往下面草地上瞟了一眼。哎哟！可了不得了，马秀英就发现这朱元璋摆了一个“大”的姿势躺那儿了。但是朱元璋来的时候拿着根扁担呢。当马秀英看他的时候，他正把扁担横在了头上了。从上面一看，连人带扁担，成了一个“天”字。开始，马秀英觉得挺有意思：你看，朱元璋在这儿晒太阳睡觉呢，把扁担横头上了，嗬！跟身子正成一个“天”字，太有意思了。她忍不住又看了一眼，“嘶……哎呀！”马秀英吃了一惊。怎么？朱元璋变姿势了，可能这朱元璋睡累了，他把身子一侧，来了一个“右侧位”睡眠。但朱元璋侧身子的时候，手也不知怎么弄的就把这根扁担抓住了，下意识地往腰间一横。从马秀英的角度观看，那就是一个“子”字。哎哟！马秀英当时心里就“咯噔”了一下。这朱元璋前后两个姿势加起来，那就是“天子”二字啊！看来，这是老天预警给我的，说明日后这个朱元璋必成天子。什么是天子？那就是皇上啊！哎呀，看来我眼力没错，我原来就觉得这个朱元璋不是个凡人。现在看来，老天预警，他日后必成皇上，那我就得死心塌地地跟着他！马秀英打定主意了，打这儿开始，就死心塌地、真正地、完完全全地喜欢上了朱元璋。时不时地，马秀英就给朱元璋送点吃的；隔三岔五地，马秀英就给朱元璋缝个衣服、补个袜子什么的。可以说对朱元璋处处照顾。

可是，马秀英他爹——马大户这人为富不仁，对待长工短工是喝来唤去，刻薄凶狠。朱元璋放牛只要稍有差错，他就对朱元璋非打即骂。不仅如此，还常常不给朱元璋饭吃，挨饿对于朱元璋来说那是司空见惯的事儿了。

有一次，朱元璋放了一天牛，到了晚上，牵着老水牛回来。村外有一条河，河上就有一座独木桥。每天朱元璋放牛回来进村必过此河，过此河就得走这座独木桥，今天也不例外，朱元璋牵着牛就过这座独木桥。可是，桥板太窄了，这头老水牛今天也不知道怎么了，走到了桥的正当中，一不留神一脚踏空，“咕咚”一下，掉到桥下水里去了。可把朱元璋给吓坏了，这要是把牛给摔死了，自己就得给偿命啊。那年头，人都没牲畜值钱。朱元璋赶紧“噼里啪啦”也下河了，费了半天劲总算是把牛给拉上了岸。一看，谢天谢地，牛没死。没死是没死，但是前边的左腿摔断了。哎呀！朱元璋当时汗就下来了，这要是让马大户知道了，非得把我的腿打折了不可啊。可是也没有办法，硬着头皮叫来了几个帮工，把牛抬着回到了马大户的家。

见到了马大户，朱元璋把事情经过一说，马大户一看：好你个朱元璋啊。前些时候，让你放牛，你同几个小伙伴儿把牛给我吃了，把牛尾巴插在了山缝之中。说什么？牛被山给夹住了！哦，这一次你又把牛腿弄折了，你这是存心啊！这还了得！“来啊！把这个不知死活的家伙给我吊起来，给我狠狠地打！”

“是！”“哗！”大户人家有的是狗腿子，几个人上去把朱元璋按倒在地，扒了个精光。然后把朱元璋吊在了磨坊的房梁之上。这顿鞭子，把朱元璋打得哭爹喊娘，七荤六素。最后，朱元璋把腿一蹬“呃……”昏死过去。

马大户不依不饶：“用水泼过来，给我接着打！”还打啊？再打人都死了。

这个时候，就听见背后有人说话了：“慢！住手！”

“嗯？”马大户回头一看，谁啊？自己的闺女马秀英，她喊了那么一嗓子。您可别小瞧马秀英，这可不是一般的女子，她是一个反封建的“女汉子”啊。为什么叫马大脚呢？就因为人家马秀英宁死不裹脚。在那个封建思想极其严重的时代，就这一点，难能可贵！而且，那个时候的女孩子，都得在房间里待着，讲究“大门不出，二门不迈”。就这位，不管那一套，爱上哪儿去上哪儿去。马大户，你看那么凶，拿这孩子瞪眼儿没辙。一看见马秀英出来了，马大户就不太乐意。“嘶……秀英啊！你一个大姑娘家家，抛头露面，也不怕别人笑话。去，回屋去！”

“我不回去！爹啊。你这是干什么呢？”

“哎呀！女孩子管那么多事儿干吗啊？快点回去！”

“不行，这事儿我还非得管。爹啊，你不说我也明白，刚才我都打听了。

这朱元璋不就是不小心把牛腿弄折了吗？你这样打他，这不小题大做了么？

值当的么？”

“啊，啊？哎哟！真是女大不中留啊。你，你还帮着外人说你爹，你这个这个……”

“爹，我可不是帮他说你。我这完全是帮着你啊。爹，他弄折了牛腿，你打他两鞭子就完了，何必把人往死里打呢，这对咱有什么好处呢？要是万里有个一，你把他打死了，这可就是一条人命。那可就牵扯到了官司了呀。虽说咱有钱，不怕打官司。那也麻烦不是？也要花银子打点不是？到那个时候赔上去的银子，哼！就不仅仅是一条牛腿了。再说了，这朱元璋，您也知道，可不是什么等闲之辈。我听说，他交了许多绿林上的朋友。你要是把他打出个好歹，那些人可不是吃素的。别的不说，就是隔三岔五在咱们家后院儿点几把火，有事儿没事儿晚上往院子里扔几块砖头，就够你呛！别的话我不说了，你爱怎么办怎么办。你不是让我回去吗？好，我话说完了，走了！”马秀英说完话一转身，领着丫鬟进屋儿了。把马大户就晾这儿了。

马大户望着女儿的背影仔细地琢磨了琢磨，觉得女儿说的还真有道理，还真就是那么回事儿。得了，打成这样也够瞧的了，吩咐人：“去，把这小子给我关空屋子里去！记住啊，五天之内不给他饭吃，饿着他！让他长点记性，看他以后还敢不敢！拉出去！”

就这样，把朱元璋关到了一个空房子里，往地下“咕咚”一扔，上了锁，人家就走了。

也不知道过了多长时间，朱元璋迷迷糊糊地醒过来，就觉得浑身火烫，疼痛难忍。能不发烧么？浑身都是伤口啊。这个时候都到了深夜了。朱元璋放了半天的牛，回来又挨了半天的打，又迷糊了半天，腹中饥饿，连起来的劲儿都没有了，口干舌燥，浑身疼痛。

这个时候，朱元璋恍恍惚惚听见门外有人小声说话："朱元璋，朱元璋。""嗯？"谁叫自己呢，难道是自己听错了，幻觉？朱元璋仔细一听，"朱元璋，你在吗？朱元璋……"没错，是有人叫自己。

朱元璋咬着牙，爬到了门口。"谁啊？"

"朱元璋，是我，是我啊。别大声。"

"呦！"朱元璋这才发现，门外站着一个人，非是旁人，正是小姐马秀英。

她怎么来了，深更半夜的？这、这……"是，是小姐？"

"对，是我。朱元璋啊，我专门给你送东西来了。这儿有一包药面儿，你一会儿抹身上。我又给你烙了一张油饼，还有一瓶水，你赶紧吃了啊。我在门底下给你塞进去。"说着话，马秀英从门底下递过来一个瓶子和一张油布包裹。瓶子里是水，油布里包的是饼。

朱元璋在里面接过来，握在手中热热乎乎的，一闻，打鼻儿香。朱元璋感动得眼泪当时就掉下来了。"小姐，我……"

"别说了，别说了，什么都不用说。赶紧吃，吃完了把东西给我，我得快走，不能让我爹看见。"

"哎！哎！"朱元璋赶紧打开瓶子，吃着大饼就着水，狼吞虎咽，不一会儿的工夫就吃完了。然后把东西又从门底下递给马秀英。

马秀英接过来，左看右看，四周无人，悄悄地对朱元璋说："明天一早我抽时间再来给你送饭，你等着。"然后马秀英转身走了。

马秀英走后，朱元璋打开纸包，一看里面都是药面儿，估摸着可能是什么云南白药之类的，赶紧给自己全身敷上。然后倒地上睡觉。能睡得着吗？浑身剧痛、发烧！迷迷瞪瞪、朦朦胧胧，朱元璋也不知怎么才挨过了这么一夜啊。

到了第二天凌晨，天还没有亮，也就是长工们都起身下地干活了的这个时候，马秀英又来了。从门下边照样递进了一瓶水、一个刚烙的饼、一包药面儿。朱元璋吃了喝了，马秀英走了。上午，又来了，还是那样。晚上照样……就这样，过去了两天。朱元璋没饿着，伤口由于马秀英送来的药面也逐渐好转。

马大户在此期间来过两次，扒着门缝儿往里一看，呃，呃？马大户纳闷儿啊，嘶！这、这哪档子事儿啊？朱元璋不但没有趴下，相反，气色还好了，嘶！莫非有神人相助不成？马大户心下合计，暗地里就注意上了。

单说转过来的第二天，马秀英见长工们都走了，她也偷偷地起了床，来到了厨房，和好了面，切碎了葱花，烙了一张大油饼，趁热用油布包好，转身出了厨房，就往关朱元璋那间小屋走去。眼看着再拐过去一道弯就到了。

就这个时候，马秀英听见后边有人说话了："嗯，是秀英吗？"

"嘶……呦！"马秀英一惊，她听出来了，是爹爹的声音。这，这可怎么办呢？手里面还拿着饼呢？这要让爹爹发现那可不得了啊。那怎么办呢？没有办法，马秀英急中生智，把衣襟打开，"噌！"就把这滚烫的油饼揣怀里了。您想想，刚烙的饼，滚烫滚烫的，就隔着一层薄油布，放到怀里，人受得了吗。当时就把马秀英烫得咬碎银牙啊！但是表面不能表现出来。她转过身来，还得强装笑颜，"哈！爹爹啊？"

"嗯！你起这么早，干什么去？"

"啊，嗯，我……"马秀英一时之间不知道说什么好了。

"哼！你手里提的是什么啊？是不是酒啊？"

“哦，不，不，不是酒，是水。”

“水？你提水干吗啊？”

“啊，啊……爹爹，嗯，是……是这样的。女儿我啊……昨天晚上做了个噩梦，梦见那个朱元璋血头血脸地来到我的面前，说，说他渴。可把我吓坏了，把我给吓醒了。我，我想啊。这人几天不吃饭行，这要是几天不喝水那还不得渴死啊。这要是死了，爹爹不一样脱不了干系么？这不，我就弄了点儿水，给他送去……”

“哼！好啦！你想得倒周到。回去！不许你给他送东西！”

“爹爹……”

“回去！”

马秀英不敢再说什么了，回去吧。拎着水又回到了房中。到了房中，赶紧打开衣服一看，胸口之上被油饼烫了一个饼形的印子。这印子以后就烙身上了。到了后来，朱元璋在皇觉寺做了和尚，然后又占据乱石山，大闹武科场，反了大元，马秀英跟朱元璋失去了联络。一直到了后来，朱元璋定都南京，派人寻找马秀英这位皇娘。人问：“皇娘长什么相貌啊？”朱元璋说：“长什么模样一时半会儿也说不清，你就找一个胸口之上怀着一个明月的人，她就是皇娘。”马秀英就靠这个印记到最后找到了朱元璋，成了大明开国的皇后。这是后话。

马秀英给朱元璋送水，可把马大户气坏了，哎呀，真是女生外向啊，这还了得吗！马上让人给朱元璋换个房间，离自己房间近点，自己要亲自看着他。过完这五天再说。就这样，朱元璋被换号了，到了另外的一个房间。

到这儿，朱元璋一看，比上一个房好点儿，起码有水了。在墙根儿底下立着一个大缸，缸里面还有少半缸水。旁边还有几块砖，堆着几捆柴火，还有些火镰火石，还有口破锅。唯一不足的就是没米没面，要是有米面就可以在这里烧火做饭了。没事儿！朱元璋心里有底儿——反正小姐会给我送饭吃。他还等着马秀英呢。结果，一等不见人，二等不见影，等了一天，马小姐也没来。朱元璋不傻，知道肯定出事儿了，肯定是马小姐给我送饭的时候被人发现了。朱元璋心说话：要是马小姐因为我再受了什么连累，我于心何忍啊？但又一琢磨，不会，虎毒不食子。即使被发现，顶多被马大户骂一顿，也不会出现什么大事儿。但，想想自己没有马小姐照应着，这几天怎么熬啊？吃什么啊？扛吧！

就这样，朱元璋咬着牙，扛了一天。第二天顶着牙膛又扛过去了。到了第三天，咬着舌头也顶不住了。怎么？朱元璋那是个大小伙子，几天没吃饭，能顶得住么？饿得眼冒金星，没东西吃啊。朱元璋心说：我睡觉！睡着了就不饿了！他躺那儿了。想睡啊？睡不着。饿得难受啊。这可怎么办啊？莫非我朱元璋真的要饿死在这里不成啊？他在那儿正胡琢磨呢。就这阵儿，"噌！""嗯？"朱元璋就觉得眼前一晃，什么东西？他仔细一看，有一只老鼠从他面前蹿过，钻到了一个洞里去了。嗯？！朱元璋当时就来精神了。老鼠！哎呀，不错啊，我要是能把这老鼠给抓住，那也可以充饥啊！吃耗子？没什么，人饿急了什么都吃！

朱元璋想到这里，赶紧起身来到老鼠洞旁，就开始挖洞。先用手抠，后来就在柴火堆里挑那些比较结实的棍子撬。不一会就挖了个大洞。那么好挖啊？当然。那个时候家家户户住的都是土房，不是什么砖房，钢筋混凝土更谈不上，所以一会儿的工夫就挖开了。朱元璋往里一看，老鼠啊？老鼠仔都没有！早跑光了，好几个洞呢。但，别看没老鼠，朱元璋却意外发现这老鼠洞里有粮食。呵！什么都有，什么大米、小米、绿豆、红豆、黄豆、玉米、红枣、莲子……也不知道这老鼠怎么划拉过来的。虽然不算太多，但每样也都有点儿。嘿！朱元璋可乐坏了，他把这些东西拼凑起来，拿过来那口破锅，把这些杂粮都放进去，在缸里舀了些水，把砖头垒好，把锅架起来，再把火石火镰拿来"啪！啪！"一打，点着了火，架上了锅，就熬开了。这位说："卫生吗？"卫什么生啊？人都到这一步了，顾不了那么多事儿了，吃饱了再说吧。结果，不久之后就熬出了一锅杂七杂八的粥来。

朱元璋把火灭了，稍微冷了一下，端起锅来，这么一尝，嘿！怎么那么好吃啊！这真是饿了吃糠甜如蜜啊。他一口气把粥喝了个溜光。然后拿舌头把锅刷了。饱餐了一顿，顿时精神头上来了。

这时，马大户又来了，扒着门缝儿一看，呦！朱元璋脸上不但没露饥饿之色，反倒是精神焕发！马大户一看五天没有饿死朱元璋，莫非这小子真的像有些人说的那样——不是凡人？算了，就把朱元璋给放了。

到了后来，朱元璋参加了农民起义军反对大元。南征北战，东挡西杀，终于做了大明的开国皇帝。那时候的朱元璋可不比现在了，吃尽穿绝，什么好吃什么，山珍海味都吃腻歪了，每天御膳房端上菜来，朱元璋闻都不爱闻，那也得吃饭啊，吃什么呢？哎！他就想起了那年用老鼠洞里的粮豆煮成的粥了，觉得自己不应该忘记过去的苦日子，这样才能够励精图治。于是命令御厨用杂七杂八的粮食、豆类熬成一锅糖粥。正好，那天是腊月初八，所以朱元璋就给这个粥起了个名字，叫作"腊八粥"。

朱元璋这人还比较重视教育子女，他自己吃腊八粥，还让儿女们也吃腊八粥，让他们在荣华富贵之时别忘了祖辈创业的艰辛。文武官员们一看皇帝全家都吃腊八粥了，咱做臣子的，也得跟着学啊，也跟着吃起腊八粥了。老百姓一看你们都吃啊，我们也吃！这样，腊八粥就在中国的民间流传开来了。

这就是腊八粥起源于朱元璋的传说。

腊八粥与宫廷

咱们介绍了两种关于腊八粥的传说，从中可见我们中国人对于腊八粥的情节是多么的深刻。

腊八粥有很多做法，在《燕京岁时记》中记载，说腊八粥要："用黄米、白米、粳米、小米、菱角米、栗子米、红豇豆、去皮枣泥等合水煮熟，外用染红的桃仁、杏仁、瓜子、花生、榛穰、松子、白糖、红糖、葡萄，以作点染。切不可用莲子、扁豆、薏米、桂圆，用则伤味。"从中可见腊八粥的用料是十分讲究的。

但是，这《燕京岁时记》中所记的腊八粥的做法，只是一种做法。粥是一种家常的东西，不必要那么刻薄。我就见过用莲子和桂圆熬粥的，也是腊八粥，也十分好喝。所以，咱们熬粥的时候只需要根据自己的口味去熬就是了。

从养生学的观点来看，冬寒食粥，加之各种米、果的营养掺和，有大补之效。所以，到了腊月，您也不妨抽时间熬这么一锅黏黏糊糊、甜甜蜜蜜的腊八粥，一家人团团围住，共同品尝。

在古时候，腊八粥煮成了之后，要先盛上几碗，放置于庭院天井、碾磨盘上、牛马羊猪圈的门上等位置，以表示同庆丰收、迎吉祥之意。到了清代，这个习俗更是盛行。清代大作家曹雪芹在其名著《红楼梦》上就有"世上的人都熬腊八粥"的表述。就连那位道光皇帝爱新觉罗·旻宁都曾专门写过一首腊八粥的诗，诗云：

一阳初复中大吕，
谷粟为粥和豆煮。
应时献佛矢心虔，
默祝金光济众普。
盈几馨香细细浮，
堆盘果蔬纷纷聚。
共赏佳品达沙门，

沙门色相传莲炬。

童稚饱腹庆州平，

还向街头击腊鼓。

这什么诗啊？来回换韵，反正差点儿。敢情皇帝作诗也不一定好到哪儿去。但，不管怎么着，那是皇上写的，也证明了腊八粥在当时的皇庭里也非常受欢迎，是每年必备品。

除了腊八粥是羊奶米饭和秏子米饭以外，对于腊八粥的传说还有好几个。如，有人说腊八粥源于宋朝……

腊八粥跟抗金名将岳飞有关？

说在南宋时期，民族英雄岳飞大破金兵，把金兵打了个稀里哗啦。眼看着岳飞就要挥师北上，直捣黄龙，迎回二帝了。结果在这么个档口儿，朝廷连下了十二道金牌，调岳飞回京。其实，将在外君令有所不受，岳飞本可以不理这个茬儿，继续北上。结果这岳飞也愚忠，他弄不明白自己忠的是谁，其实忠的是国家，而不是统领者。为了老百姓的安康，忠义又算得了什么呢？可是岳飞不这么想，他怕就怕丢掉忠臣二字。没办法，急急班师回京。一路之上，粮草不济，走得太快了，兵将怨声载道。本来都不愿意回去，再把粮草断了，更是人人埋怨。怎么办呢？岳飞没有办法，只能出榜筹粮。

四周的老百姓闻讯，哦，岳家军断粮草了，这咱们不能不管！家家户户都把饭做好了送到岳家军。岳飞一看，好嘛，太全乎了。怎么？什么饭都有，有大米粥、小米粥、绿豆粥、红豆粥、玉米粥、莲子粥……这怎么分啊？后来还是大将牛皋给岳飞出了个主意。“嗨！我说大帅！这有什么难处啊？你找来我们盛饭的大桶，把这所有的粥都倒入桶中，用大勺子那么一搅和，一人给一碗，不就结了么，你犯这个难干什么啊？”嘶，对啊！哎，此计不错！岳飞马上下令，把所有的粥都混在一起，然后分而食之。这天，敢情就是腊月初八。

到了后来，岳飞进京被拿，以莫须有的罪名被害风波亭。老百姓痛不欲生，为了表示对岳飞的怀念之意，每年腊月初八就烧起“百家饭”，这就是腊八粥。

腊八粥的另一个民间传说

还有一个有关腊八粥的传说。

说是在古代，有一户人家，一个老头儿、一个老婆儿、一个儿子。

老头儿和老婆儿都是北方种地的庄稼人，整日劳作，种着各种谷物，一年到头儿总是勤勤恳恳地过日子：公鸡一打鸣，老头儿就起来下地，老婆儿就起来点火做饭；老头儿耪五更地回来，老太太已经把饭做好，屋里院外收拾得是干净利索、整整齐齐；吃完了饭，老头儿抽袋烟又下地了，老婆儿就搬过纺车，“嗡嗡嗡”地纺线。就这样，他家里年年打得粮食是“大囤溜，小囤满”，有吃有穿，日子过得美美满满的。提起这一家，四邻八舍的个个挑大拇指称赞。

但是，由于老两口子就这么一个宝贝儿子，所以爱如珍宝，那真是要星星不敢给月亮，捧到手里怕飞了，含到嘴里怕化了，从小就舍不得支使他干活，如此，把这孩子可就给娇惯坏了。一来二去，这个孩子就待惯了，不愿意干活了。爹让他学耪地，他不去干；妈让他学管家，他不听。这孩子就知道玩儿。老头老婆一想：嗨，孩子还小呢，也许长大了，一懂得过日子了，就好了！“树大自直啊！”倒霉就倒霉到这个“树大自直”身上。

时光如梭，一眨眼的工夫，孩子长到了十八岁。大小伙子了，依然是游手好闲，衣来伸手、饭来张口，什么事儿都不会做。

十八岁成年了，老两口子就给孩子张罗找了一门亲事。挑良辰、择吉日把媳妇娶进门。结果，太巧了，偏偏娶的这个媳妇也是个盆朝天碗朝地的人，什么活儿都不会干，什么事儿都不会做，根本不会过日子。真可谓“懒媳嫁惰汉，什么都不干”。

开始的几年，二老都在，小两口全靠老辈儿的，日子不算富裕，但也饿不着，温饱还有保障。但是，人总归有老的时候，老头儿和老婆儿渐渐地老了。

突然有一天，老头子得了重病，病是越来越重，找了郎中大夫也治不好，眼看就要死了。临死之时，老头把儿子叫到跟前，拉着儿子的手，语重心长地嘱咐：“孩子啊，爹不行了，临死之前，爹嘱咐你一句话，你一定要记住啊！‘谁家地上耪得勤，谁家粮食打满囤。’我不行了，今后这个家就靠你了，你要再像从前那样下去，早晚是要受罪的！”老头儿说完就死了。

小伙子根本没把爹的话记在心中，老头儿死了，他当家了，仗着爹留下的房子、地，还有一囤粮食，就天天吃吃喝喝，玩玩乐乐。老婆儿也劝不了。最后老婆儿连急带气，也病倒在床上了。病也是越来越重，眼看就不行了。

老婆儿一想，儿子是指望不上了，不听话啊，那我就嘱咐嘱咐媳妇吧。老婆就把儿媳妇叫到跟前，拉着她的手痛心地说：“孩子，你记住我一句话啊‘谁家烟囱先冒烟，谁家高粱先红尖。’你们这样可不行啊，你要跟你男人这样好吃懒做下去，早晚是要受罪的！”老婆儿说完也死了。

媳妇儿更没把婆婆的话记在心里，一看老婆儿也死了，可没人管他们了，这小两口就坐吃山空。每天日头不晒屁股不起炕，地里长遍了野草也不耪一锄，天天只顾吃呀花呀。您想想，那年头一个农民的家庭能存多少东西？没半年，两个人就把父母给他们留下的存粮吃了个底儿朝天。

眼见着进腊月了，这一天正是腊八。丈夫就对媳妇说：“别睡了，别睡了！都什么时候了，还睡！去，淘点儿米来做饭！”

这媳妇嘟嘟囔囔地挺不乐意，起来了。到粮仓一看，个个囤子都是空空的，粮食吃完了。媳妇儿回来跟丈夫说：“哎，我说当家的，还做什么饭啊？米面都没了！”

“啊，没了？”

“啊！”

“不可能！”

“你不信？你去看看啊！”

小伙子拉着媳妇儿来到粮仓，一看，果然米面皆无。哎呀！这可怎么办啊？没米了，也不能不吃饭啊。还是小伙子有点聪明劲儿，伸手在粮仓墙下把笤帚抄起来了，挨个儿地在囤子底下打扫。一通忙活，八个囤子底儿都扫完了，好歹扫了一些杂七杂八的米粒儿，收集起来一看，也就刚刚够做一顿粥的。两口子就把这些米熬成了粥，吃了最后一顿饱饭。这顿吃完了，下顿怎么办呢？上哪儿去找粮食去？没有办法，第二天，小伙子就拉着媳妇儿，顶风冒雪出门开始了乞讨的生活。

这是什么时候？腊月的天气啊。常说一句话叫“腊七腊八，到处冻个大疙瘩”。腊月初头这几天，是冬天最冷的时候！寒风呼呼地啸，大雪哗哗地飘！怎么“哗哗的”？啊，鹅毛大雪，砸到地上都能出声！冰天雪地，这两口子哆哆嗦嗦出门要饭，饥一顿饱一顿，总算把这个年给熬过去了。

一日两，两日三，转眼就到了来年的春天。小伙子天天带着老婆要饭，一看现在这个季节春暖花开。想起了父母在的时候，又该选种种地了。想想原来父母，春种秋收，小日子过得何等的红火。再看看现在，破衣烂鞋，食不果腹。两个人悔得肠子都青了。后来，两口子一合计，不行！咱们不能这么下去，咱们得靠自己的劳动吃饭，也得像老辈人那样下力气干活。两口子合计好了，回家去了。

到家后，先去亲戚家借了点粮食作种子，撒在地里，也跟着别人学习如何耕田。乡亲们一看，哎哟，这两口子要学好啊，都替死去的老两口高兴！都是乡里乡亲的，能帮怎么不帮啊？手把手地教给他们。

就这样，两个人年轻力壮，慢慢地，日子又好过了。没过两年，家里富裕了，房子也翻盖了，媳妇抽空还给小伙子生了一个大胖小子。

不过，两个人的日子虽然好了，但是两口子也养成了一个习惯，每年到了天寒地冻的时候，一到腊八这个日子，一定要从各种米中抓出一把，掺在一起熬粥喝，为的就是记住那个坐吃山空的教训。

一来二去，左邻右舍都知道了这件事儿，一传十，十传百，十里八乡的乡亲也都知道了。后来人们每到旧历腊月初八这天，就形成了一个风俗：家家五更起来，把许多杂粮放在一起熬一锅杂粮粥，就叫它“腊八粥”。在吃“腊八粥”的时候，老人们总爱对晚辈讲这个故事，接着，老人便念叨起老头儿和老婆儿临死时说的话：“谁家烟囱先冒烟，谁家高粱先红尖，谁家土地耪得勤，谁家粮食打满囤。”用此来启发后代们要勤俭。这种一到腊八就要喝“腊八粥”的习俗就流传下来了。

腊八节，煮五豆，源于文学家欧阳修？

在腊八这天除了要做腊八粥，在我国的一些地方还要煮“五豆”。

“五豆”就是五种豆子，有黄豆、绿豆、蚕豆、豌豆还有豇豆。相传，这个习俗和宋朝大文学家欧阳修有关。

欧阳修，字永叔，号醉翁，晚号六一居士，是吉州庐陵（今江西吉安）人，是位大文豪、大史学家，大政治家，唐宋八大家之一！官拜过枢密副使、参知政事、刑部尚书、兵部尚书、太子少师等职。

可是欧阳修小的时候家庭太困难了，四岁丧父，他是被寡母抚养长大的。到了适学年龄，别说上学读书了，就连买纸笔的钱也没有。怎么办？欧阳修的母亲就自己教欧阳修识字。没笔写字怎么办？就叫他去河边拔荻秆，去掉叶片，洗净晒干后，用直立的茎当笔，以沙土作纸，学习写字。到了后来，欧阳修长大了就到街上卖字画养家糊口。

单说有这么一天，欧阳修正在大街之上卖字画，就发现街上的人呜泱呜泱地都奔东门去了。哎，这怎么回事儿啊？欧阳修拉住一个人一打听才知道，本城的大富豪李员外在东门搭了一座彩楼，要让他的女儿在此抛彩选婿。

原来，李员外有一个独生女，长得貌若天仙。李员外对这个女儿爱如珍宝。女孩子大了，上门提亲的人把门槛儿都踩破了。可是人家李小姐一个没相中。高不成低不就，转眼这姑娘都二十好几了，在那个年代她可就成了“剩女”了。都大姑娘了，还没有婆家，你说着急不着急。为什么姑娘看不上其他人呢？原来啊，这个姑娘早就对欧阳修慕名，心有所属了。最后，姑娘告诉李员外，我要抛绣球自己择婿。李员外拗不过她，只好在东门搭了一个高台，小姐登高台要选女婿。你说这消息能不轰动么？全城的老百姓都炸了，全奔东门去了。尤其是那些二十啷当岁的小伙子、光棍儿汉，嗬，跑得更快！一个个争先恐后，你推我扒拉，怎么？谁不想得到人家李员外的姑娘啊。这要是一彩球正砸在自己头上，嗬，那中了头彩了就！所以这些老百姓全过去了，奔东门。

欧阳修二十多岁，正是好奇的时候，也跟着人去看热闹了。字画摊不要了？那能值几个钱？放那儿了。他也跟着人群向东门走去。

到了东门外一看，嚯！就见这个彩楼四周，围得是里三层、外三层、三层外面加三层、三层三层加三层、三层外边儿还有三层，整个儿成了一锅人粥了，呜呜泱泱的。

欧阳修这小伙子，也想看看热闹，劲儿也有，往前挤就挤到前面去了。结果挤到前边儿中彩了。怎么？这不是往枪口上撞么？人家等的就是他。

李小姐手里拿着个绣球，正在台上四处寻摸呢，寻摸谁啊？就寻摸欧阳修呢！李小姐心说话：这欧阳修难道不知道信儿吗？不对啊。那么知道信儿他怎么没来呢？哎呀，这不急死人了吗？小姐正在那儿着急呢，欧阳修挤到前边来了。小姐一眼就看见欧阳修了。哟，在这儿呢，好咧！站住了，别动，对，着球儿！“日！吧儿！”砸头上了。这才叫中“头”彩了呢。

欧阳修就觉得头一懵，他不明白，旁边的人都跟着起哄：“哎哟，选中了，选中了！”有的认识啊，“选中卖字画的穷小子喽。”“哗——”大家把欧阳修拥着就来到了台上。

李员外一看：啊？哦，这位成了我女婿了？他知道欧阳修，这小子家里十分贫苦，我女儿怎么能嫁给他呢？“不行，嗯……这回不算，我女儿砸偏了，得重新来过，再砸一次。”

那哪儿行啊？小姐不干啊！“爹啊，亏你说得出口啊！再砸一次，那是什么了，那是二婚，我要的是头婚。我一点儿也没砸偏，我砸的就是他，我就认准他了，我是非他不嫁！”这小姐挺倔强。

李员外哪能同意啊？不同意不行啊，小姐就跟他爹大干了几仗。最后李员外一生气：“好好好，丫头啊，你要是非得嫁给他，我就不认你这个女儿。你就别在我们老李家！”

李小姐一听：“不在就不在，我还不愿意待了呢，我走！我还告诉你，爹！我就是死了，我也要嫁给欧阳修！”

父女关系彻底地破裂，小姐一赌气走了，找欧阳修去了。有情人终成眷属，那年头儿，住在一起就算是夫妻了，就合法了。

从此以后，这李小姐就和欧阳修一起过着贫苦的日子，欧阳修便把卖字画得来的钱交给妻子掌管。你别看李小姐是大户人家的孩子，这个人倒能够跟欧阳修同甘共苦，勤俭持家，节衣缩食。两口子穷，没有什么过多的东西能吃，每天早晨只能吃豆子稀饭。

两个人苦熬日子熬到了皇王开科，妻子取出了平日攒下的银子给欧阳修作盘缠。欧阳修问：“这银子从何而来啊？”妻子说了：“那是咱们吃豆子稀饭省下来的。”

欧阳修就拿这个银子，到了京师赶考，结果金榜题名，一步身荣，做了大官，携妻赴任。

妻子怕欧阳修做了高官，忘了根本，就在腊月初五这天，给欧阳修煮了一顿五种豆子的稀饭。

欧阳修一尝，把舌头一伸："哎呀，难吃！难吃！"

妻子接着就讲述了过去经历的苦难。说："咱们原来吃的豆子稀饭比这还难吃，咱们怎么过来的呢？为什么到了现在，你就吃不了这豆子稀饭了呢？"

"哎呀。"欧阳修深感妻贤，妻子的意思是不能让自己忘了过去的苦难。欧阳修连连称善，就给家里定了规矩：每年腊月初五这天要吃一顿豆子稀饭。

欧阳修的故事后来传到了民间，老百姓纷纷效仿。就把"煮五豆"跟"腊八粥"弄混了，所以也有的地方腊八时煮五豆，就形成了腊八"煮五豆"的习俗。

一直到现在，还流传着这么一个民谣呢：

绿豆绿（音陆），莫忘苦当初；

黄豆黄，莫忘做文章；

豇豆豇，莫忘菜汤汤；

蚕豆蚕，莫忘三更寒；

豌豆豌，做官且莫贪！

"要账"的腊八蒜

北方不少地区，人们在腊八这天除了做腊八粥以外，还会做一种蒜，叫作"腊八蒜"。"腊八蒜"怎么做？把剥了皮儿的蒜瓣儿放到一个可以密封的罐子或者瓶子这样的容器里面。然后倒入醋，封上口放到一个冷的地方。慢慢地，泡在醋中的蒜就会变绿。最后变得通体碧绿，如同翡翠碧玉，这就叫腊八蒜，泡的醋就叫腊八醋。到了年三十儿，拿出来，就着饺子吃，非常有滋味儿！

其实腊八蒜在旧的时候不仅仅是用来吃的，它还有一个十分奇特的用处。

进入腊月，年关将至。做生意的也都要清算一下今年的收支，算算账，准备过年了。一般的买卖铺子都要在腊八这天开始拢账。掌柜的背着灶王爷把一年来外赊欠款给算清楚，记到账上。等到腊月二十三灶王爷上天了，然后再去讨债。俗话说得好：过年不欠账么。但是中国毕竟是个礼仪之邦，过大年呢，你跑到人家家门口吆唤："张三，哎，出来，你还该我三文钱呢！""李四！过年了啊，去年欠的我那一毛钱什么时候还啊？""王五……""马六……"这不好听、失礼。万一弄出什么过分的话来，再打起来，就更不好了。那怎么办呢？这个时候腊八蒜就派上用场了。因为腊八蒜的"蒜"和算账的"算"同音。往往掌柜的在腊八之前就泡好了几坛子腊八蒜。到了腊八这天，掌柜的打发伙计到欠债的人家挨门挨户地送"腊八蒜"。

欠债的收到腊八蒜一看，心里明白了：噢，这是要账的来了，哎呀，我得赶紧想办法还钱。所以，老北京有句老话叫作“腊八粥、腊八蒜，放账的送信儿，欠债的还钱。”故此，在过去，腊八蒜都是这样只送不卖。您想啊，那时候满大街吆喝：“腊八蒜啦！卖腊八蒜啦！”谁欠你的？非挨揍不可。

到了今天，很少有人家再自己弄腊八蒜了。想吃腊八蒜，到超市去买，很方便。腊八蒜原有的那要账的功能，已经退化了。腊八蒜到如今成了中国人新春佳节时要吃的一种吉祥的吃食。

第二章 祭灶

——家家有个「黏牙」的神儿

说不清祭灶是哪一天，搞不明灶君是女还是男，“贿赂”神仙其实很简单，这就是关乎每个家庭命运的“黏牙”小年……

过了腊八，就算进年关了。腊九、腊十就该办年货了。过了腊八再往后一个比较重要的日子，就是腊月二十三。俗称小年，又叫祭灶。

“二十三，糖瓜粘”指的就是祭灶。农历的十二月二十三日，在我国民间称为小年，又称为祭灶，是祭祀灶君的节日。在我国的有些地方，也有过二十四日的，也有过二十五的。有所谓“官三民四船家五”的说法，也就是说，官府在腊月二十三日这天过，一般的老百姓在二十四日那天过，水上人家则为二十五日举行祭灶。

其实，古代祭灶的日期，历来说法不一，不仅腊月有，还有说祭灶在正月、在四月、在五月、在八月、在十二月的等等。怎么差距那么大啊？在我国封建社会里，诸教并存，神灵之数高达万千之多，民间习惯一概敬之。老百姓谁也不得罪，只要是神仙我都拜，只要是神仙我都敬。您看，再也没咱们中国人有意思的了，中国人，什么都信，甭管是佛教的神仙、道教的神仙、基督教的神仙等等，只要是神仙我都信。但是，还什么都不信。没几个真正懂得一些神所处宗教的教义的。这就是咱们中国人的有意思之处：谁都信，见庙拜庙，见神拜神。中国的神仙高达万千之多！逮着一个有名之人，就给树成神仙了；逮着一个不凡之辈，就给敬成神灵了！神为人封嘛。所以说，到底哪天祭灶，到底谁是灶王爷都说不清楚了。但是据说，最早时候，灶王爷每家都有一个，每个月都要上天上汇报一次。到了后来，老百姓一合计：得了，别让咱们家的灶王爷那么劳累了，每个月都上天汇报一次，玉皇大帝他老人家也没那个时间啊。怎么办呢？干脆，咱们让灶王爷每年上天汇报一次工作就得了。这样，老百姓就把这个时间固定在了腊月二十三或腊月二十四日这天。这一天，也就成了传统的祭灶节日。

“祭灶”是一项在我国民间影响很大、流传极广的习俗。在旧时候，差不多家家灶间（就是厨房）都设有灶王爷的神位。就是现在，一些县城、乡村，还有不少的人家，在厨房里贴灶王爷、灶王奶奶的画像，旁边写着对联：“二十三日去，初一五更回。”有的写着：“上天言好事，回宫降吉祥。”横批：“一家之主”。当然，现在在城市里面，很少有人去供奉了。但不管怎么样，老百姓每家只要有户口、有房子，那么这家准有一个灶王爷。人们尊称这位神仙为司命菩萨，你说这是道教还是佛教的？你说是佛教的，佛教找不到这位菩萨；你说是道教的，道教哪叫菩萨啊？也不知道谁瞎起哄，起了个名——司命菩萨。也有的叫灶君司命。传说他就是玉皇大帝封的九天东厨司命灶王府君，专门负责管理各家的灶火，被作为一家的保护神而受到我们中华人民的崇拜。

灶王龛大部分都设在厨房的北面或东面，中间供上灶王爷的神像。没有灶王龛的人家，也有将神像直接贴在墙上的。有的神像只画灶王爷一个人，有的还画俩人，一男一女，女的就被称为灶王奶奶。您看，灶王爷还有媳妇儿。这大概还是模仿人间夫妇的形象设计的。在灶王爷像上大都还印有这一年的日历，上面写着什么“一月大进”“二月小进”这些东西。“春分、雨水……”二十四节气都有。有的咱说了，还贴上对联儿，什么“东厨司命主，人间监察神”“上天言好事，下地保平安”及“一家之主”等文字，以表示灶神的地位，和保佑全家老小平安的功能。

其实，祭灶的风俗，由来甚久。灶王爷灶君，在夏朝的时候就已经成为民间尊崇的一位大仙儿了。记述春秋时孔丘言行的《论语》中，就有这么一句话叫作“与其媚舆奥，宁媚与灶”。先秦的时候，祭灶位列“五祀”之一！五祀，为祀灶、祀门、祀行、祀户、祀中雷五神。什么叫中雷？中雷就是土神、土地爷。另外，五祀还有其他几种说法，就是祀门、祀井、祀户、祀灶、祀中雷；或者是祀行、祀井、祀户、祀灶、祀中雷。甭管怎么着，都有祀灶这么一祀。祭灶时要设立神主，用丰盛的酒食作为祭品。要陈列鼎俎、设置笾豆、迎尸等等。带有很明显的原始拜物教的痕迹。

据说灶王爷打上一年的初一以来就一直留在家中，以保护和监察一家。到了腊月二十三日，灶王爷便要升天，去向天上的玉皇大帝汇报这一家人过去一年的善行或恶行。

民间传说，灶王爷上天专门告人间的罪恶，不说好话。一旦世间的人被告，大罪要减寿三百天，小罪要减寿一百天。《太上感应篇》记述："司命随其轻重，夺其纪算。""司命"就是指的灶君，"算"为一百天，"纪"指十二年。在这里，重罪判罚又增加到减寿十二年了。您想想，灶王爷要到玉皇大帝那儿说家里某个人这一年办了三件小罪，好家伙，这就基本上要减去一年阳寿，减三百天嘛！这要是办了一件大罪，减了十二年。这要是每年报上那么几个，这人就不用活了，寿全减完了！因此，对一家人来说，灶王爷的汇报实在是具有重大利害关系。所以在祭灶的时候，大家都要打点一下灶君，请求他高抬贵手。噢……难怪在我国腊月二十三这天那么重要，敢情它关系到一家人的运程呢！

其实，与其说腊月二十三祭灶，那还不如说是送灶——送灶王爷回天。一般来说，这个活动都在黄昏入夜之时举行。一家人先到灶房，摆上桌子，向设在神龛里边的灶王爷敬香，并供上用饴糖和面做成的糖瓜，也就是俗称的祭灶糖、灶糖。其实祭灶糖就是一种麦芽糖，黏性很大，把它抽为长条形的糖棍称为关东糖，拉制成扁圆形就叫作糖瓜、祭灶糖。冬天把它放在屋外，因为天气严寒，糖瓜凝固起来，非常坚实，而且里面又有些微小的气泡，吃起来脆酥香甜，别有风味。就把这个糖供给灶王爷，是让他老人家甜甜嘴。有的地方还把糖直接抹在灶王爷嘴的四周，一边抹一边说："好话多说，不好的话您别说。"就是用糖塞住灶王爷的嘴，让他别说坏话。鲁迅先

生有《庚子送灶即事》一诗，诗中写道：

只鸡胶牙糖，
典衣供瓣香。
家中无长物，
岂独少黄羊。

他在《送灶日漫笔》一文中说："灶君升天的那日，街上还卖着一种糖，有柑子那么大小，在我们那里也有这东西，然而扁的，像一个厚厚的小烙饼。那就是所谓的'胶牙饧'了。本意是在请灶君吃了，粘住他的牙，使他不能调嘴学舌，对玉帝说坏话。"鲁迅诗中所提到的"黄羊"的典故，出于《后汉书·阴识传》，上面说："宣帝时，阴子方者至孝有仁恩。腊日晨炊，而灶神形见，子方再拜受庆；家有黄羊，因以祀之。自是巳后，暴至巨富。至识三世，而遂繁昌，故后常以腊日祀灶而荐黄羊焉。"就是说在汉宣帝的时候，有个人叫阴子方。他又孝顺，又仁慈。有一个腊日的早晨，他去做饭，结果灶王爷显灵了。阴子方一看赶紧地跪倒祭拜。家里有只黄羊，就把这黄羊杀了，祭奠灶神。从此之后，阴子方就富了，暴之巨富，而且传了三代，交了好运。从此以后，杀黄羊祭灶的风俗就流传下来了。

在唐代《辇下岁时记》中，有以酒糟涂于灶上使司命（灶王爷）醉酒的记载。说人们用酒糟涂在灶王爷的嘴上，让灶王爷醉酒。

反正甭管什么记载，意思都一样，都是说祭灶的时候一定得给灶王爷吃点儿东西。在唐宋时期，人们祭灶的供品那是相当丰富！宋代诗人范成大的《祭灶词》就对当时民间祭灶的情景作了极其生动的描写，诗曰：

古传腊月二十四，
灶君朝天欲言事。
云车风马小留连，
家有杯盘丰典祀。
猪头烂熟双鱼鲜，
豆沙甘松粉饵圆。
男儿酌献女儿避，
酹酒烧钱灶君喜。
婢子斗争君莫闻，
猫犬触秽君莫嗔。
送君醉饱登天门，
杓长杓短勿复云，
乞取利市归来分。

从“古传腊月二十四”可见当时有很多地方祭灶日是腊月二十四。另外，从诗中也能看到，当时供品非常丰富，有猪头，有鱼，有豆沙，有甘松，有粉饵，还有酒等等。而且还要祷告灶王爷说：“我们家的这些奴仆婢女们平常打架这事儿，你就别听了；我们家这些猫狗随地大小便的不雅行为，您也别怪罪。我们今天给您祭拜祭拜。您吃饱了喝足了，登上南天门见到玉皇大帝，我们家家长里短的事儿，什么勺碰锅沿的事儿，您就别跟玉皇大帝他老人家说了。您啊，给我们多多美言几句。祈求您能够祝福我们家明年开市大吉，大发财源！"您看，从古至今，老百姓的祝愿都是一样的，都想着能够家庭美满、太平安康。为了这个，情愿多供祭品。但到后来人们就简单了，祭灶的时候吃点糖瓜，用糖涂完灶王爷的嘴后，把这个神像揭下来，"噗！"一把火，连纸带烟儿让灶王爷一起升天了。有的地方则是在晚上在院子里堆上芝麻秆和松树枝，再将供了一年的灶君像请出神龛，连同纸马和草料，点火焚烧。院子被火照得通明，此时一家人围着火磕头，一边烧一边祷告：

今年又到二十三，
敬送灶君上西天。
有壮马，有草料，
一路顺风平安到。
供的糖瓜甜又甜，
请对玉帝进好言！

送灶君时候，有的地方还有乞丐数名，乔装打扮，挨家挨户地唱《送灶君歌》，跳"送灶君舞"，名为"送灶神"，以此来换取食物。

由于各地风俗不同，民间还有"跳灶王"和"打灶王"的活动。"跳灶王"是民间由古代"驱傩"（旧时年终或立春时节驱鬼迎神的活动）发展而来的一种活动形式。当时参加这个活动的主要是乞丐、叫花子，规定腊月初一到腊月二十四是"跳灶王"的日子。所以在过去我国东南方的一些城镇里，一进腊月，乞丐们便三五成群，打扮成灶王爷灶王奶奶的模样，拿着竹枝跑到人家门口又蹦又跳、又喊又叫，伸手就要，要什么？要钱啊！白跳啊？到谁家谁就得给钱，不然你们家灶王爷不高兴。另外，我们这么折腾，跳灶王，其实是给你们家驱邪呢！

祭灶还与过年之间有着密切的关系。因为一周后的大年三十晚上，灶王爷就要带着一家人应得的吉凶祸福与诸神一同来到人间。灶王爷被认为是为天上诸神引路的神人，其他诸神在过完年后会再度升天，只有这灶王爷会长久地留在人间的厨房之内。

那么，灶王爷究竟是何人呢？

灶王爷是个小白脸！

上面我们说到了范成大有一首《祭灶词》，这首词中有一句比较有意思，叫“男儿酌献女儿避”，什么意思呢？就是说，古代的祭灶那是男子的事儿，女子一般是不能祭灶的。为什么呢？因为当时，有句俗语叫“男不拜月女不祭灶”。月亮女人可以拜，放上供品，放上香烛，女人参拜月亮祈求平安。那不是有貂蝉拜月吗？但，男人不拜月亮。反过来，男人祭灶，到了祭灶的时候女人不祭灶。为什么呢？有一个说法，说灶王爷长得太帅了，是个小白脸儿。怕女的祭灶，有“男女之嫌”。

那么灶王爷他究竟是怎么来的呢？他是不是个小白脸儿呢？对此，谁也说不好。因为关于灶王爷的来历，说起来不仅是源远流长，而且还相当杂乱。

前面说了，咱们中国的神仙成千上万，灶王爷在中国的民间诸神里边，资格算是很老的。因为早在夏代，灶王爷已经是民间所尊奉的一位大神了。

灶王爷是谁啊？有人说灶王爷是轩辕黄帝！有根据吗？有啊。据西汉的刘安所著的《淮南子》上说：“黄帝作灶，死为灶神”。就是说轩辕黄帝发明了灶炉，他死了之后，就变成了灶王爷了。这个可信吗？个人认为不可信。您想：人家轩辕黄帝在人间的时候统领人间，那得有多大的威力！死后只封个灶王爷？也太委屈了！所以您往后看，咱们说到初九那天，还会详细介绍一下玉皇大帝，有人说轩辕黄帝死后就成了玉皇大帝了。那究竟是成了玉皇大帝了，还是成了灶王爷了呢？哪个都不可考了。因为关于灶王爷到底是谁？历来说法不一。

仅依文献可知，在唐代的时候就有两种说法，《礼记·礼器》孔颖达疏上面写："颛顼氏有子日黎，为祝融，祀为灶神。"这上面就说这个灶王爷其实就是火神祝融。

唐代著名志怪小说家段成式写了一本书叫《酉阳杂俎》，在上面说："灶神名隗，状如美女。又姓张名单，字子郭，夫人字卿忌，有六女。"这位说得更悬乎，说灶王爷叫作隗，长得好，就像美女似的。不过他也弄不准，就说"听说还有种说法"，说灶王爷姓张名单字子郭。有名

有姓还有字，还娶了个夫人——灶王奶奶，字卿忌。而且灶王爷和灶王奶奶还一口气儿生了六个闺女。

庄子说了，这灶神是什么人我不清楚，但是我明白一点：“灶有髻（《庄子·达生》）”。灶神盘着发髻呢！什么人盘发髻啊？女人在古代才盘发髻。灶神有髻，就说明灶神可能是女的。司马彪给庄子做注说：“髻，灶神，着赤衣，状如美女。”说灶神果然是有髻的，而且穿着红衣服，长得像美女，状“如”美女嘛，他也没弄明白灶神究竟是男的还是女的。

《抱朴子·微旨》中又记载：“月晦之夜，灶神亦上天白人罪状。”这个大概是祭灶神的来源。说每到月晦之夜，灶王爷都要上天上见玉皇大帝，禀告人间的罪状。

还有人说，灶王爷其实就是钻木取火的燧人氏；也有人说不是什么燧人氏，那是神农氏的火官；有人说你们所说的都不对，那是“黄帝作灶”的“苏吉利”。又有人说了：“什么苏吉利啊，灶王爷就是炎帝。”（《淮南子·汜论训》：“炎帝作火而死为灶。”）

《封神榜》上说，灶王爷是张奎，就是土行孙他师兄，灶王奶奶是高兰英。

总而言之，众说不一。

到了后来，中国道教兴盛之后，曾借《经说》之论，把灶神说成是一位女性的老母。说这位灶神“管人住宅。十二时辰，善知人间之事。每月朔旦，记人造诸善恶及其功德，录其轻重，夜半奏上天曹，定其簿书”。后来就发展成为既有灶君爷爷，又有灶君奶奶之说。而且民间对灶王爷的传说则更是多之又多。

为什么会有那么多不同的说法呢？因为祭灶是我国一个历史悠久、范围广阔的节日。

各地祭灶的不同民俗

在我国的不同地区、不同省份、不同民族对于祭灶的风俗习惯虽然大同，但也有小异。就拿祭灶形式来说，各个地方就有所不同。

前面说过，在我国的东南，就有“跳灶王”和“打灶王”的活动。

在河南，祭灶这天除了吃灶糖之外，还要吃火烧。每到腊月二十三祭灶这天，您去河南各大城市去转转，生意最火的买卖就是烧饼铺。人们是拥挤不动，争买祭灶的火烧。在河南的农村，农民兄弟们大多是自己动手，发面、炕制，一家人热热闹闹的，很有过小年儿的味道。在河南，人们把祭灶节看作仅次于中秋的团圆节。凡在外地打工的、工作的、经商的、上学的人，都争取要在腊月二十三之前赶回家中，能吃到家里做的祭灶火烧。据说，谁能吃到祭灶火烧，谁便会得到灶神的保护，来年家人就能平安无事。祭灶的时候，也有讲究：祭灶人要跪在灶爷神像前，怀抱着一只大公鸡。也有人让孩子抱着鸡跪于大人之后的。为什么抱鸡呢？据说鸡是灶爷升天所骑的“马”，灶王爷要骑着它上天去。所以祭灶的鸡在那天不称为“鸡”，要称为“马”。而且这鸡必须是公的，母鸡不行。如果是红公鸡，要称为“红马”，白公鸡称为“白马”，黑公鸡称为“黑马”……然后有人抱着焚香烧表后，屋内香烟缭绕，充满着神秘的色彩。男主人要斟酒叩头，嘴里还念念有词。叨咕一阵子之后，祭灶人高喊一声“领！”然后拎着酒，要用酒浇鸡头。酒往鸡头上一浇，要是这个鸡头扑棱有声，说明灶爷已经领情了，把酒喝了。那要是鸡头纹丝儿不动呢？那还得浇！据说这个风俗传了好几千年，还没有一只公鸡在浇酒的时候鸡头不动的，为什么呢？多新鲜啊，那都是活鸡，你不动，不动再浇啊，什么时候浇动了什么时候为止，那能不动吗？

在北京，过去到了祭灶这天，商号有“三节结账”的规矩。在“腊八”那章的时候说过，到祭灶这天，商家要瞒着灶王爷去算账，算完账，要派人各处去收账，送腊八蒜嘛。还不起钱的人怎么办呢？要四处“躲债”，一直要躲到除夕夜债主才不讨债。于是在老北京有句俗话叫“要命的关东糖，救命的包饺子”。

在山西，绝大部分地区是在腊月二十三日祭灶。只有榆社、文水、黎城、阳城等少数地方在腊月二十四日祭灶。上供的时候，除了灶糖之外，供品之中还要摆上几枚鸡蛋。据说这是给狐狸、黄鼠狼之类的“零食”。民间传说“黄狐白柳灰”是家中五仙爷儿，五大仙儿！黄——黄鼠狼黄大仙；狐——狐狸；柳——蛇，长虫；白——刺猬；灰——耗子。老百姓认为这些动物都是有灵性的，尤其是狐狸、黄鼠狼，据说它们都是灶王爷的部下。灶王爷都打点了，部下那不能不打点一下，所以放上几枚鸡蛋给它们吃。祭灶的时候除上香、送酒以外，特别还要为灶王爷的坐骑撒一些马料，要从灶台前一直撒到厨房门外，这才好让灶王爷一路顺风。

在晋北的地区，还流传着这么一首民歌：

腊月二十三，
灶君爷爷您上天，
嘴里吃了糖饧板，
玉皇面前免开言，
回到咱家过大年，
有米有面有衣穿。

表达了老百姓对美好生活的追求与向往。

在晋东南地区，人们在祭灶这天，还流行着吃炒玉米的习俗，还有一个民间谚语，叫：“二十三，不吃炒，大年初一一锅倒。”当地的人民，喜欢把炒的玉米用麦芽糖粘起来，冰冻成大块，吃起来酥脆香甜。

总而言之，各地祭灶的民俗习惯不尽相同，但初衷都是一样的，都是为了全家祈福，来年行运。

那么，为什么会出现祭灶这个节日呢？

祭灶节日的由来

在民间传说中有一个凄惨的故事。

说在古代的时候，有一对老夫妇，老两口中年得子，就这么一个儿子，两个人视如掌上明珠，十分疼爱。但是这一家人生活得非常贫困，无以糊口，怎么办呢？儿子提出来要到外地打工。虽然老两口不舍得放开儿子，但为生活所迫，也无其他办法。

“你上什么地方打工去啊？”

儿子说了：“咱们同村有人到某某地方去打工了，那个地方有个煤矿，去挖煤，收益还不错。”

“哦，煤矿啊。哎哟，孩子，近两年这小煤矿出事儿可不少啊，有经营执照吗？”

“嗨！”儿子说了，“能赚钱就不错了，到时候再说吧。”

儿子执意要走，老两口也拦不住，就这样，儿子就出门打工去了。结果，一去不回！

转眼就一年了，这孩子连口信儿都没有。可把老两口想坏了。日日等月月盼，就盼着儿子能够带来一纸半信。可是，仍然是音空信杳。老两口可发毛了，寝食不安。“这孩子……怎么了这是？出了什么事儿了吗？怎么办呢？”

后来，老两口一合计，“干脆！”老太太说了：“老头子，你去煤矿看一看吧。没什么事儿更好，有什么事儿你帮着解决解决，好歹咱能够得到一个实信儿啊！”

“好吧，那我明天就去。”老头儿决定了。

第二天，老太太就给老头儿准备好了川资路费和干粮水壶。天不亮，老头儿就离家起身赶奔煤矿找儿子去了。

老头儿现在心急如焚，恨不能肋生双翅飞到煤矿，立刻看到自己的儿子。所以，抓紧时间赶路。一口气儿，走好几天。结果这天就把时间赶过了，眼看着太阳往西转，马上就要落山了，路上一个行人都没有了，往前看看不见村儿，往后瞅瞅不着店儿，老头儿仍然在路上行走。饿了，走着啃口干粮；渴了，走着喝口水。丝毫不敢放松脚下的速度。

又走一阵，天就大黑了。正走着呢，远远的老头儿就发现在自己的前方行走着一个人。因为前面那个人，穿了一身白衣服，在夜间行走，非常显眼。嘿！老头儿一看，这么晚的天还有和自己一样赶路之人。我不妨追过去，和他结伴同行，边走边聊。这样，夜里走道儿也有个伴儿，而且走着不累。想到这里，老头赶紧加紧脚步把那白衣人给赶上了："哎！这位老兄慢走。这位老兄慢走。停停停停……"

白衣人一听有人喊自己，把脚步停下来了，转身一看老头儿。老头儿现在已经来到白衣人的近前，也看到了白衣人。不见白衣人则可，一见白衣人，"呀！"把老头儿吓了一跳！就见这个白衣人，细高挑的身材，吊肩膀，一张煞白煞白的脸，吊梢的眉毛——还是白的，挖苦脸，满脸的阴气，黑眼圈儿，眼眶还是红的，嘴往下撇着，血红血红，白发往下披着，戴着一顶白布的高帽，上面写着四个字，老头不认识，这四个字是"一见生财"。左手拿着一本账簿，右手拿着一个木牌。这老头儿不认得字，木牌上写着俩字儿，他也不懂。这什么字儿啊？"索命！"腰间系着一根麻绳。脖子上左三圈右五圈围着一根铁链。一身白衣服，还光着脚板。你说半夜看见这位，能不害怕么？老头儿就吓了一跳啊！

这时候就听这个人说话了，声音发颤，让人不寒而栗："你，叫我？"

"啊啊，"老头儿一听，这位怎么说话这么瘆得慌啊，"是是是，敢问这位先生，您这是去哪儿呢？”

“啊，我要去某某地的煤矿。”

“噢……哎！”老头一听，这个地方正是我儿子待的地方啊。哎哟，正好！

“这位先生，您要去的地方正是我要到的地方。您看这天也黑了，一个人走黑道多害怕啊。不如小老儿我陪着您，咱们一起走，也好互相壮个胆儿，另外咱们聊聊唠唠，解闷儿也不累，您看好不好啊？”

白衣人听完老头儿的话乐了：“哈哈哈……好哇，我这夜间的路行多了，从来没碰见过一个能够夜晚和我一起走的人，你是第一个，既然你愿意，那么咱们就一起上路吧。”

“哎，好好。”

就这样，老头儿和这个白衣人一同结伴而行。一边走老头儿一边问这个白衣人：“这位先生，您这是打哪儿来啊？”

“啊，我打地下来。”

“哦，打地……哦，您也是农民吗？”

“啊，差不多吧。你是种地的吗？”

“是啊，小老儿我是种地的。”

“嗯，看得出来啊。”

就这样，两个人一边走一边唠，一会儿就混熟了，一起往前结伴同行走了好多天。一路之上，老头儿把自己在家所见所闻，种地的趣事跟这个白衣人一说，惹得白衣人是哈哈大笑，两个人越说越投机，越唠越近乎，就成了朋友了。

一成朋友，则无话不谈。老头儿就问：“哎，我说先生，我听您这话音儿，您不像是种地的啊？”

“啊，我不是种地的。”

“那您怎么说您来自地下呢？”

“对啊，我确实是来自地下啊！”

“哎哟，先生您别开玩笑了，您要是来自地下，我这不活见鬼了吗？”

白衣人听完一龇牙：“嘿嘿，你说得对，我就是鬼！”

“啊？！”可把老头儿吓坏了，他万万没有想到自己在夜路上碰见的这个身穿白衣之人竟然真的是个鬼，人家自己都承认了。

白衣之人又说啦：“实话告诉你吧，我来自阎罗地狱。”

老头儿闻听此言，吓得当时差点儿没来个屁蹲儿。“啊，您，您，您来自阎罗地狱？”

“不错，我是来自阎罗地狱，我就是阎罗王手下的白无常！”

“哎哟，我的妈哎！”老头儿一听，我这儿碰见白无常了，吓得一屁股坐到地上了。

白无常一看，连忙地双手相扶：“哎呀，老大爷，你不要害怕，不要害怕，快快起来，其实我跟你们一样，也只不过是地狱之中一个普普通通的工作者啊。你即使今天不遇到我，迟早有一天，咱俩还是要见面的。”

老头儿心说话：对啊，我什么时候死，什么时候遇见您啊！“哎呀，白无常先生，白无常使者，这这，我不知道是您啊，我这叫有眼不识金镶玉啊！我要知道是您，打死我，我也不跟您同路啊！”

白无常乐了：“嘿嘿，如果把你打死，你还真得跟我同路了。不过你放心，你还死不了，你的寿辰长着呢，你能够长命百岁。”

“哦……”老头儿这才把心放下，他从地上爬起来：“啊，白白……白无常使者，那您现在是去那儿啊？”

“我不是跟你说了吗？我要去某某煤矿。”

“您去那儿干什么啊？”

“因为那煤矿上有一百名矿工，他们的寿辰将近，我奉阎王的旨意，到那里给他们勾魂索命。”

“哦，啊，啊？”老头儿一听，什么？煤矿之上有一百名矿工寿辰将近，哎呀，会不会包括我儿子啊？老头儿想到这里就问白无常：“无常使者，您所勾的这一百名矿工之中有没有一个叫作某某的？”

“哦，我给你看看。”白无常拿出了生死簿，一看，“有，第二十七个就是这个人。”

“哎呀！”老头儿一听，“扑通”就跪下了，“白无常使者，白无常使者饶命啊！”

“哎，我跟你说过，你长命百岁，咱们两个人还没有这个机缘，我今天不勾你的命，你跟我叫什么饶命啊？”

“白无常使者，是这么回事儿，我刚才所说的那个人非是旁人，那是我的独生的儿子啊。我们一家三口儿，我和我的老伴儿，还有这么一个孩子相依为命。我和我老伴儿年纪都这么一大把了，全家都只靠着这一个儿子，他在外打工挣点钱来供养我们老两口儿，您要是把他给勾去，那就等于把我们整个家的命都勾去了。无常使者啊，念在咱们这一路之上都挺好到的，求您能法外开恩，反正您这次勾的人多，您就少勾一个也没什么，求您开开恩，把我儿子给饶了吧，我们一家三口都念您的大恩大德啊！”“嘭！嘭！嘭！嘭！嘭！”老头儿以头撞地，砰然有声。

老头儿这一顿响头，还真就把白无常的心给磕软了。白无常一看，心说话：哎呀，这老头儿真不容易啊。人家说得也对，这一家三口，老两口子没有劳动能力，就指着这么一个儿子了，现在再把人家儿子勾去，这个家还怎么活呢？老头儿说得也对，我反正这一次勾的人比较多——勾一百人，我少勾那么一个，谁还真得去核实么？现在地狱鬼满为患，监督部门监察不力，谁还管这一套啊。得啦，念在我这一路之上跟他关系也不错，平常都是我自己走夜路，哎，这一路之上有这老头儿跟我唠嗑儿，还挺解闷儿。好吧，我

就少勾一个！白无常想到这里双手相搀：“老大爷啊，你起来起来起来！”

“您要是不答应，我跪死也不起来。”

“我答应你了，你起来吧。”

“啊，您答应我了？哎呀，太感谢您了！”老头儿起来了。

白无常说了：“老大爷，是这样的。明天上午那个煤矿将要发生坍塌事故，因为这是无照经营的小煤矿，煤矿底下安全设施存在着极大的隐患，阎王为了教训这些小煤矿主，特地地安排了这一起坍塌事故。在这一起事故中，将有一百名矿工，包括你的儿子，被压死在那里。我就奉命勾这一百人的魂魄。现在你既然求我了，我就不勾你的儿子了，但是你必须在明天上午之前，赶到煤矿，阻止你的儿子下矿。如果说你阻止不了你的儿子下矿，你的儿子一旦到了矿底下，到那个时候，我可就无能为力了！”

“啊，这不劳您说，不劳您说。那，无常使者，这样，今天我就不陪您走路了，我赶快路到煤矿，把我儿子从煤矿中拉出来，我不让他下矿了也就是了。”

“嗯，这样就好，这样就好。”

“好，那回见……不，不回见！不是……多谢多谢，那我走了。”这老头儿不知道说什么好了，也来不及多谢了，赶紧地告别了白无常一溜小跑，一晚上都没歇一会儿。

到了第二天早晨，老头儿赶到了儿子所在的煤矿，赶紧把儿子叫出来了。

儿子一看爹来了，非常高兴：“爹，您怎么来了！快到屋里坐会儿。”

“哎呀，来不及了，来不及了，你赶快跟我走，赶快跟我走！”

“上哪儿去啊？”

“赶快跟我回家！”

“回家干吗呢？这两天煤矿上的活儿还挺多，我打算好好地干上几天，拿点工钱回家，好好孝敬孝敬您老和我娘，咱们好好地过个好年！”

“哎呀，要那钱干什么呢？要命要紧！”

“嗨，爹啊，您这说什么话啊？您这一路辛苦，是不是没睡好啊？您先到我屋里，先休息休息，条件不太好，到我炕上去，您看怎么样啊？”

“哎呀，儿子啊，听我的话，赶紧地跟我走，家里有急事儿！”

“爹啊，我一会儿还要下矿呢！”

“哎，儿子，那千万不能下啊，今天这矿你下去就上不来啊。”

“爹啊，你怎么老说这不吉利的话啊？我们每天都下矿啊。”

“儿子，你听爹的话，今天这矿无论如何你不能下啊！你不能下！”

“爹啊，工友们都等着我呢，我哪能不下矿啊？再说了，今天这矿，矿钱还多呢！”

“哎呀，多也不能下！”

“爹啊，您是不是累着啦。赶紧到我屋里歇会儿，喝点儿水，我下矿不多时我就上来。”

“我不让你下矿！我告诉你，小子，你要是孝顺爹，你今天就别下矿，你要是下矿啊，爹就犯病！”

儿子一听：“爹啊，您有什么病啊？您身体这么好。爹，您别跟我开玩笑了，我下去就上来。”

“你要是不听话，我马上就病倒，我，我能抽风，你信不信？我说抽就抽，我说……”怎么了？老头儿抖起来了。

小伙子一看：“哎哟，爹您这是怎么了？您平常不抽风啊？”

“啊，我刚学的。”

“啊？刚学的！”

“啊，反正我不让你下矿！你要是下矿，我就抽死！”

小伙子一看可麻烦了，爹在这儿抽风也下不了矿啊，就给人请假，把爹扶在自己的屋中，照看他。这老头儿就假装抽风，把时间就拖延到了中午。

到了正午时分，突然间听见矿下一声闷响“轰！”紧跟着就地动山摇似的，“哗啦哗啦哗啦……”

“啊！？”小伙子当时就傻了，他就想跑出去。“怎么回事儿？”

老头一把把儿子的衣服给抓住了：“孩子，你给我过来！”

“爹，我看看怎么了？”

“怎么了？塌了！”

“什么塌了？”

“煤矿塌了！”

“那我更得看看去，我的工友还在那里呢。”

“你看不了，你过去撞着白无常，你过来吧！”这小伙子也没听明白他爹说什么，就让爹死死地给抓住。

隔了好半天，动静渐渐地平息。小伙子和老头儿到了矿上一看，矿门都封死了，整个全塌里边了。小伙子后怕啊：哎呀，怎么了这是？想想工友们被压在矿下，那肯定全死了。这要不是我爹今天抽风啊，看来我也要命丧于此啊。

老头儿一拉小伙子的衣襟：“孩子啊，此地并非久留之地，这是个是非之地，跟我回家吧。”收拾收拾东西，拉着小伙子，爷儿俩一起回家。

到了家中见着老伴儿，老头把煤矿坍塌的事情给老伴儿一说，老伴儿又惊又喜。惊的是：这要不是自己让老头子过去找儿子，老头儿把儿子拉住，恐怕再也见不着儿子啦；喜的是：儿子福大、命大、造化大，没有危险。一家三口团团圆圆，非常高兴。可是老头儿，对于自己在路上碰见白无常的事情只字未提，跟儿子、媳妇儿都没说。

就这样，转眼三年过去了，到了这年的腊月二十二这天。晚上了，老头多喝了两杯酒，想起当年的风险，兴致起来了。坐在炕上，就跟老太太说了："老伴儿啊，三年前，我从矿上抽风把孩子拖住，你以为我真的抽风啊？我那是假的，是因为我事先就知道那天矿上要出事儿。为什么知道啊？因为我在路上遇见了白无常，是这么回事。"老头忍不住，对老伴儿和盘托出。

老伴儿一听："哎呀，老头子啊，闹了半天还有这事儿啊，你怎么不早跟我说啊？"

"哟，天机不可泄漏啊。这要不是今天高兴多喝几杯酒啊，我也不跟你说。睡了睡了睡了，这事儿，记住，谁也不跟谁说啊！"

"啊，我知道。"

老两口说完话就睡了。

他们原以为自己两口子说话还有谁能听见呢？哪知道墙内有耳！这些话被他家的灶王爷给听见了。"哦……"灶王爷一听，"闹了半天还有这事儿！哎呀，我可不能不报。"

到了第二天，正是腊月二十三，灶王爷上天汇报工作，见到了玉帝，就把事情的经过讲述了一遍。

玉皇大帝一听："什么？有这等事儿？这还了得？这不败坏天条吗？这不破坏生态平衡吗？把阎罗帝君给我调上来！"一道旨意把阎王爷给调过来了。

玉皇大帝告诉阎王："有这么这么一档子事儿，你回去给我好好地查一查，看看是不是真的。如果是真的，你这个阎王是怎么当的，嗯？你的手下竟敢因私枉法，败坏律条，你该当何罪？你的手下该当何罪？赶快给我调查去！"

"啊，是是！"你别看阎王爷，谁都害怕他，见到玉皇大帝，他也毛爪儿。阎王爷一听，什么？竟有这等事？哎哟，白无常啊白无常，你这不是给我脸上抹黑吗？你这一犯律条不要紧，今年我的绩效考核都得差评啊！我今年这工资肯定涨不了啦！我回去得好好查一查。

他赶紧回到地府，把这几年的档案全部调出来，一查，那还查不出来？“生死簿”上写得清清楚楚：哪年哪月哪日，由哪个判官勾的，又派哪个索命鬼索的，到了什么方位，勾了多少人，这些人在阳间的名字都叫什么……一笔一笔，写得是清清楚楚。把这个白无常给查出来了。

一审，白无常供认不讳：“确实有这么一回事儿。那一年，我奉命去勾一百人的性命，结果在路上碰到了一个老头儿，我和他在路上谈得很投机，后来我就把我的身份告诉他了，也把我的任务告诉他了。那个老头听说这一百人中有他的儿子，跪在地上苦苦哀求，说他们老两口只有这么一个孩子，一家人都靠这么一个孩子供养，如果把这个孩子勾了，他们老两口也活不了。我当时一时心软，就答应不勾这个孩子。让那个老头儿赶在我的前面，到了煤矿之上，把他的儿子给救了。这就是以往的实情。”

阎王把事情弄明白了，命令小鬼儿：“把白无常的白帽子给打掉！”敢情那个白帽子是地狱的官帽儿，打掉白帽子就等于打掉了他的官职。然后把他力拘索带，连同档案、卷宗，一起上报给天庭，让玉皇大帝处分。

玉皇大帝看到卷宗，一看这个案子审得清清楚楚、明明白白，立刻作了批示：“把这个白无常按天条处分！”然后，玉皇大帝又命令阎王爷重新派一个白无常到老汉家里再把他的儿子给勾来。不仅勾来，由于这个该死之人，多活了三年，所以必须在地狱之中再受三年的苦刑。你说多倒霉吧！

阎王爷领旨下殿，回到了地府之中立刻派了一个新的白无常去老头儿家勾人。敢情白无常是地狱的一种公务员的职称。这地狱的职务也很多，你刚来的，做个小鬼通讯员儿，跑跑腿儿什么的；再往上一点儿，做一个小鬼卒；再高一点儿，做个鬼长；再高一点儿给你个副白无常、副黑无常；干得再好一点儿，给你个黑无常、白无常当当；再好一点儿，给你个判官……也是一级一级的职称。这白无常就很多啊。要是就一个白无常，天底下每天都要死那么多人，哪能跑得过来？所以，又派了一个新的白无常到老头儿的家里，把老头儿的儿子给勾来了。

儿子一死，老两口痛不欲生。

后来也不知道是谁给走漏了消息，说："你儿子的事儿坏就坏在你们家灶王爷身上了。是灶王爷到了天宫之后，在玉皇大帝面前告了你们家一状，玉皇大帝震怒，才派阎王爷又派小鬼儿把你儿子重新给勾到地府。"

老汉一听："哎呀，灶王爷啊灶王爷，你怎么不说好话呀？这回我可记住了。"

就这样，老头儿每年到了腊月二十三这天，为了不让灶王爷再上天说自己家的坏话，就要祭拜一下灶王爷，给灶王爷吃点灶糖，为的就是粘住灶王爷的牙，让他在玉皇大帝面前不要说自己家里的坏话。

没过多久，老头家里这个事儿不胫而走，人们都知道了。哦，敢情这个灶王爷还有这么一出儿啊，到天上好讲家里的坏话。咱们家的灶王爷会不会也在玉皇大帝面前讲咱们家的罪状呢？那可不行，咱也得学学那老头儿，腊月二十三那天咱也得祭祭灶，也得给灶王爷吃些灶糖，粘住咱们家灶王爷的嘴，让他到天宫之后，不要再搬弄人间的是非！久而久之，就成了风俗。人们都要在腊月二十三这天来祭灶，而且要在祭灶的时候供奉给老灶爷祭灶糖。

这样，祭灶的习俗一代一代传下来。甚至，到了现在，人们都把祭灶当小年儿过，可见老百姓对灶王爷多么尊敬了。而且过了腊月二十三日，在过去，家家户户都要开始蒸花馒头了，蒸花馍、蒸花糕。这蒸花糕大体上分为敬神和走亲戚用的两种。前者庄重，后者花哨。特别是要做一个大枣山，被称为"花山"，以备供奉灶君之用。从这个角度上来看，灶王爷在人们心目中那也是一个不简单的神仙。

那么，灶王爷究竟怎么来的呢？

灶王爷腊月二十三上天原因是灶王奶奶回娘家

除了咱们上边引经据典所说的那些灶王爷的来历以外，在民间还广为流传着灶王爷的几个版本。

其中有这么一说，灶王爷原来是给人烧火做饭的一个心地善良的小伙子。结果这个小伙子被玉皇大帝的小女儿给看上了。你看，这个玉皇大帝，好像还真的没生什么儿子，生了一群姑娘。而且这些姑娘还老是看上凡人。七仙女儿那不看上董永了吗？织女不是看上牛郎了么？哎，这个小伙子又被玉皇大帝的一个小女儿给看上了。这个小女儿非得要嫁给小伙子不可。开始玉皇大帝极力反对，但是反对没用，爱情自由，力量挡不住。后来怎么办呢？

王母娘娘说："我有办法，我施法力把他俩分开。"

玉皇大帝说："你得了吧，行了，省省吧。你分开几对儿了你算算，哪一对儿到最后你真给分开了，嗯？就拿咱们那个女儿织女来说吧，和牛郎人家俩人，相亲相爱，连孩子都生出来了，你硬生生把人家给拉断，而且划了一道银河给人家隔断双亲，你挡住了吗？你没挡住。每年七月七那么多的喜鹊全过去搭鹊桥去了。弄得现在人们提起这件事情都来笑话咱俩。你就省省吧！常言说得好，姑娘大了不能留，既然她相中了，那就同意她的婚事得啦。"

王母娘娘说："那可不行，我闺女好歹也得嫁个神仙啊，嫁个烧火做饭的，那哪儿行啊？"

"嗨，我说你脑子死吧，你就不活泛，咱不是玉皇大帝、王母娘娘吗，什么神仙咱不能封啊？既然咱姑娘看上了他，得了，他不是烧火做饭的吗？我封他个灶王爷，这不就得了吗？"

就这样，小伙子当上了玉皇大帝的女婿，被封为灶王爷。每年的腊月二十三灶王爷要上天一次。干吗呢？敢情那是灶王奶奶回娘家呢！和玉皇大帝一家团圆，吃个团圆饭。一吃饭，喝点儿酒，拉拉家常，灶王爷就把人间的一些事情告知给玉皇大帝。哦，敢情汇报工作是这么汇报的！

灶王爷是儿子造的

还有一个传说，说在古时候，有一对小夫妻，男的姓张，叫张仁，女的姓李，叫李义。两口子十六岁就结婚了。十六岁？到了婚姻法定年龄了么？嗨！那年代，没那么多的规定，就他们这样还算晚婚呢。晚婚？那可不！有的一生下来，把俩孩子抱在一起就算结婚了，指腹为婚嘛。他们都十六了，还不算晚婚吗？这两口子结婚没两年，李义就给张仁生了一个儿子，取名叫张诚。这老张家一家三口，男耕女织，日子过得非常清苦，但也不失乐趣。

单说到了张诚三岁那年，老天不开眼，一连七八个月滴雨未下，天下大旱，渴得农田龟裂，庄稼咽气。张家终年劳作，却颗粒无收。由于饥饿劳累，张仁在一天打柴的时候不慎从山上摔了下来，把腿给摔折了。从此之后，张仁就成了残疾人了。您想那个年代，一家人可不就指着这么一个男劳力吗？成了残疾人，这一家子就算塌天了。下地是干不了活了，可也得吃饭啊，往后的日子怎么过啊？

一家人，正生计无望的时候，传来个消息。听人说西村的财主——王老财家要雇一名女佣人为他们家建房的工匠做饭。于是两口子就商量，不如我们去吧，好歹也有点微薄收入，运气好呢，还能够捡点残汤剩饭什么的，也能聊以度日吧。两口子打定主意了，于是李义抱着孩子就去王老财家去做工了。

李义在老财家是逆来顺受，做驴做马。要是真的能做驴，还真不错。怎么？这驴呀马呀好歹还有个饱口，可是做人难啊，李义在王老财家只有偷偷地收拾一些残羹剩饭，自己还舍不得吃，托做杂工的老张顺道带给家中的丈夫吃。

就这样，过了好多日子，王宅终于建成了。为了庆祝，王老财杀猪宰羊，大摆宴席。但是，偏偏在这几天，做杂工的老张病了。那还了得？原来都是老张往家里给张仁带饭，老张一病，没人带饭了，光喝西北风不管饱啊。张仁在家饥饿难忍，他也算顽强，忍饥挨饿，居然自己拄着拐杖来到了王老财家，要见李义。怎么回事儿啊，怎么没给我送饭呢，难道说老婆出了什么事儿吗？他不放心李义。来到了王老财家，见到了李义。李义一见丈夫来了，那还了得，不能让王老财看见，悄悄地把张仁就安顿在了柴房之中。然后李义还得去干活儿啊，让张仁在这里等她回来，李义出去了。

屋漏偏逢连夜雨，哪知道当天晚上这柴房居然失火了，张仁由于残疾没跑出去，苦命的张仁就被活活地烧死在柴房之中。等到李义发现，大家伙过来救火，火灭了，这房子也都烧成灰了。再找张仁，都找不到了，也化为了灰烬。

李义自然是痛不欲生，就在张仁烧死的地方包起了一把土，也不知道是骨灰还是泥土，或者是房子灰，总而言之，就包起了那么一把土，带着儿子张诚回到了家中。李义把丈夫的骨灰土放在了灶头，请识字的先生写上了他的名字，每逢过节的时候就供奉一些张仁生前喜爱的食品，以示怀念。

时光如梭，张诚长大了。李义就把其父张仁的经历告诉了张诚。这张诚是个大孝子，他看到这么多年，母亲每每提起这件事情都以泪洗面，非常难过，母亲对于父亲的死耿耿于怀，久久难释。这也不是个事儿啊，日子长了怕母亲再窝出什么病来。为了减轻母亲的悲哀，张诚想了一个主意。有一天就跟母亲说了：“娘啊，昨天晚上我做了一个梦，是我父亲给我托的梦。”

“哦？”李义问：“你父亲说什么呀？”

“我父亲穿得可好呢，穿着官衣戴着官帽，说他死后见到了玉皇大帝。

玉皇大帝感念我父亲是个仁义老实之人，就把我父亲封成了灶王爷了。我父亲专门给我托梦，让我告诉您，让您不要以他为念，不要难过了，好好地活着。等到百年之后，您到天上就能见到父亲了。到那个时候您就是灶王奶奶了！”

“是吗？你爹真这么说的？”

“真的呀，娘，您是没见到我爹呀，那太风光了，灶王爷，灶神嘛！您得为他高兴，不要再为原来的事情难过了。”

“哎！”李义还真信以为真了，以后再提起张仁来，李义不仅不难过了，反倒是还非常自豪，说：“我们家老头子现在在天当官，当了灶神了！”然后也把自己老头子的画像供在厨房之中，年年祭奠。

过了几年，李义也辞世了。张诚就在父亲的画像旁边又添上了母亲的画像，跟以往一样供在灶头。时间很快，一代一代传下去，后来人们便相约成俗，都认为张仁便是灶王爷，李义就是灶王奶奶，只要能供奉他们，就能保佑全家人丁兴旺，五谷丰登。

灶王爷是盘锅台的

还有一个有关灶神的传说，说也是在古代，有一户也姓张的人家，兄弟俩，哥哥是个水泥匠，弟弟是个画师。

过去，大家吃饭都是用土灶大锅，烧劈柴的，那锅台容易坏，所以当时就应运而生这么一个职业——盘锅台。这个张家的哥哥最拿手的活儿就是盘锅台，在十里八乡都有了名，东街请，西坊邀，都夸哥哥垒灶的手艺高，年长月久出了名了，方圆百里都尊称这位哥哥叫“张灶王”——垒灶台成王了。

张灶王不仅垒锅台垒得好，心地还十分良善，还是一位人民调解员。不管到谁家垒灶，看到夫妻两个人不合打起来了，他马上进行调解，过去劝劝丈夫，顺顺媳妇儿，哎，人家和好如初了；看见妯娌们打起来了，过去调解调解，掰开揉碎，他说两句话，哎，大家和好了；看见婆媳之间发生矛盾了，安慰安慰媳妇儿，说一说婆婆，婆媳之间和好了；看见兄弟之间分家了，他过去了，公平处理，兄弟之间和气分家。所以，他无论到哪里都像个老长辈儿似的。时间一长，左邻右舍有什么事儿都找他，都让他过去给调解一下，大家都很尊敬他。就这么着，张灶王在这一带名声更大了。人们提起张灶王来无不挑大拇指称赞。

就这样，张灶王一直活到了七十岁，寿终正寝，去世的日子正赶上腊月二十三的深夜。

张灶王一去世，张家乱套了。怎么回事儿啊？原来张灶王那是一家之主，家里里里外外什么事情都听他的吩咐，现在张灶王一死，他那个弟弟是画师，也已经花甲之年了。但是这个弟弟，只会诗书绘画，对家务事从来没有过问过，也不会管家务。这张灶王一死，几房的儿媳妇就打起来了，吵着要分家，把这个家弄得乌烟瘴气，把张画师也给搅得头昏脑涨。张画师无可奈何，整日是愁眉苦脸，怎么办呢？“哥哥呀，你死得那么早干什么呢？我没处理过家事啊！这也就是你能够处理，你看他们整天缠着我，我有什么法子呀？哎呀！”脑仁儿都疼。

有这么一天，张画师突然灵光一闪。嗯，我不妨如此这般，我吓唬吓唬你们。对！张画师打定主意了。

就在腊月二十三日，张灶王亡故一周年的祭日这天，大家睡着睡着觉，张画师猛然间醒了，然后大呼小叫起来。这一下子，把大伙全惊醒了。

“哎，怎么回事儿，怎么回事儿？”全围过来了。有叫爹的，有叫叔的，说：“怎么了？”

张画师面色肃穆，说：“你爹，你大爷，显灵了！”

“啊？哦，老爷子显灵了？”

“显灵啦！”

“哎呀，我说叔啊……”

“我说爹啊，您，您这是发癔症了！”

“不是癔症，随我来！”张画师披上衣服，把儿子、侄子、媳妇，全家老小，全都引到了厨房。“你们看！”拿手一指，指哪个地方呢？指灶壁之上。

大家顺着张画师的手一看，灶壁之上飘动着的烛光，若隐若现，显出了张灶王和他已故的妻子的容貌。大家当时都惊了：“这，这，怎么回事儿这是？”张画师说了：“我刚才睡觉的时候，梦见我大哥和大嫂了。由于我大哥在世上行善积德，死后玉帝感其良善，就封我大哥为‘九天东厨司命灶王府君’，也就是说，我大哥已经成了灶王府君了。我告诉你们，你们平日好吃懒做，妯娌不和，不敬不孝，闹得家里家神不安。大哥现在在天上已然知道你们在闹分家，很是气恼。准备上天禀告玉帝，年三十儿晚上下界要来惩罚你们！”

哎哟，那时人都迷信啊，儿女侄媳们一听这番话信以为真，惊恐不已，“扑通扑通”全跪倒在了张灶王的神像面前，连连磕头说：“我们不敢了，再也不敢了！”忙取来张灶王平常爱吃的关东糖供在了灶上，恳求灶王爷饶恕，说：“以后再也不敢了，再也不分家了。”

其实，这是张画师自己画了一幅自己兄长和嫂子的画像贴在了灶壁之上，略施小计，摆平了一场家庭纠纷。但从此之后，这张画师还真就年年腊月二十三这天晚上祭奠自己的兄长，久而久之，就形成了祭灶。这也是关于灶王爷来历的一个传说。

休妻“修”了个灶王爷

还有一个传说，说灶王爷确实姓张不假，但是他叫张单，是一个富家子弟，曾经娶过一个妻子。妻子姓郭，叫作郭丁香，非常贤惠，到了家中之后帮着张单料理家务，上下和美，妯娌和睦，弄得一个家庭井井有条。可是这个张单有一次出门做生意，发了一笔横财。手上有钱了，就在外边儿瞎玩儿挥霍。结果在玩儿的当中，认识了一个风尘妓女叫作海棠。这个海棠把张单迷得是五迷三道。最后张单决定把海棠娶回家中。

可张单的父母坚决反对，把张单唤到身边说：“单儿，你如果想再取一房，也不是不可以，但是咱们不能什么人都要啊，这个海棠是什么人啊？那是一个风尘女子，咱们老张家可不要一个妓女做儿媳妇儿呀！再说了，你老婆丁香人又贤惠又能干，哪点对不住你啊？家有贤妻如同至宝，你应该珍惜你的妻子，不应该去迷恋那个妓女！你把她接到家中，我们不同意！”

但是张单根本听不进去父母的话，还是把妓女海棠接到家中了。从此，这张单每天晚上就在海棠的屋中过夜，对于丁香进行“冷处理”，不搭理了。

您想海棠是什么人啊，那是风尘女子！在妓院之中勾心斗角玩手段，丁香怎么能够玩得过她呀。自打海棠来到张家，张家里外可就不安稳了。最后，把张单的父母也给气死了。这下，更没人管张单了。

这时，海棠就在张单的耳朵眼儿里吹丁香不好的风儿，一吹两吹三吹，张单对丁香就看不上了，最后张单一纸休书把丁香这么一个好的媳妇儿给休了。给了丁香一头牛，一辆破车，然后就把丁香打发出门。

丁香流着眼泪，坐着破车，赶着老牛，上哪儿去啊？漫无目的，沿路乞讨！最后还不错，丁香讨到了一家贫穷的家里。这个贫苦人家就两个人，一个老太婆，还有一个以打柴为生的儿子。丁香就来到老太婆家里。这个老太婆和她儿子对丁香非常照顾。丁香一看，这是正经人家，就住在了家里，帮着料理一些家务事。一来二去，丁香就改嫁给了这个老太婆打柴的儿子了。做了媳妇的丁香帮着婆婆打理家庭，日子过得倒也舒心。

再说张单赶走了丁香之后，就天天在家里和那个妓女海棠鬼混。海棠好吃懒做，根本就不会持家，她是个风尘妓女，除了会花钱，哪能挣钱呢。再好的家业，再大的家产，那也禁不住这样挥霍呀。所以，没用多久，张单家就剩不下什么东西了。海棠一看：哎哟，这张单快完了，得了，我在这里也没什么意思了。一天晚上，海棠把张单灌醉之后，就把张单家值钱的东西，连同自己的一些金银首饰细软敛吧敛吧打了个包儿，她跑了。

等到第二天，张单发现海棠跑了，非常懊恼，就借酒浇愁。结果，福无双至，祸不单行。有一天晚上张单喝醉了酒，失火把家产给烧了。还不错，张单被人从火堆里给救出来了，没烧死，但是家业被这把火少了个精光。张单从一个富家子弟就沦落成为市井乞丐了，只好流浪讨饭。

这年的腊月二十三，张单沿街乞讨，讨到了一户人家，拿着破碗在人家门口一个劲地哀求。这家主人还真不错，一看有乞丐过来了，赶紧地盛了一碗粥端了过来："这里有碗粥，你喝了吧！"

"哎！嘶……"张单伸手刚想接粥，就听这声音怎么那么熟悉呢。抬头一看这个给自己粥的人。那个给自己粥的人也看到了自己。"啊！"两个人当时都愣了。怎么回事儿啊？张单发现给自己盛粥的这个人正是被自己休出去的妻子郭丁香。他再看看这户人家，哎哟，青砖绿瓦，敞亮的大门，已然是大户人家了。这位说：郭丁香改嫁的不是个打柴的小伙子吗？对啊！为什么说家有贤妻啊！自打郭丁香到这家后，两口子过得是幸幸福福、美美满满，夫唱妇随，慢慢地把这个日子还给过起来了！没出几年就成为当地的一户大家了。

张单一看自己休弃的妻子，现在成了人家的女主人了，再看看自己沦落成了乞丐，哎呀，手捧着这碗热粥，真是羞愧难当啊！丁香一看是自己原来的丈夫，刚想说句话。张单把手一摆，那意思是说：什么都别说了，这太惭愧了！张单想到这里，往旁边看了看，旁边有灶门，他一头钻进灶门里，给憋死了！

人死之后，魂灵就下了地界了。真巧，正赶上玉皇大帝到地府视察工作，正碰到张单。玉皇大帝一看：哦，这是新从阳间过来的人，问一问吧。“你姓什么啊？怎么死的啊？到底怎么回事儿啊？”旁边有阎王、判官，连同张单一起，把事情就给玉皇大帝诉说了一遍。玉皇大帝一听：“噢，原来如此。哦，你也姓张？”

“啊，对啊！”张单说，“我姓张！”

玉皇大帝一听，本家儿啊！玉皇大帝也姓张，张百忍嘛。玉皇大帝一查张单的档案，发现张单这个人还没坏到底儿，最后见到自己的前妻能够感到羞愧，证明还是有回心转意的意思，“哎呀，既然死在锅底了，那我就封你个灶王吧，为一家之主吧！”玉皇大帝开恩，就把张单封成灶王了。让张单每年腊月二十三上天汇报，在天上过七天，腊月三十儿再回到灶底。

后来，民间的老百姓都知道了，腊月二十三对灶王爷一定要敬，因为他要上天汇报，对他不好，家里就会受穷；对他好了，家里来年就会富裕。于是民间就有了腊月二十三的祭灶节，用来祈求来年的平安和财运。

这个故事流传很广，在柳腔戏里就有这么一段戏叫《张郎休妻》；茂腔戏里有一段戏叫《火龙记》，就是说的这段灶王爷的故事。所以有一首穷人祭灶的民谣说：

灶王爷，本姓张，

一碗凉水三炷香，

今年小子混得苦，

明年再好吃灶糖。

您看，穷到了用一碗水去祭灶的贫民，也就顾不了什么灶王爷上天汇报什么了，爱说什么说去吧，反正是我们家就这样儿了。但是话又说回来了，灶王爷也不容易，民间还流传着一首灶王爷诉苦的顺口溜儿，是这么说的：

我的姓名，叫个老张，
娶个媳妇，名唤丁香。
我在凡间，多受冤枉：
一无庙宇，二无庵堂，
三块砖板，是我家乡。
猫儿拉屎，拉在我身上；
蜘蛛结网，结在我脸上；
烟熏火燎，看不清四方。
腊月二十三，换件新衣裳，
一个‘福’字儿，贴在我头上。
新年之际，几天风光，
新年一过，不敬我灶王……

最后赌气还说：

写了奏章，去见玉皇，
这回上天，再不下降。

不想下降啊？由不了你！到天上，玉帝降下法旨仍令他立刻回到人间。

总而言之，灶王爷的传说在中国可以说是不同的地方有不同的版本。究竟这灶王爷是谁呢？甭管什么科学家、民俗学家、历史学家、考古学家，估计对于这个问题都难以作一准确的解答。咱们光说故事，不做考证。

第三章 年前那些天

——保障有力的过年「一级准备」

人人身上都有诡异的三尸神，大扫除可以解除“魔咒”哦，一二三来唱《新年歌》……

人们在举行过祭灶后，就正式开始做迎接过年的准备了。每年从农历的腊月二十三日起到除夕止，我们民间把这段日子叫作“迎春日”，也叫做“扫尘日”。扫尘就是年终大扫除。北方称为扫房，南方叫掸尘。

在春节前扫尘是我国人民素有的传统习惯，每逢春节来临，家家户户都要打扫环境，清洗各种的器具，拆洗被褥窗帘儿，洒扫六闾庭院儿，掸拂尘垢蛛网，疏浚明渠暗沟。大江南北，到处洋溢着欢欢喜喜搞卫生、干干净净迎新春的气氛。

为什么在春节之前要扫尘呢？这里边还流传着一个颇为诡异的故事。

三尸神与“扫尘”

说书先生经常描述这么一个情景，说某个人生气，气得是“三尸神暴跳，七窍内生烟”。扫尘就和这里的“三尸神”之间有着一种关系。

三尸神是什么？古代人认为，人的身上都附着一个三尸神，他就像影子一样跟随着人的行踪，形影不离。“三尸神”是道教称在人体内作祟的“神”。据《太上三尸中经》说：“上尸名彭倨，在人头中；中尸名彭质，在人腹中；下尸名彭矫，在人足中。”又说每逢庚申那天，这三尸神便上天去给玉皇大帝陈说人间的罪恶。怎么防止他们上天上去汇报人间的罪恶呢？只要人们在这天的晚上通宵不眠便可以避免。所以在古时候又称为守庚申。

据说三尸神是个喜欢阿谀奉承、爱搬弄是非的家伙。估计这个三尸神和那个申公豹有着密切关系，一户子人！经常在玉皇大帝面前造谣生事，把人间描述得是丑陋不堪。久而久之，玉皇大帝被这三尸神给忽悠得真觉得人间简直是一个充满罪恶的肮脏世界。

有这么一次，三尸神又向玉皇大帝吹风儿说："陛下呀，您快去看看吧，现在这个人间乱七八糟、乌烟瘴气，都不像样了。而且我听说人间都在诅咒您呢，想谋反天庭呢！"

"什么？！"玉皇大帝一听，"有这事儿？"

"啊！您看看去啊！"

"哎呀！"玉皇大帝当时就勃然大怒，"这还了得！啊？人世上的老百姓也太无法无天啦！要想谋反天庭啊！"立刻降旨：迅速查明人间犯乱之事，凡怨愤诸神，亵渎神灵的人家，将其罪行书于屋檐之下，再让蜘蛛张网掩遮以做记号。然后玉皇大帝又命王灵官于除夕之夜下界，看到谁家有蜘蛛张网做的记号，就满门斩杀，一个不留。"我就不信杀不净世上作恶、谋反之人。太无法无天了，让你们看看我天神的厉害！"玉皇大帝真生气了。

三尸神一看好笑，此计即将得逞，他趁隙飞下凡界，然后不管青红皂白，恶狠狠地在每户人家的屋檐墙角上都织上网了，做上记号了，好让除夕那天王灵官来个斩尽诛绝！

结果，三尸神在那儿一通忙活的时候，被一位神仙发现了！哪位神仙？每家都有一位的灶王爷，嘶……灶王爷一看，怎么回事儿？忙活什么呢？啊？嘶……哎呀！听一听，三尸神一谈话，哎哟，原来如此。这家的灶王爷大惊失色，赶快打电话，把各家的灶王爷全召集起来了。有电话么？反正他们神仙有他们联络的方式，都召集起来了，干什么？开个碰头会，商量对策。"怎么办呢？三尸神作恶，在每一家都做好记号了，王灵官一下界，这些被做记号的人家满门都要被斩杀呀！怎么办呢？"这些灶王爷一合计，想出了一个好办法。马上各回各家，然后给自己家中的家人托梦：告诉你们，腊月二十三日，你们不是送灶吗，要把我们送到天上去。到除夕，你们不是要接灶吗，还把我们接回来。但是我告诉你们，年年你们都不打扫房间，这就是对我的大不敬！所以，今天我提出警告，你们必须在接灶之前把房间打扫得干干净净，哪户不清洁，那就休怪我灶王爷生气！我就拒不进宅！你们家来年没人给你保平安，那就休怨我啦！

每家每户都接到了托梦通知，大家一听，这可不敢怠慢，都遵照灶王爷升天前的嘱咐：清扫尘土，掸去蛛网，擦净门窗，把自己家的宅院打扫得焕然一新。

果然没过几天，到除夕了，王灵官奉旨下界察看，嘶……哎？发现家家户户窗明几净，灯火辉煌，人间团圆欢乐，和谐美满。王灵官心说话：这

人间挺好啊，哪像三尸神说的那么恶劣呀！再说了，我也找不到表明劣迹的记号啊。王灵官心中十分奇怪，便赶回了天上，把人间祥和安乐，祈求新年如意的情况禀告给了玉皇大帝。王灵官还说呢：“我到人间一看，人们一个个的欢天喜地的，而且在您老人家神像面前都供奉着最好的东西，百姓对您非常尊敬，没发现谁要谋反天庭啊？您听谁说的啊？再说了，他们连飞都不会，谋什么反啊？”玉皇大帝一听：“是吗？嘶……哎呀！我看看！”

玉皇大帝也沉不住气了，亲自到下界一看，果真如王灵官所说的。“哎呀！”玉皇大帝当时大为震怒，立刻降旨：“给我拘押三尸神！”把三尸神给逮过来了，不由分说，下令掌嘴三百：“说，到底是怎么回事儿？”

“乒乓”这么一打，三尸神交代了罪状，说：“是，是我们瞎忽悠您呢！”

“好哇！”玉皇大帝一听，“竟然忽悠到我的头上来了！来呀，把这三尸神永拘天牢！”就把三尸神关押起来了。

这次人间的劫难多亏了灶王爷的搭救才得以幸免，为了感激灶王爷为人间消灾解难，赐福张祥，所以民间扫尘总在送灶后开始，一直忙到大年夜。

其实，“腊月二十四，掸尘扫房子”的风俗由来已久。据《吕氏春秋》上记载，我国在尧舜时代就有春节扫尘的风俗。按民间的说法，因“尘土”的“尘”与“陈旧”的“陈”谐音。所以，新春扫尘有“除陈布新”的含义，其用意就是要把一切的“穷运”，一切的“晦气”，一切的倒霉气统统扫出门。这一习俗寄托着人们破旧立新的愿望和辞旧迎新的祈求。

《过年歌》

这样，从二十三开始，二十四扫房子，就进入了过年的倒计时，人们就开始日夜忙个不停。

在河南民间，有一首流传很广的《过年歌》，歌儿写得好：

二十三，祭灶官；

二十四，扫房子；

二十五，磨豆腐；

二十六，去割肉；

二十七，杀猪鸡；

二十八，蒸枣花；

二十九，去打酒；

年三十，包饺子；

大年初一，撅着屁股乱作揖。

您瞧，在除夕前二十三日之后还有这么多东西要做，那就是为过年准备年货了。准备年货一直就要准备到除夕。

第四章 除夕

——一句话，打破一个旧世界，迎接一个新明天

“饺子”众所不知的前世今生，“屠苏酒”非同一般的饮用方法，想长个儿不用补钙的民间秘方，写春联其实很 fashion，门神也会上下岗……

除夕是哪一天呢？就是过年的前一夜，也就是旧年的腊月三十。除夕，又叫作团圆夜，又叫作除夜、年夜，也叫作年三十儿。那位说了："今年没年三十儿，就二十九怎么办？"二十九也是三十儿，就叫年三十儿。

除夕怎么讲呢？除夕中的"除"字是去、易、交替的意思；"夕"指夜晚。除夕的意思那就是"月穷岁尽"，把本年中最后一夜去掉，迎接将要来临的新的一年。此时，人们都要除旧布新，有旧岁至此而除，来年另换新岁的意思。周、秦时期每年将尽的时候，皇宫里要举行一种仪式，这种仪式就叫作"大傩"。怎么举行啊？要击鼓跳舞，来驱逐疫疠之鬼，就是驱逐瘟疫这样的鬼怪，称为"逐除"。后来，又称除夕前一天为小除，也就是小年夜；除夕为大除，也就是大年夜。那是农历全年最后的一个晚上。故此，除夕期间的活动都要以除旧布新、消灾祈福为中心。

咱们中国民间除夕的风俗那是很多的。上面刚说过，除夕大扫除这个风俗由来已久了。除夕前几天，人都要把屋里屋外打扫得干干净净。不仅如此，到了除夕这一天，人们还要进一步地大扫除一次，进行"除故纳新"。这种习俗，来源于古代的传说。

除夕"除故纳新"的习俗来自颛顼

古代神话中有一个人叫作颛顼，那是黄帝的亲孙子，是少昊的亲侄子。这个颛顼可了不得，咱们中华民族的图腾——龙就是他给定制的。在他执政的时候，他把所有部落各个种族的图腾都给废除了，就留下了一种图腾，就

是龙。

颛顼有一个儿子叫作穷善，很不争气，平常好吃懒做，平日老穿着破烂的衣服，喝着很稀的粥，怎么看怎么让人可怜。

据说有一年除夕的夜晚，穷善也不知怎么，又冻又饿，就死在屋角了。您说这晦气不晦气？所以除夕这天，人们乘大扫除机会，把家里的破烂衣服、剩饭剩菜都拿出来，在新的一年来临之前要把它倒掉，表示不让贫穷到家里来。

除夕的晚上

除夕的晚上，大人要带着孩子到亲朋好友家里去送礼、拜年，叫“馈岁”；邀请别人到自己家里一起吃年夜饭，叫“别岁”；吃完饭，大家互相道贺一番，各自回家，叫“散岁”；在家里头，晚辈要向长辈行礼，长辈对晚辈嘱咐几句，还要给没有工作的小孩子一些压岁钱，并互相祝贺，叫“辞岁”。您看，咱们中国过年这里面的概念太丰富了。

到了除夕晚上，全家老小还要在一起，干什么呢？熬年！叫守岁，欢聚酣饮，共享天伦之乐。

“饺子”的前世今生

我国的北方地区，在除夕这天还有吃饺子的习俗。做饺子的第一个步骤就是和面。和面就是“合”面，“和”字就是和聚的“和”，饺子的“饺”又和交替的“交”谐音。“合”和“交”都有相聚之意，又取更岁交子之意，所以饺子有这么一个意思。

在南方，有过年吃年糕的习惯，甜甜的、黏黏的年糕，象征着新的一年生活甜甜蜜蜜、步步高升。

相比之下，在除夕、在过年中，最有代表性的食物，还得说是饺子。“大年三十包饺子”是我国北方广大地区民间过年最重要的内容之一。

提起咱们中国的饺子，那是一种历史悠久的民间吃食，深受老百姓的欢迎。民间不是有那么一句俗语吗——“好吃不过饺子，舒服不过倒着。”每逢新春佳节，饺子更成为一种应时不可缺少的佳期菜肴了。

据三国魏人张揖著的《广雅》里记载，说在那个时候已经有形如月牙称为“馄饨”的食品，和现在的饺子形状基本类似，但就是叫“馄饨”。

到南北朝时候，说这个馄饨“形如偃月，天下通食”。据推测，可能那时候的饺子煮熟之后，不是捞出来单独吃的，而是和汤一起盛在碗里混着吃，所以当时的人们把饺子称为“馄饨”。其实这种吃法，在我们现在某些地区依然非常流行，比如河南的某些地方、陕西的某些地方甚至福建一些地方，吃饺子的时候，都要在汤里放些香菜、葱花、虾皮、韭菜等小料。这不就是“馄饨”了吗？

大约到了唐代，饺子已经变得和现在的饺子一模一样了，而且是捞出来放在盘子里单独吃的。

宋代称饺子为“角儿”，它是后世“饺子”一词的词源。这种写法，在其后的元、明、清及民国年间仍可以见到。

在元朝，称饺子为“扁食”。明朝万历年间沈榜的《宛署杂记》中记载：“元旦拜年要做匾食”。刘若愚的《酌中志》中记载：“初一正旦节吃水果点心，即匾食也。”元朝、明朝“匾食”的“匾”是匾额的“匾”，现在都已经通“压扁”的“扁”了。

据考证，“扁食”一名，可能出自于蒙古语。到了清朝时，又出现了诸如“饺儿”“水点心”“煮饽饽”等有关饺子的新的称谓。饺子名称的增多，说明其流传的地域也在不断地扩大。

饺子一般要在年三十晚上十二点之前包好，待到半夜子时吃，这时正是农历正月初一的伊始，吃饺子取“更岁交子”之意。“子”就是“子时”；“饺”，咱们上文说了，与“交”谐音，有“喜庆团圆”和“吉祥如意”的意思。

吃饺子来源于女娲造人

过年为什么要吃饺子呢？在民间也有很多的传说。有的说：春节吃饺子是为了纪念盘古氏开天辟地，结束了人间这种混乱的状态；还有一种说法，是取其与“浑囤”这个谐音，意为“粮食满囤”。那就是说，吃了饺子来年的收成好，打的粮装满了囤。另外，民间老百姓还有一个传说：吃饺子的民俗与女娲娘娘造人有关。

据说，最早世界上是没有人的，女娲娘娘看到地球上没人太孤单了，就和了点黄土，用黄土捏人，造人嘛！那位说了：不是上帝造人吗？哎，上帝造的是外国人。到咱们中国，那就是女娲娘娘造的，用土捏的！不是有句话吗？泥人儿泥人儿嘛。说这个人，甭管什么时候，洗再干净，一天洗八遍澡，你用手搓，总能在身上搓出泥来。为什么呢？就是因为人是女娲娘娘用土捏的。

但是，女娲娘娘在造人的时候，由于当时天寒地冻，造出来的黄土人儿的耳朵很容易给冻掉。造出一个，耳朵掉了，造出一个，耳朵掉了。有的掉一个，有的掉俩，那玩意儿多不和谐啊。怎么办呢？为了使耳朵能够固定不掉，女娲娘娘就在人的耳朵上扎了一个小眼儿，然后用细线把耳朵给拴住。线的另外一端放在黄土人儿的嘴里咬着。这样才算把耳朵给人做好了，冻不掉了。到了后来，老百姓为了纪念女娲的功绩，就包起饺子来了。说大冬天的，只要是吃了饺子，这人的耳朵就冻不掉了。

您看这个饺子的形状多像人的耳朵。而且里面包着馅（线）呢。女娲娘娘不是用细线把耳朵给拴住了吗？就是那线的谐音，还得用嘴咬着吃。用嘴把这个线（馅）给咬着，防止耳朵掉。

是那么回事吗？其实，民间老百姓吃饺子，我认为纯粹是馋的。尤其是在旧社会，人们一年到头儿吃不了一顿饺子，吃不了一顿肉。到了春节了，怎么也得改善改善生活啊，就包这么一顿肉饺子，那还得给自己这个奢侈找一个理由。

就这么着，饺子成了春节不可缺少的节日食品。

其实，春节吃饺子，究其原因，还有两点。一点是饺子形如元宝，人们在春节吃饺子取“招财进宝”之音；第二点，是饺子有馅，便于人们把各种各样吉祥的东西包到馅里面，以寄托人们对新的一年的期望。

吃饺子的民俗

在包饺子的时候，人们常常把一些金如意、糖、花生、枣、栗子等等包

进馅里。然后和其他馅的饺子一起下锅。到时候盛上来，每人一碗，吃去吧！比如吃到如意了，就代表吃到者明年能够事事如意；吃到糖了，来年的日子更加甜美；吃到花生了，来年这个人健康长寿；吃到枣，吃到栗子了，代表这个人来年早生贵子。要老太太吃到枣了呢，那……那叫早生贵孙，怎么都能有吉祥话。总而言之，吃到这些东西，都是代表着吃饺子的这个人，明年走大运！

有些地区的人家在吃饺子的同时，还要配些副食以示吉利。比如，有的地方在吃饺子的同时，还吃些豆腐，象征着全家幸福；有吃柿饼的，象征着万事如意；有吃三鲜菜的，象征着三阳开泰。在我国的台湾地区，老百姓们吃饺子的同时，还要吃鱼团、肉团和发菜，那象征着团圆发财。

饺子因所包的馅和制作的方法不同而种类繁多。尤其在中国，您到各大城市去看看，有很多的城市里面专门有饭店就叫“饺子城”。到里面一看，别的没有，全是饺子，好几百种！想吃什么馅儿吃什么馅儿！本来嘛，饺子馅儿就没有一定的盘法，爱吃什么菜吃什么菜，这个谁也管不着。即便是同一种水饺，也有不同的吃法。如，在我国的内蒙古和黑龙江的达斡尔人，要把饺子放在粉丝肉汤中煮。然后连汤带饺子一起吃；河南的一些地区，将饺子和面条放在一起煮，还起了个名字，叫“金线穿元宝”。对此，我有点纳闷，这个面条都是白的呀，用面条和饺子一起煮，那应该叫“银线穿元宝”啊怎么叫“金线穿元宝”啊？有的朋友可能说了，人家那面条啊，是用玉米面做的。玉米面啊？做不了，下到锅里成粥了。总而言之，饺子这一节日佳肴在给人们带来年节欢乐的同时，已经成为咱们中国饮食文化的一个重要组成部分。

尤其是这年三十儿的饺子，意义更加非凡。由于它是节日的重要内容，所以，还规定了许许多多的规矩和约定俗成的习俗内容。这些习俗都是为了配合过年的气氛所需要的。

饺子馅就有讲究。包饺子，首先是调拌饺子馅，俗称“盘馅”。饺子馅有荤有素。有的地方是严格区别的。有些地方，过年的饺子必须是素馅。为什么呢？图个“素静”（山东方言，意思是指家庭平安无事）。也就是说年三十的饺子，初一吃了，接下来的整一年，这一家子，过得平平安安，素素静静，没有什么灾，没有什么祸；可有些地方要求除夕的饺子必须是荤的。怎么？一开年，这一家子就吃肉，象征着今后这一年，一家子能够广进财源，顿顿吃肉；当然，更多的地方那是荤素搭配的。既有素饺子，又有荤饺子，混在一块儿吃，说接下来的一年，这一个家庭，是又能素静，又能发财。那我就纳闷了，这一个家庭如果素静了，他就发不了财。发了财的呢，一般的都素静不了。那怎么还能既素静又发财呢？哎，这就是代表了咱们中国人对于所有美好事情都向往的心理。

另外年三十儿的饺子包的数量要足够三十儿晚上和初一早上全家食用

的。别大家下了一碗还没吃饱呢，没了！那就不吉利了。必须足够！除夕夜的饺子馅儿，咱说了，一般是荤素料相配合的，有用猪肉的，有用羊肉的，切成小肉丁，加调味料腌好了，然后用大白菜、胡萝卜、辣萝卜等等，把这些菜再剁好了，捏干水分，然后混入肉馅，调上油，放上料，搅拌而成。

在制馅的过程中最讲究的那就是剁馅了，就是用刀细剁蔬菜的工序。剁菜的时候有讲究，刀与案板要撞击，要发出“嘭嘭嘭嘭”这种声音，而且由于用力大小的交替，这种声音应该是一种富有韵律感的、强弱节奏变化的声音，像特别优美的乐曲。并且要传到四邻八舍——让大家都知道我们这一家子正在剁馅。在过去，剁菜，尤其是这剁菜的声音，那有讲究着呢！人们都希望自己家的剁菜声音是全村最响的、时间最长的。为什么有这么一个讲究呢？因为饺子馅是肉加菜，山东有些地方就说是“有财”，“肉菜”“有财”的谐音。剁肉菜就是“多有财”。剁馅的声音最响，时间最长，那美其名曰叫“长久有余财”。那还不剁长点？在过去，谁家剁菜的时间越长，剁得越响，说明包的饺子就越多，象征着这一家明年的日子就红火富有。

在邓云乡撰写的《燕京乡土记》里就曾经记载过关于除夕的刀砧之声的一个十分凄凉的故事：

在旧社会，穷人生活都非常困难，这一年吃不了一顿肉，更别提饺子了。尤其到了年三十晚上，更是个关。谁家不想到三十晚上好好地过个年，能有顿白面饺子吃啊。但是有户人家，丈夫到了年三十晚上很晚很晚了，尚未拿钱归来。书中记载叫：“家中瓶粟早罄，年货毫无。”就是说瓶子里的米早就干净了，该办的年货一点没有。女人在家里把孩子给哄睡了，看到空落落的这么一个家，一筹莫展。正在这个时候，又听见旁边邻家剁菜的砧板之声，“嘭嘭嘭”的。大家都在剁菜，唯有自己家冷冷清清，这女人也不知道自己的丈夫什么时候才能够拿点钱或东西回来，不知道明天这个年如何过去，又怕自己家中没有砧板声惹得四邻八舍人家笑话。怎么办呢？这女人痛

苦到了极点，便拿起了刀在家里斩空砧板。一边“嘭嘭”地剁，一边眼泪“唰唰”地落。这个故事让人听了确实心酸。

这就说明，在过去，剁菜的时间和响声，对于一家是非常重要的。到了现在呢？到现在，你还真的不能够把自己家的菜板子剁的时间太长了、太响了。怎么？不信你剁剁，剁不了十分钟，门口准有人敲门，谁啊？警察来了！怎么？扰民嘛！哪能这样啊？话又说回来了，现在谁还剁菜，谁还剁馅？到街上买块肉，在铺里，人家直接用绞肉机给搅碎了。或者直接在超市买搅好的肉馅。就很少有人再在家里剁馅了！不过到农村、到县城里，老百姓还是习惯在家里剁馅，怎么？有年味儿。这是剁馅儿的讲究。

饺子的形状也有讲究，尤其是年三十儿包的饺子，形状更有讲究。大多数的地区习惯保持传统的弯月状。这种形状包制时，要把面皮儿对折后，用右手的拇指和食指沿半圆形边缘捏制而成。要捏细捏匀，谓之“捏福”；有的人家，还要把捏成弯月形的饺子两角对拉捏在一起，成元宝形状，摆在盖帘上，象征着财富遍地，金银满屋；还有的人家，要把这个饺子捏上麦穗形状的花纹，像一棵一棵颗粒饱满、硕大无比的麦穗儿，象征着新的一年会五谷丰登；但更多的是把饺子包成几种形状，来预示着来年能够财满屋，粮满仓，生活是蒸蒸日上。

饺子的摆放也有讲究。首先说，年三十儿包的饺子不能够乱放，民间有句俗话叫：“千忙万忙，不让饺子乱行。”咱们平常包饺子，横排竖排，乱七八糟，什么地方都放，那无所谓。年三十儿包的饺子是坚决不能这样。在我国的山东等地，包饺子时用的盖帘儿要用圆形的。先在中间摆放几只元宝形的饺子，然后绕着元宝一圈儿一圈儿地向外逐层摆放整齐，民间俗称叫“圈福”啊。有的人家，甚至规定盖帘无论大小，每只盖帘上只能摆放九十九个。为什么只能摆放九十九个，而不能够摆放一百个呢？因为，人事不能够太圆满了！月圆则亏，水满则溢。咱们中国人最讲究这个，凡事儿不能到了顶点，幸福到了顶点，肯定往下滑。所以，任何东西都求一个极，而不求一个致。故此，盖帘儿之上只能放九十九个，都很圆满了。而且这九十九个饺子要布满整个盖帘儿。因此，只能靠调节饺子的间距和行距来实现，谓之“久久福不尽”。

关于排饺子的习俗在我国的民间还有一个很有趣的故事：

说很久以前，有一个贫困的山村，在山村里面有一户人家很穷，一年到头儿常常是吃了上顿没有下顿。到了年三十这一天，家里没有面，也没有菜，听着四邻的剁菜声，这家心急如焚。怎么办呢？大年夜不能不过啊。这要是没顿饺子吃，来年还得受穷。没办法，只能向亲友们张口借来那么一点白面。和好面后，又胡乱弄了点乱七八糟的野菜杂和菜，凑成了一点儿饺子馅儿。要按现在来说不错了。怎么？野菜馅儿的嘛，还有营养呢！但在那个年代，就不成馅儿了。没办法，就这么多东西，凑合吧。就包起饺子来了。因为面是借来的，所以这一家人包的饺子就格外地珍贵。包的时候也仔细，细细地捏，细细地按。包好了摆放的时候也一圈儿一圈儿，由里到外，摆得是整整齐齐，非常美观。摆好之后就放在了自己家的灶台之上。等到明天大早儿好下锅煮着吃。这一家人就睡觉了。

再说山村里面还有一个最富的财主，家有万贯。平常山珍海味都吃惯了。到了年三十儿，嗬，摆了一桌丰盛的年夜饭。根本就没把饺子放在眼里。大年三十儿这天，财主用肉、鸡蛋，用这些上好的东西调馅，包成了饺子。咱们说了，他根本就不把饺子放在眼里，所以包的时候也不仔细，放的时候也不讲究。胡乱地就放在了盖帘之上。然后在家里和地主婆、地主崽儿喝了一通酒，睡了。

这就到了初一的五更天时分。二十三那天上天的灶王爷下界了。先下到了那个贫苦人家。一看贫苦人家的饺子，摆得太好看了：哎呀，这一家人勤勤恳恳，劳作了一年。您看，就是到了大年三十，包的饺子也是如此仔细用

心。真好！这个灶王爷又到了那个财主家。一看财主家的饺子，把灶王爷给气的：好家伙，就这饺子明天也能够上供吗？这，这也太不尊重饺子了。我得给你点儿惩罚！灶王爷生气啦，使用法术。

到了第二天，这两家都下饺子，财主把下到锅里的饺子捞出来一吃，猪肉馅儿变成野菜馅儿了。那个贫穷人家的饺子捞出来一吃，哎，猪肉鸡蛋馅儿的。怎么回事儿呢？原来那个灶王爷为了惩罚财主，把这两家的饺子给调包了。

第二天，一拜年，这件事便在村里面传扬开了。从此之后，人们再忙，年三十儿的饺子也要摆放得整整齐齐，以讨一个“圈福”的口彩。

但是话又说回来了，中国幅员辽阔，地方太大了，各个地方都有各个地方不同的风俗。您看，在山东这个地方要圈着放饺子，但在黑龙江一些地方的农家，饺子就绝对不能摆成圆圈儿形的。据说要把这个饺子摆成圆圈儿形的，就会使日子越过越死。那怎么办呢？必须横着排成行。这样才能够使财源四通八达地涌进来。您说听谁的好？入乡随俗吧！

煮饺子就更有讲究了。不是有那么一句歇后语叫“大年三十吃饺子——没有外人”吗。就说明年夜饭的饺子是亲人团聚的象征。这天的饺子要在除夕的时候吃，不仅有家人团聚之意，又取更新交子之意。所以，在过去年三十儿煮饺子也有很多讲究。比如，烧火所用的柴草要用豆秸秆儿或芝麻秸秆儿。为什么呢？寓有火越烧越旺，来年的日子要像芝麻开花一样节节高。锅里煮饺子的时候，不能用铁铲乱搅和，要顺着一个方向，贴着锅沿儿铲动，形成圆形。干什么呢？“盘福”啊！咱不是说了吗？摆饺子的时候都盘过一遍了。下饺子的时候再盘一遍——盘两遍福。在我国的山东东部，煮饺子的时候，还要故意地给它捅破几个，但不能说“破”，也不能说“碎”，更不能说“烂”，这都是忌语。那说什么呢？说“挣了”“涨了”。因为这个饺子里有菜嘛，“菜”谐音是“财”，所以这个饺子“挣了”，那叫“挣财”；“涨了”就叫“涨财”。不能说破财、碎财、烂财，那都不行。图吉利，就得说挣财，讨个口彩，以增加除夕夜的欢乐气氛；在甘肃中部的一些地方，除夕煮饺子的时候，还要加入少许的面条共煮，同食，给它起了个名字，叫“银丝缠元宝”。您看，这改成银丝了，比那个金丝穿元宝科学了。面条要细，饺子要包成元宝形，寓意长寿发财，也是图个吉利，寄托人们的美好希望。

吃饺子的时候也有规矩，不能乱吃。第一碗要先上供，供奉先祖，供奉诸神。

上供的饺子也有讲究。怎么那么多讲究？对了，要么说咱们中国的年有文化，有讲究才有文化。乱七八糟有什么文化啊？上供的饺子那更得讲究了。河北民间有“神三鬼四”之说。什么意思呢？就是说给诸神上供要供三碗，每碗盛三个饺子，神三嘛；给列祖列宗上供要盛四碗，每碗盛四个饺子；唯有灶王爷最不受尊敬了，上供的时候只上一碗饺子，而且这个碗里还给人家盛一个。但是也有人家过意不去，随便再盛几个。有的地方，饺子端到供桌之后，家里的老人还要虔诚地念上一段祷告词。比如，把这个饺子端住上供，嘴里唠唠叨叨：我们谁谁谁，给列祖列宗上供啦。你们都受着——

一个扁食两头尖，
下到锅里成万千。
金勺舀，银碗端，
端到桌上敬老天。
天神见了心喜欢，
一年四季保平安，
保平安！

念叨完了，第二碗饺子要端给牲畜，以表示对牲畜的爱惜。在旧时候，大牲畜，那了不得。牛呀马呀都是一家农家的主要劳动工具，有些人家一年就指着家里的牛马呢。在宋朝，你随便杀头牛都不行，必须上官府登册。在新年来临之际，人们也希望牲畜像人一样迎来平安顺利的一年。到了第三碗的时候，家人才开始食用。

您看，除夕夜的年夜饭，本来种类很多，但是其他都可以不吃，唯独这饺子必须吃。吃的时候还要记清，要以吃偶数为佳，不能吃单数。你说我吃五个，不行！你怎么也得吃六个，吃双数。有老人的家庭，老人们一边吃饺子，还一边念叨："菜多菜多……"什么菜多？就是财多！

吃完之后，盛饺子的盘子、碗，乃至煮饺子的锅，那都不能刷。饺子也不能全下完，必须剩下几个生饺子摆放在盖帘之上。那也得留点偶数。为什么呢？叫年年有余。甚至，连包饺子用的菜馅儿、面团，那也要留个余头，都不能包完。

丰富的年夜饭和屠苏酒

除了吃饺子，除夕夜的年夜饭更是丰富。春节的年夜饭时刻，是家家户户最热闹、最愉快的时候。大年夜，丰盛的年夜餐摆满一桌，阖家团圆，围坐桌旁，共同吃团圆饭。大家心里的充实感，真是难以言喻。年夜饭也非常丰富，大菜、冷盘、热炒、点心……什么都有。尤其现在，老百姓家里都富裕了，年夜饭便更加丰富了。但是甭管怎样丰富，一般都有两样东西。哪两样？一个是火锅，一个是鱼。火锅沸腾，象征着来年热气腾腾，红红火火。鱼呢，年年有余、吉庆有余啊。有的家还放上一道萝卜，大年夜啃萝卜？啊，萝卜俗称菜头，祝愿来年有好彩头。还有炸的虾、炸的鱼、炸干丸子这些东西，预祝着家运兴旺，如烈火烹油。最后，还有一道甜食，祝福往后的日子甜甜蜜蜜、黏黏糊糊。

这天，即使不会喝酒的多少也得喝一点。过年了嘛，喝一点儿酒，有助于气氛。尤其在古代，过年喝酒非常注意酒的品质。古代有些过年所喝的酒现在已经没有了，只留下许多动人的酒名。比如什么葡萄醅、蓝尾酒、宜春酒、梅花酒、桃花酒、屠苏酒等等。在这些酒中间，流传最久的、最普遍的，就数这屠苏酒了。老一辈革命家董必武同志曾经写过一首诗，叫：

共庆新年笑语哗，
红岩士女赠梅花。
举杯互敬屠苏酒，
散席分尝胜利茶。

只有精忠能报国，

更无乐土可为家。

陪都歌舞迎佳节，

遥视延安景物华。

这里的屠苏酒就是古代所流传的屠苏酒。屠苏酒的名称是如何来的呢？又是用什么制作的呢？对此，从来说法不一。

有人说，屠苏是一种草名；也有人说，屠苏是古代的一种房屋。因为是在这种房子里酿的酒，所以称为屠苏酒。有根据么？有哇，据唐朝人韩鄂所著《岁华纪丽》上说："屠苏酒起于晋，昔人有居草庵，每岁除夕，遗闾里，药一帖令囊浸井中。至元日取水置酒尊，合家饮之不病瘟疫。谓曰：屠苏酒，屠，割也，苏，腐也。言割腐草为药也。"意思就是说：屠苏酒起源于晋朝，当时在一间茅屋里住着一个人，每到除夕他就分送给街坊邻居每家一包草药，嘱咐他们放在布囊中投到井中。到元旦那天打了井水放到酒杯里全家人一起喝。喝了这酒，一家人这一年就不得瘟疫。人们就称这种酒叫"屠苏酒"。屠是割的意思，苏是腐败的意思。屠苏酒就是割腐草为药酒。

不过，也有说屠苏酒最早是汉末名医华佗创制而成的。说这个屠苏酒的配方有七味，哪七味啊？什么大黄、白术、桂枝、防风、花椒、乌头、附子、桔梗等等。这位说：这不是八味了吗？哎，你不会随便选七味吗？怎么？咱们不是说了吗，它怎么制作的，历来说法不一嘛。所以，关于这个配方，也是说法不一。总而言之，这些配方，都有益气温阳、祛风散寒、避除疫疠之邪的功效。后来到了唐代，名医孙思邈，就是那位药王爷，把屠苏酒给流传开来了。据说孙思邈每年腊月总是要分送给众乡邻一包药，告诉大家：把这包药拿回家去，以药泡酒，除夕进饮，可以预防瘟疫。而且孙思邈还把自己的屋子起名叫作屠苏屋。再往后，经过历代相传，饮屠苏酒便成了过年的风俗。

饮屠苏酒的方法和别的酒都不一样。饮别的酒，都是从年长者饮起。谁岁数大，谁先饮，谁岁数小，谁后饮。这是中国人饮酒的规矩。《礼记》上不是有这种记载吗？古老的习俗，饮酒时长者没有举杯饮尽，少者不得先饮。《礼记》中都有明文规定。但是这个屠苏酒正好相反，必须倒过来。谁年纪最小谁先饮，最后才轮到年最长者饮。宋朝的大文学家苏辙做了一首《除日》诗，诗中有："年年最后饮屠苏，不觉年来七十余"一句，说的就是这种风俗。意思是：我每年都到最后才饮屠苏酒，不知不觉已经到了七十岁了。年岁越大，我越最后饮。

有人不明白这种习俗的意思。北魏议郎董勋做了解释，他说："少者得岁，故贺之；老者失岁，故罚之。"就是说年轻人每过一次春节，每过一次年，那是得岁。所以可喜可贺，你先喝，喝屠苏酒是贺之；老人每过一年减一岁，每过一年少活一年，所以老人过年称为"失岁"，所以要罚。怎么罚？最后喝。因为老者喝到最后，壶里的酒所剩都已经不多了，常常会有些沉淀——一些酒渣子，故此老人喝的屠苏酒也叫蓝尾酒，或者叫大婪尾酒。

喝屠苏酒的风俗在宋朝非常盛行。刚才咱们说过苏辙曾经作诗说过屠苏酒，他哥哥苏轼苏东坡在《除夜野宿常州城外》这首诗里也说过屠苏酒——"但把穷愁博长健，不辞最后饮屠苏"。就是说苏东坡晚年仕途非常坎坷，穷困潦倒，但是虽然如此，苏东坡仍然精神乐观，他认为只要身体健壮，虽然年老，也不在意。"不辞最后饮屠苏"嘛。最后罚饮屠苏酒也自然不必推辞。

这种别开生面的饮酒次序，在古代每每都会令人产生种种感慨，所以给人留有深刻的印象。直至清代，这一习俗仍然不衰。到了今天，人们虽然已经不再大规模地盛行此俗了，但在节日，或平时饮用这些药酒的习俗仍然存在。过大年，大家和和美美地喝点酒的习俗仍然存在。

除夕，矮人爬板门

有一些地方到了除夕这天还有“矮子爬板门”的习俗。据传说，除夕爬板门，矮子能长高。

此习俗起源于明代。相传明代抗倭名将戚继光率部转战于沿海。把倭寇杀得是望风而逃。沿海的百姓由于在戚家军的保护之下，不受这倭寇的侵扰，老百姓对戚家军、戚继光，不胜感激，大家纷纷参加戚家军，要进行抗日斗争。当然，那时候叫抗倭斗争。

有一天，海边有个村民也想投奔戚家军，就找到了戚继光说：“戚将军，我也想参加戚家军，为国报效，卫国抗倭！”

“哦？”戚继光一听有人要参军，言语不错，开始没有注意，因为刚才也有个参军的，戚继光刚把这个参军考核完毕，头还没转回来呢，这位就说了这么一句话。戚继光一听这个人志向不错，“那好啊”，他把头就转回来了。转回来一看，没看见人，“嗯？说话的人呢？”

“我在这儿呢。”

戚继光闻声扒着帅案一看，“哎呀”，在自己的帅案前面站着一个小孩儿，身材矮小，穿着蹲裆底裤。戚继光一看：“嗨，孩子，你这个抱负是非常好的，要为国报效，抗击倭寇，志向颇大。但是，孩子，你年岁太小了，再过几年，等你长到了十八岁，成人了，你再来参加我的戚家军，与我们并肩战斗、共同抗倭，你回去吧。”

“哎，”这小孩儿一听，“我说戚将军啊，我不是小孩儿，我今年都已经十八岁了。”

“啊，啊？”戚继光一看，“哎呀，哦，闹了半天是个……哎呀呀呀，对不起对不起。”戚继光连连道歉：“我误认成你是小孩儿了，对不起，实在对不起，您叫什么名字啊？”

“嗨，戚将军，我这个人生下来之后，父母都死了，所以，我也不知道我叫什么名字，不过大家呢，因为我个子小，都称谓我十三拳。”

“十三拳，为什么叫十三拳呢？”

“嗨，就是说我也就十三个拳头摞起来那么高。”

“哦……十三拳，你为国报效的心，本将军心领了。但是，你看你这个个子，确确实实太小了，你也拿不动长矛大刀啊。别说拿动了，你看我的长矛大刀，都抵你三个了，对不对？嗯，怎么说呢，为国报效也未必非得参军，你做我们的后盾，做我们的后勤工作，那也是支持我们的工作呀，那也是革命斗争所需要的，不一定非得冲锋陷阵，您看呢？”戚继光一看十三拳个子那么矮小，就不想收他，但是又不忍心伤害人家的积极性，就这样委婉地说了一下。

十三拳还不干了，非得要参军不可。

“嘶……”戚继光最后一看不行，随口就开了个玩笑，“这样吧，按照你现在的个头儿，确实不能参加我们的军队。你要非得想参加我们的军队呢，我告诉你个主意。明天不是大年三十吗？晚上你回去爬你家的板门，一边爬，嘴里还要一边说：‘板门爷板门娘，我要和你一样长，你长高了没有用，我长高了做新郎。’你只要这么念，到了明年三十晚上，你就长高了。到那个时候，你再来见我，我就收你。”

“真的？”

“真的啊，不信，你回去爬爬试试，肯定如此。”

“哎，好嘞！”这十三拳还把戚将军的话当真了。

第二天就是除夕，晚上他果然认认真真爬上了板门，一边爬口里还念念有词。“板门爷板门娘，我要和你一样长，你长高了没有用，我长高了做新郎。”你说怪不怪，到了第二年，这十三郎果然长高啦，长得一米八五的大个儿，又高又大！

除夕前一天，他又找戚将军去了。到了戚将军那里一站，“戚将军，我要入伍。为国报效，抗击倭寇，求你收留！”

戚将军一看，嗬！面前这位大汉，膀乍三庭，虎背熊腰。“嗯，好！好汉子！你参军，我收了。你叫什么名字？”

“我叫十三拳。”

“十……嗯？”戚继光一听，“你叫什么名字？”

“我叫十三拳。”

“嘶……十三拳……怎么那么熟悉呀？”

“嘿嘿，戚将军，我去年这天也来过啊，你忘了？我那时候还是个小矮个儿呢。我就十三个拳头那么高嘛。是你教给我回去爬板门的，说爬板门我就会长高。我今年果然长高了。”

“哎呀，”戚将军心说话：我随便那么一说，还真灵啊？要早知道这样，我卖专利多好啊！戚继光牌增高板门。那不比现在市场上什么增高鞋垫儿、增高鞋、增高袜、增高膏药……那骗人的东西灵吗？“哈哈哈……”戚将军是哈哈大笑，一看十三拳果然长得是如此高大，而且如此诚实，就把他给收下了。

从此之后，除夕爬板门矮子能长高的说法就传下来了。

其实，不仅是我国沿海地区，在我国的山东地带也有同样的说法。只是在山东地带，个儿矮的人，那就不爬板门了。干什么呢？要在除夕这天围着一棵椿树转。咱可说好了，是臭椿树。怎么？臭椿长得高啊。一边围着椿树转一边说：“椿树椿树娘，我要和你一样长，你长高了做房梁，我长高了衬衣裳。”说来年，这孩子就能长高。但是有一点，围着椿树转的必须是十六岁以下的孩子。那为什么呢？多新鲜啊，这些孩子还长个儿呢。你要三十多岁的人，你转八遍，他也不长啊。这就是民间为了使自己孩子长高的一个良好的祈求愿望。

除夕，置天地桌

在除夕，还有一个重要的活动——置天地桌。就是为除夕专门设立的一张临时供桌。

在过去，一般的人家没有什么大佛堂，所以特别重视天地桌。因为平常对佛贡献就较少，到了年末岁终的时候，那还不对这些神佛大酬劳一次啊。另外，这桌子还是为了接神用的。那灶王爷不是上天要把神仙带来吗？你没有接神的桌子那哪行啊？天地桌与常年供奉的佛堂有所不同，除了共有的挂钱（又作挂千、挂笺）、香烛、五供、大供之外，其受祀的偶像也大都是临时性的。都有什么偶像呢？可多了。有“百分”。打百分儿啊？不是。那是打牌。咱们说的这个百分是一本木刻版的“神画相册”。还有一种叫“天地三界十八方诸神（真宰）”。您瞧瞧，那得多少神仙吧。所有的神仙全囊括了。是用一张大幅的黄毛边纸木刻水彩印的全神码。其实能印出那么多神仙吗？印不出来。中国的神仙何止千万，太多了。一张纸，就是大幅纸，也印不全。那怎么印呢？您到农村、县城去看看，咱们农民兄弟每到年下都供这个全神码。其实，正中央供的就是玉皇大帝和王母娘娘，也就是这两个神仙头还大点儿。其他的神仙，也不知道是什么神仙，在旁边儿，都当了陪衬了，算是神仙代表。上面用字写着“天地三界诸神全神码”。不过全神码上面画的那些神仙的模样实在不敢让人恭维，也不知道是谁画的，反正是大街上卖，就给请来了。还有供福禄寿三星等神仙的。总而言之，天地桌上，你爱挂什么神仙挂什么神仙。挂什么神仙，就等于把那个神仙接到了家中。怎么算接到家中了呢？就是接过来神后，把这个神像——百分、全神码、三星画像，全部给烧了，焚化了。有的呢，留到破五，就是初五那天，或到了十五灯节那天才焚烧。总而言之，一般到最后都烧了，就等于把神仙接到家中来了。

摆天地桌的位置也不统一，因为本身老百姓的住宅大小都不一样。有的人家堂屋地方大，就可以把天地桌放在堂屋之中。要是屋里面没地方，就放到院儿里去。总而言之，你把它放到哪个地方，天上的诸神下界之时就会来到你设置天地桌的地方让你接回家去。所以置天地桌也是我国民间除夕必做的一件民俗活动。

贴年画

除了置天地桌，除夕这天还有一件最重要的活动——贴年画、贴门神、贴对联，必须得除夕这天，甚至说除夕夜来临之前，三十的下午六点之前，把这些活动办完。除非是这家在过去的一年里出现过什么不幸的事，比如家里有人亡故了，出现这些丧事，今年可以不贴，贴上白纸。除此之外，家家都得贴。因为这些都具有祈福、装点居所的民俗功能。

年画，是我国一种古老的民间艺术，它反映了人民大众的风俗和信仰，寄托着人们对未来的希望。年画和春联一样，也起源于门神。关于门神，后文还要专门介绍。由门神向外延展出两条线，一条就是春联，那是由神荼、郁垒的名字而向文字进行发展的；而年画则是门神沿着绘画方向发展的另一条路线。

随着我国木版印刷术的兴起，年画的内容已经不仅限于最初的门神之类了，而逐渐地把财神也请到家里来了，把禄神也请过来了，把寿神也请过来了，把福神也请过来了，或者是把福禄寿三星都请过来。慢慢地，在一些年画作坊之中就产生了《天官赐福》《五谷丰登》《六畜兴旺》《迎春接福》《八仙过海》《刘海戏金蟾》等等这些内容不同的彩色年画，以满足人们喜庆祈年的美好愿望。因为明太祖朱元璋这个乞丐皇帝非常提倡春节要贴春联、年画，因此，年画也受其影响，随之而盛行起来。

年画有三个重要的产地：苏州的桃花坞，天津的杨柳青和山东的潍坊市。这就形成了我国年画的三大流派。

在民国初年，上海的郑曼陀把月历和年画结合起来，形成了年画的又一种新的形式。这种合二为一的年画，以后就发展成为咱们现在所用的挂历了。

吊挂千儿

在我国的北方，不少家庭不仅要贴年画，还要挂一种红纸叫“挂千儿”，又叫挂钱、挂笺。就是把吉祥的语言写在一尺来长的红纸之上，粘在门前，与桃符相映生辉。据说，最早的挂千儿是以制钱穿挂的，就是挂的是真钱，不是挂的假钱。现在是刻上的钱。那原来挂钱干吗啊？与压岁钱一样，有压胜（迷信谓用符咒等法除邪得吉）的作用，挂在门上。

发展到了现在，挂千儿的形式就太多了。有的大挂千儿三尺多长，往家里的大落地玻璃上贴；也有小挂千儿，有拃把长，可以贴在冰箱上，贴到暖气片上，贴到门上……总而言之，除了家里的马桶不能贴以外，哪个地方都可以贴。

春联的发展史

在除夕这一天，家家户户必须把自己门前的对联，就是春联，给贴上去。春联又名门对儿，是对联的一种，因为在春节的时候进行张贴，故名叫春联。

春联起源于桃符。桃符这种形式在周代就已经形成了。在周代，老百姓在除夕这天，把大门两旁悬挂的一种长方形的桃木板，叫桃符。据《后汉书·礼仪志》上说桃符长六寸，宽三寸，桃木板上上书“神荼”“郁垒”二神，“正月一日，造桃符著户，名仙木，百鬼所畏”。就是说，把桃符贴到门口，什么鬼都不敢进家门。所以，清代《燕京岁时记》上说：“春联者，即桃符也。”就是说春联和桃符是一样的，是桃符简化过来的。

最初人们也不刻什么桃符，直接用桃木刻成人的形状挂在门旁，以作避邪之用。再发展发展，人们觉着：刻木头太费事儿。干脆把神像直接画上去得了。就在这个桃木板上画了个门神像挂上去了。再到后来，人们觉得画像也太麻烦了，干脆直接在这个桃木板上题写门神的名字得了。一直到了五代，西蜀的宫廷里就开始有人在桃符上题写联语了。据《宋史·蜀世家》记载后蜀主孟昶令学士章逊题桃木板。“以其非工，自命笔题云：‘新年纳余庆，嘉节号长春。’”这便是我国有史记载的第一副春联。直到宋代，这春联仍然被称为桃符。王安石不是有一首有名的诗吗？

爆竹声中一岁除，

春风送暖入屠苏。

千门万户曈曈日，

总把新桃换旧符。

可见当时这个桃符之说还是非常盛行的。在宋代，那桃符已经由桃木板改作为纸张，叫作春贴纸。这离后世的春联又近了一步。所以后代人干脆说春联的来源就是春贴。说古人在立春日都贴“宜春”二字，后来逐渐发展成为现在的春联儿。

其实，春联真正普及应该说始于明代。前面说过，明太祖朱元璋非常提倡大家贴春联。政府下命令了，所以才真正普及开来。据清朝人陈尚古的

《簪云楼杂说》中记载：“春联之设，自明太祖始。帝始都金陵，除夕前忽传旨：公卿士庶家门上须加春联一幅，太祖微行出现，以为笑乐。”说朱元璋定都南京，这年的除夕前突然间传了一道旨意。说不管你是什么身份的人，不管你是王公贵卿，还是黎民百姓，你们家门口必须在除夕这天给我加一副春联。到那一天，朕我要微服出访。哪家要是没对联儿，那就是抗旨不遵，就有掉头之罪。

朱元璋传完这个旨意之后，还真就微服出访了。到除夕那天，朱元璋穿了一身便衣，带着几名亲随，就微服出宫了。我要去看一看这个“国务院令”老百姓们执行得怎么样，别上有政策下有对策，我得看看落实得如何。另外，我也想欣赏一下这些王公贵族、黎民百姓都有什么文采，都写的什么对联。

朱元璋来到街上一看，嗬，大街两旁门脸上对联都贴满了。一看，这边药铺贴了一副对联，上联是：但求人无病；下联配：宁愿药生尘。嗬，朱元璋一看，心说话：这联儿写得不错啊，就是虚了点儿。哼，到生病的时候不跟人家要红包儿就不错了。再往前看，前面有那么一家，贴的是：“福如东海长流水；寿比南山不老松。”嘶……朱元璋一看，这是寿联儿啊。看来这家可能没什么文化，也编不出什么对联，写了那么一副。甭管了，总而言之，人家落实政策了嘛，总算贴了，也是吉庆词儿，就这样吧。

再往前一走，嗯？朱元璋一看，眼珠子瞪起来了。怎么回事儿？就看前面这一家，贴了一副对联。嗬，这副对联写得绝，上联写的是：数一数二门第；下联儿配的是：惊天动地人家。尤其这横批太厉害了——先斩后奏。哎呀，朱元璋一看，得，我这做皇帝的也不敢贴这对联啊。谁家这么大胆子啊？宰相？宰相也不敢说自己家是数一数二门第，惊天动地人家啊，宰相也不能先斩后奏啊，他哪那么大权力啊？哎呀，这家是干什么的？口气好狂啊！我看看去，“敲门！”命令随从赶快过去，“梆梆梆梆……”把门给砸开了。

开门的是一个老头儿，六十多岁。老头儿一看门外站了好几个人，为首的有一个人，长得五孔朝天，相貌十分难看，但是威仪不凡。一看这穿着打扮，老头儿就明白，这位不是一般的人。老头儿张嘴就问了一句：“先生，您买猪肉哇？不好意思，今天卖完了，我们也关张过年，得到初五我们才开张呢。你要是买炮竹，我这儿还有两挂，你可以拿去。”

朱元璋一听，什么呀这都是？“我不买什么猪肉，不买什么炮竹！”

“那先生你这么大火气干吗呀？大过年的。”

“你是这家里的主人哪？”

“啊，对呀，我是这家里的主人。”

“是这样的，我是官府派来的。”

哎哟，这老头儿一听，官府中的人啊。“哎哟，官老爷，我没看出来，您恕罪，您有什么事儿啊？”

“我别的事儿没有，奉咱们陛下的旨意，到民间来看一看老百姓贴对联贴得怎么样。我就看到你家了。这对联是谁写的呀？”

“嗯，是我大儿子写的。”

“哦？你大儿子写的。哼，这写的是你们家吗？”

“啊，对啊，写的就是我们家啊。”

“啊？这写的是你们家？”

“是啊！哎？这位官爷，您看，写得很生动嘛。”

“你们家是‘数一数二门第’吗？”

“啊，对啊！我们家确确实实是数一数二门第。”

“这，你们家怎么会是数一数二门第呢？”

“你看，这位官爷，你有所不知，老汉我有三个儿子。我大儿子是一个管账的先生，每天就拨弄他那个算盘，那不是数一数二吗？”

“啊啊啊？这么一个数一数二啊！”

“嗯，您以为呢？”

“哦……那‘惊天动地人家’这是怎么回事儿啊？”

“那是我二儿子的事儿啊。”

“老二的事儿？”

“啊，我二儿子，他是卖炮竹的。您想，卖炮竹的，他不得试几个吗？卖二踢脚，拿香那么一点，‘咚——嗒！’惊天动地。我说我家是惊天动地人家，哪点不对了？”

“嘶……嘿！”朱元璋一听，“哎，就算上下联儿没错。那我问问你，‘先斩后奏’这是怎么回事儿啊？谁给你们家尚方宝剑了？谁给你家这个权力，先杀人后奏啊？”

“哎哟，这位官爷啊，谁告诉你我们家杀人啊？”

“那你们家杀什么啊？”

“我三儿子是杀猪的，他得把猪在家杀好喽，再往街上去卖，这不就是‘先斩而后奏’吗？”

“啊？哦，这么一个先斩后奏啊！哎呀呀，看来你家大儿子管账先生，管委屈了。那么大学问，写这么一副对联。可是老头儿啊，您这个对联可有点儿大，容易惹事儿啊。明年可别贴这样的对联儿了，告辞！”朱元璋说完话走了。

他边走边琢磨这个对联，哎，越琢磨越有意思。正往前走着呢，突然发现前面有一户人家门上没对联儿。“嗯？”朱元璋一看，“这是怎么回事儿啊？人家都贴对联儿，这一家怎么不贴对联儿啊？我去问问。”朱元璋想到这里，就来到了这家门口。

“啪啪啪”一叫门，时间不大会儿，门开了。从里面走出来一个中年大汉，嗬，身材魁梧，膀大腰粗。一看朱元璋：“嗯，这位先生，你有什么事儿啊？”“我是官府中的人。”

“哦，官府中的人啊，怎么，官府里也要敲猪（山东方言，意思是阉割猪）吗？”

“我，嗯？”朱元璋一听：怎么回事儿？嘶……我姓朱，他要把我敲了？啊？嘿，这不骂我吗？“哎，我说你怎么回事儿啊？你为什么骂人？”

“嗯嗯？谁骂人了？”

“你，你刚才说什么呀？我现在是官府中人，我来问你的罪来了。上面明文规定每家每户都要贴春联，你为什么不贴啊？你这不是抗拒圣命吗？”

中年男子一听朱元璋这么一说，回道：“唉！这位官爷，你有所不知。不是我不贴，这里面有原因。第一，我不识字，也没学问，更不会写。第二，就算我会写，我们家这买卖也不好写，我也不知道写什么。”

“哦？”朱元璋一听这话，来兴致了。“你们家是干什么的？有什么不可写的？”

“哎哟，这位官爷，我们家——是敲猪的。”

“哦……”朱元璋一听，是不好写，我说嘛，我一到他家一拍门，出来就问我要不要敲猪啊。哦，敢情他就是敲猪的。“哎呀，那也不妨。敲猪之人，怎么就不能写对联啦？你拿纸笔来，我给你写一副。”

“哎，先生您能写？”

“我当然能写了。拿纸笔来！”

“哎，好！”

这敲猪的没纸笔，到邻居家借来了红纸和笔墨砚台，递与朱元璋。朱元璋把纸裁好了，略微思考了一下，挥毫泼墨，给这敲猪之人写了一副对联。这对联写得太好了，上联是“双手劈开生死路”，下联配“一刀斩断是非根”。嗬，要么说朱元璋也有学问。联意贴切，而且风趣幽默，堪为千古的佳联。

您看，经过明太祖朱元璋这国家领导人一提倡，此后的春联便沿袭成为习俗，一直流传至今。

原来的春联都是题写在桃木板上，后来改写在纸上。那桃木板子颜色是红色的，咱们中国人认为红色有吉祥辟邪的意思，因此春联大都是用红纸书写。但也有例外，比如在寺庙中，那要用黄纸；守孝的，没满三年的，咱们上面说了，第一年就可以不贴春联。贴，也只能贴白纸。第二年，改贴绿纸。第三年改贴黄纸。到了第四年，丧服满了才恢复用红纸。另外，我国的满族崇尚白色，所以清代宫廷之中春联都是用白纸作为底儿，蓝边儿包于外，红条镶于内制成的。

传说中最早的门神——神荼、郁垒

上面咱们说了对联，对联贴在哪儿啊？贴门框上。那门心儿贴什么呢？贴门神！门神又是怎么来的呢？

传说最早的门神是黄帝手下擅能捉鬼的两员大将——神荼、郁垒。

在东汉应劭的《风俗通》中引过《皇帝书》中的一段，说在上古的时期就有神荼、郁垒两个兄弟。这两个兄弟住在度朔山上，山上有一棵桃树，树荫如盖。每天早晨，神荼、郁垒两个人便在这树下检阅百鬼。如果发现有恶鬼为害人家，他俩就把这个恶鬼用绳索捆了去喂老虎。后来人们便用两块桃木板上画上神荼、郁垒的画像，挂在门上边。

对于这个故事，在《山海经》中有更为详细的描述。山海经中有这么一则故事，说在远古的东海之上有一座风景秀丽的度朔山，又名桃都山。山上有一棵大桃树，这树伸开能有三千多里地。在树顶之上还有一只金色的大公鸡。每天早晨，这只金鸡就站在大桃树之上，望着太阳：“喔喔喔……”这就叫“金鸡报晓”。大金鸡一高歌，能够响彻世上十万里地。随后，人世间的鸡一个个地争先恐后地报鸣，天就亮了，这就是所谓的“雄鸡一唱天下白”。

再说这棵大桃树，在它的东北端有一个拱形的树干，这个树干太大了，树梢一直弯下来能够挨到地面，就像一扇天然的大门。在度朔山脚下住着许许多多的妖魔鬼怪。这些妖魔鬼怪听说桃都山之上有这么一棵大桃树，嗬，争先恐后地要上山啃桃树啊。他们就经过这扇大门，来到桃树树干上，你啃一口，我啃一嘴，就跟那“植物大战僵尸”似的。

这件事儿被黄帝知道了。轩辕黄帝一听怎么着？哦，桃都山上出现了一伙妖魔鬼怪去啃那棵千年的桃树。这还了得！这要把桃树啃倒了，那上面的金鸡就没处去报鸣了，它不报鸣，天下就亮不了。黄帝担心，立刻派了两员

神将，谁呀？神荼、郁垒。让他俩到桃都山上捉鬼。

这神荼、郁垒，嗬，两个人大高个儿——五丈来高，像两个半截黑山似的，而且面貌狰狞，头似五麦斗，眼似八铜铃。那位说了，不是头似麦斗、眼似铜铃吗？对了，那是一般的大个儿。这两个太大了，脑袋就像五个麦斗似的，那眼睛就像八个铜铃似的，太大啦！相貌凶狠。古代人认为有奇异的长相，必有奇异的能为，就这两个人，善于捉鬼，可以说是黄帝驾下“捉鬼别动队”的两员队长。每人手上都有一条绳索，其实就是仙索——缚鬼绳。到了桃都山上一看这么多恶鬼，一祭起这绳索来，“唰……”这桃都山上，一道金光啊，这些恶鬼一个也没跑了，全部被绳索给锁住了。神荼、郁垒拿住鬼后，把那些罪大恶极的单拎出来用绳索捆上扔到桃都山的后山。干什么？喂老虎。敢情这老虎吃鬼。罪轻的鬼怎么办？要听这两员神将的安排。每天早晨，两员神将就在那扇天然的大门前一站，让这些众鬼们进行操练，看哪个队伍不整齐，该稍息的立正了，该向左转的向右转了，那不行，立刻掂出来用绳索捆了扔后山喂老虎。哎哟，这些桃都山的鬼怪，都不敢违抗神荼、郁垒的法旨了。一听说神荼、郁垒来了，一个个吓得魂飞魄散。

久而久之，神荼、郁垒善于捉鬼的故事就传到了民间。于是乎，老百姓们怕恶鬼进家，每逢过年都用两块儿桃木板儿，上面画上神荼、郁垒的像，或者写上他们的名字挂在门的两边，这就是“桃符”，以示驱灾压邪。

南朝梁宗懔的《荆楚岁时记》上面记载，正月一日，当时的人家要“造桃板着户，谓之仙木，绘二神贴户左右，左神荼，右郁垒，俗谓之门神。”其实，神荼、郁垒就是神荼、郁垒的一种误写。

正史上最早的门神——成庆

传说中最早的门神是神荼、郁垒，但真正史书上记载的门神却不是这两位。那是古代的一个勇士，叫作成庆。在班固的《汉书·广川王传》中记载，说在广川王（名去疾）的殿门上曾经画有古代勇士成庆的画像——短衣大裤长剑。这就是中国正史上正式记载的中国最早的门神——成庆。

流传最广的门神——秦琼、敬德

到了唐代之后，门神神荼、郁垒逐渐地被另外两个人代替了。哪两个人？一个是秦琼秦叔宝，一个是尉迟恭尉迟敬德。怎么被他们俩代替了呢？

据说唐太宗因为打江山和夺皇位杀戮过多，老觉得半夜有那些冤鬼跑到宫中索命，他闹失眠，睡不着，身体日渐衰弱。他手下的两员大将秦琼、敬德得知后，笑了，说："我们一辈子在沙场上杀人无数，还怕什么鬼了怪了的么？干脆，我俩给陛下站岗！"于是，这俩将军每晚手持兵器，披挂整齐站在左右宫门前。

你说怪不，打那之后，宫里再也没冤鬼闹事了，唐太宗也可以安然入睡了。但是天天让俩爱将站岗，唐太宗于心不忍啊。于是叫来画师，画了秦琼、敬德的像贴到了宫门上。哎，居然起到了同样的作用。看来，两员大将有神威啊！于是以后宫门常年贴秦琼敬德的画像以禳凶辟邪。

民间老百姓一看，纷纷效仿，就让门神神荼、郁垒下了岗了，把秦琼、敬德请上了门，为千家万户站岗护宅。时到今日，我们老百姓到了春节还是爱在门上贴上这两位门神。

不断壮大的门神队伍

再往后发展，门神的队伍越来越庞大。什么都可以往门上贴，就不仅仅是秦琼、敬德这两位了。有的门上左边贴着钟馗，右边贴着魏征。你说这两位怎么凑一块儿去的？有的贴着燃灯道人与赵公明；还有的贴着赵云与伍子胥——你说这两位怎么挨边儿的？还有贴孙膑与庞涓的，虽说这两个人是师兄弟，但俩人死不对眼。让他俩一起守门，还不干起来？还有的贴萧何与韩信、马武与铫期、张飞和关羽、张飞和赵云、马超和赵云、关羽和周仓、关羽和关平，你看这才叫坟地改菜园子——拉平了呢。还有贴裴元庆与李元霸、孟良与焦赞、杨六郎与岳飞、狄雷与岳云、秦桧与王氏、潘金莲与西门庆——这没人贴。怎么？这要贴起来，家里非打起来不可。

总而言之，在中国，谁都可以成为神，把谁都可以供起来。这也反映出随着时代的发展，门神不仅仅是光会能够捉鬼降妖的，他也可以给家里带来许许多多、各种各样的福气；也反映出随着时代发展，人们不仅仅满足于人身的最基本的安康、安泰、安全。还有了其他更为高层次的追求。所以，人们对门神寄托了更多的希冀。这么一来，门神的行列就不断地增员了。门神也就成了一个驱鬼邪、安宅院、护平安、保婚姻、佑功利、登福禄的全能神了。您想，门神能不重要吗？所以，门神必须在大年三十这天贴到门上去。这样才能在新的一年，让门神护住全家的安康，保住全家的财源。

除夕说到这儿，除夕的饺子也包了，除夕饭也吃了，除夕酒也喝了，门神也贴了，对联儿也张了，挂千儿也挂了，那么除夕接下来还干什么呢？还有一样重要的事情没干！什么呢？守岁！

除夕的“守岁”

除夕守岁是我国最重要的年俗活动之一。人们从除夕的晚上开始不睡觉，守过子时，一直守到大年初一天亮，这就叫守岁。

守岁习俗，由来已久。最早的守岁记载于西晋周处的《风土志》。

守岁既有对如水逝去的岁月含惜别留恋之情，又有对来临的新年寄以美好希望之意。古代人有一首《守岁》诗写得好：

相邀守岁阿戎家，
蜡炬传红向碧纱。
三十六旬都浪过，
偏从此夜惜年华。

这个“惜年华”是人之常情，所以北宋大词人苏轼也写下了《守岁》的名句：

明年岂无年，
心事恐蹉跎；
努力尽今夕，
少年犹可夸。

由此可见除夕守岁的积极意义。

有人还专门为除夕写了一副对联：“一夜连双岁，五更分二天”，写得非常的逼真。

除夕之夜，古人全家团聚在一起，吃过年夜饭，点起蜡烛或油灯，要围坐炉旁闲聊，等待着辞旧迎新的时刻。通宵守夜，象征着把一切邪瘟病疫照跑熬走，期待着新的一年吉祥如意。这种习俗后来逐渐盛行。到了唐朝初期，唐太宗李世民也写过“守岁”的诗句：“寒辞去冬雪，暖带入春风。”苏轼的《守岁》里还有这样的诗句，他说当时的除夕夜“儿童强不睡，相守夜欢哗”。说守岁的时候谁最高兴？小孩子最高兴。你看平常受大人管得非常严的孩子，到了过年也不受规矩的约束。为什么？因为过年不能骂孩子，不能打孩子。孩子们可以同大人们一起高高兴兴地守岁到元旦天明。这里的元旦，就指的是阴历大年初一。现在当然不同了，元旦是西历一月一号。所以，孩子们这一晚上，就可着劲地玩儿吧，充满了辞旧迎新的欢乐气氛。

古时候守岁有两种含义。年长者（老人）守岁，是为了辞旧岁，有珍爱光阴的意思。为什么说“三十六旬都浪过，偏从此夜惜年华”呢？这就是有珍爱光阴的意思。那年轻人守岁呢？在古时的意义就更伟大了。它是为了延长自己父母的寿命，必须守岁。所以，各位，为了我们父母能够长命百岁，咱们做儿女的，在大年三十儿晚上说什么也不能睡，也得守住岁。其实，现在社会，要守过去十二点去，守到天明，太容易了。怎么？你看，现在年轻人有几个能够十二点之前睡觉的？就是没事儿的时候，那也出去蹦迪去，上酒吧，一喝喝通宵，别人睡他不睡，别人不睡他睡，怎么？第二天早上喝醉了，趴大街上眯着了。还有打麻将的，一打好几晚上，不带上厕所的，别说困了。现在人的娱乐项目太多了。在古代则不行，没什么娱乐项目，平常晚上七点来钟就把灯吹了，上炕睡觉了。看什么电视？听什么收音机？看什么歌舞？上哪儿看去啊？根本就没有什么娱乐项目。平常早睡养成习惯了，自然到了年三十这天晚上就格外的难熬。所以，年三十守岁俗称“熬年”！

说到这里，可能有一些朋友会问：“你讲了那么多，这部书叫《中国年：正在消失的记忆》，那么到底什么叫年？年是怎么来的？为什么一年有三百六十五天？有什么说头吗？有什么讲究吗？”有！您别忙啊，咱们得一点儿一点儿慢慢说。

年为怪兽说

年是什么？有很多的传说。最经典的、流传最久的、流传范围最广的，是一个非常有趣的故事。

说“年”最早在太古时代是一个凶猛的怪兽！身子比大象还大，飞起来比风还快，叫一声比雷声还响，形貌狰狞，头上长着枝枝杈杈两个触角，凶猛异常，血盆大嘴，生性凶残。有人说年散居在深山野林之中；有人说年平常住在海里，只有到了除夕这天才出来；也有人说年藏在峡谷之中……总而言之，怎么说的都有。

据说有位大贤曾经见过年。哪位大贤？仓颉！仓颉是谁？他可了不得，他是我们中华文化的鼻祖。咱们现在写的字——用了五千年的文字，现在世界上用的时间最久、用的人最多的、最富有艺术性的中华文字，就是仓颉他老人家造的，仓颉造字嘛。他就见过年。

说有一次，年又来到人间为非作歹，到处吃人，正好让仓颉给碰见。仓颉躲得快，命大，没有被年抓住，藏到犄角旮旯里，躲过一死。但是年的相貌被仓颉看见了。仓颉一看，这个年虽说很凶猛，但是长相多多少少的有点儿像牛。所以仓颉造字，把“年”的造型造的就跟“牛”字有点相似，也有俩犄角。“年”字和“牛”字一样都属于象形字，六书之一，六书造字嘛，指的是象形、会意、指事、形声、转注、假借。尤其象形字是字的基本，是最早的字。“年”就是最早的字（当然更多的人会认为“年”是会意字，指人把熟稔的禾谷扛回家之意）。这就证明在远古时期确实还真有这年，还真根据野兽画出来的。您看年的象形字，有头有尾，四脚张开。总而言之，年的相貌要多难看有多难看，要多狰狞有多狰狞，要多恐怖有多恐怖。

有人说老虎狮子是百兽之王、林中之主。跟这年都没法比！老虎见到年浑身打颤，狮子见到年俯首称臣，根本就不敢碰。这年专食飞禽走兽，麟角虫豸。一天换一种口味，从磕头虫儿一直吃到大活人。总而言之，只要年所到之处，一定是尸体遍地，生灵涂炭。久而久之，人们是谈年色变。每日每月被年吃掉的人无计其数。

到了后来，黄帝统一了中华各部落，打败了蚩尤。天下统一了，要发展生产，休养生息。首先黄帝必须带领大家抵抗各种各样的自然灾害。年就首当其冲。黄帝召集了自己所有的大臣，来了个“除年总动员”“怎么对付这个年？大家都说说吧”。

有人就提议："咱们迁居！这儿不是有年嘛，咱们迁到没年的地方去。"

"哪个地方没年啊？"

"我听说西伯利亚地方不错，那地方没年。"

"是，那地方还冷呢！就咱们，连袄都没有，天天裹树叶子。到那儿还不冻成冰棍了？还不如在这儿被年吃了呢。你这个主意纯粹是馊主意。哪能那样啊！"

"哎，我这不过是一个提案嘛，通不过就通不过，你有什么好的主意吗？"

"我的主意——干脆把年全部逮着杀了，灭了它的种，不就完了吗？"

"哎，这个主意还行！"

最后大家表决一致，要通过武力把所有的年全部逮住，然后一起捕杀，把他绝了种，让年再也不能危害人间。大家主意已定，然后就开始行动，全国总动员，各个部落、各个区域的老百姓都组成了打年别动队、打年专案组、灭年俱乐部、抓年办公室……人们拿着木棒石块儿到处追杀年。

这一下子可了不得了。人类要想消灭一种动物太简单了，你看这世界上多少种动物都毁在了人类的手中。所以，别看年那么凶恶，照样打不过人。没用多久，成群结队的年再也看不见了；再过了没多久，零零星星的年都很少见了；到了最后，真可怜，全世界的年，打得就剩一个了。就这样，黄帝还不依不饶呢，派人还四处追杀，追得这个年上天无路，入地无门。最后这个年往那儿一趴，哭喽。这个哭声悲彻冲天，一下子冲到了灵霄宝殿之上，被玉皇大帝听见了。

玉皇大帝一看：哎呀，这人做得也太过了，你看成群结队的年现在就剩下一个了，多么可怜。这也是个珍稀动物，别说在人间，在天上都看不见了。如果这个年再死了，那人间就灭绝了一种动物了。得啦，我把它救上来吧。玉皇大帝施法术把这个年救到了天庭之中，命人把它关入牢笼。

你说多怪，凶猛的年一到天庭之中，昏昏欲睡，迷迷糊糊醒不过来了。什么时候能醒呢？要等月亮圆过十二次之后，再等这个月亮像那个柳叶眉儿一样细的时候才能醒。年醒了，年饿啊，没地方吃饭去怎么办啊？玉皇大帝生怜悯之心，说："行啊，天上没啥吃的。你干脆下界去吧。我十二个月准许你下界一次，仅限一晚。下去干什么呢？让你寻找吃食。"所以，为什么人间把过年称"年下"呢？哎，就打这来的——年从天上下来了。下来干什么呢？三十晚上要吃"年夜饭"。哦，敢情是那年要下来找吃喝，找年夜饭！

年一听玉皇大帝给自己这个自由了，可撒了欢儿了，"噌"地一下到了地界。张开血盆大嘴见人吃人，见畜生吃畜生，从非洲吃到欧洲，从欧洲啃到亚洲。老百姓可遭了殃了，四散奔逃。开始，人还掌握不了年的规律，也不知道怎么的，突然间有一天就出现一个年，在人间啃一通，大家是防不胜防。也有心细的，逐渐地摸清了年的活动规律。一看这个年每隔三百六十五天，就会窜到人群聚集的地方来尝一口鲜儿，而且出没的时间都是在天黑以后。等到第二天，鸡鸣破晓，这年就不知道哪儿去了。哦，大家一看原来还有这么一个规律，算准了年的施虐日期，大家心里就准备了。一算，哎哟，快到三百六十五天了，"各位，这又快到一关了啊，过两天的晚上，那年又会下界，到那个时候，大家可得注意啊，这是个生死关啊！跑不了的就被年给垫吧了！"所以大家把这可怕的一晚上视为关煞，称作"年关"。为什么说："到年关了，到年关了"，就是因为这个。如果说年关过去了，大家平安无事，那就叫过年关。怎么过去呢？大家聚在一起合计了一整套的过年保险方法：每到这一晚上，家家户户都要提前做好了晚饭，熄火净灶。然后再把鸡、鸭、羊、牛等等这些牲畜，全都给赶圈里的赶圈里，赶栏里的赶栏里，全部给拴牢了。然后大门上闩，二门上锁，全部给封住。一家人就躲在屋子里面，哪儿也不出去了。因为大家发现这个年只是在外面吃人害人，很少进谁家去。所以把门户关牢，一般，年进不了屋。那大家就在屋里吃饭，熬这个年。一晚上提心吊胆地不敢睡觉，就盼着第二天天赶快亮，把这个年关赶快熬过去，这就叫熬年。谁也不清楚自己跟这些亲戚能不能熬过这一晚上——可能这一晚上，就是我们这一家子的生离死别之时。干吗？做点儿好吃的吧。把这一年积累下来的好东西，全在这一晚上摆出来。大家聚在一起吃一顿团圆饭，也许明天就聚不在一起。所以，这顿晚餐便具有了一种凶吉未卜的意味。置办得非常的丰盛。除了要全家老小围在一起用餐，表示和睦团圆以外，还得在吃饭前先供祭祖先，祈求祖先的神灵保佑我们这一家子能平平安安地度过这一晚上，别让那个年给碰到。吃过晚饭之后，谁也不敢睡觉了，挤坐在一起闲聊壮胆，以待天明。

等到大家把门户全闭了，天色渐渐地黑了。这年就从天上下来了。年心说话：哎呀，我可憋坏了，三百六十多天了，我没吃过一顿饱饭，我这一次到人间可算逮着了，我可——哎？年到了人间，东边瞅瞅，西边看看，不见一个人。看看家家户户宅门紧闭，门前还堆着芝麻秆。路上，街道之上，根本瞅不到一个人影。转了大半个晚上，毫无所获。饿得年饥肠辘辘。怎么办呢？啃点儿芝麻秆吧，好歹里边还有点儿芝麻呢。啃了点儿芝麻秆充饥了。再过一些时候，公鸡报晓，年一看：今年怎么了？谁把信息发布出去了？都知道了。人都躲哪儿去了？唉，天亮了，没办法，得上天。不上天，玉帝见怪就把我灭了。得了，再过三百六十五天再说吧。年一溜烟儿跑天上去。

这时，天大亮了。人们一看天亮了，知道年就不出现了，纷纷打开自己的家门。一看："哎呀，张三你还活着？""哎呦，李四你也健在啊？""哎呀，大家好，大家好！哎呀，今天大难不死是必有后福啊！""谁说不是啊？""哎哟，恭喜你，恭喜你！""哎哟，我得恭喜你。""大家互相恭喜吧，恭喜发财！""明年肯定发财！"就这样，大家是走村串户。干什么呢？看看自己的邻里亲友们是不是都健在，是不是昨天晚上躲过了一难。一看大家都健在，互相见面，作揖不止。这就叫拜年。人们见面互相拱手作揖，祝贺道喜，庆幸没有被年兽吃掉。

如此过了一年。到了年关再来临的时候，大家又是如此。这年下来又是一个人都没伤着。无可奈何，它又回天了。

如此这般，过了好多年，人间的百姓慢慢就松懈下来了。有的人过年，摆了一桌丰盛的酒席，大家就开始喝酒了。喝多了就爱上厕所，这人提着裤子就把门打开了，结果出去碰到年了！“咔嚓”一口把这个人给吃了。所以，每到年关的时候，总会有一些人不注意被这年给吃掉。这个年兽还年年都下来，年年都吃人。哎，没法儿解决。人们就在提心吊胆之中度过了很多的除夕夜。

话说这年除夕，有一个村子，叫作桃花村。桃花村的人们跟其他地方的人们一样，每到了年除夕，肯定家家闭户落锁，大家躲在屋中吃年夜饭，熬年关，怕被这年兽吃了。今年的除夕也不例外，大家都已经封窗锁门，在屋里眯着了。

就在这个时候，从村外来了一个乞讨的老人，要饭的。但这个老人穿的丝毫不破。手拄着拐杖，臂搭袋囊，银须飘逸，目若朗星，从村东头走进来，挨家挨户地沿门乞讨。但是，这个时候谁还敢开门啊？谁还敢关心这位乞讨的老人啊？都不敢开门。老头走了好几家也没敲开门。最后来到了村西头最后一家，老头儿拍了拍最后一家的门。

这户人家只有一个老婆婆。老婆婆一听有人敲门，扒着门缝儿往外一看是个老头儿。再往外看看呢，没有其他的野兽。老太太战战兢兢把门打开。“这位老者，您找谁啊？”

“哦，这位老妈妈，我是个外地人，路过桃花村。行路匆忙，一天没吃饭了，还望老妈妈能施舍给我一些饭食。”

“哎呀，赶快进来，赶快进来！”老婆婆赶快叫老头儿进来了，反手把门插上。“哎呀，这位老大爷啊，你好大的胆子啊！现在是什么时候？今天这年兽就要下界了！你还敢沿门乞讨！赶快地躲避年兽吧！”

老头儿一听手捻着银须笑了：“呵呵，老妈妈，我说了我是个外地人，走路匆忙，误过宿头，我到哪儿躲年兽去啊？老妈妈，你能不能让我在你家里待一晚上？如果你让我待一晚上，我一定帮着你把那个年兽给撵走也就是了。”

“啊……啊？”老婆婆一听，“什么？哦，你能撵年兽啊？哎……嘶！”老婆婆这时候借着烛光细目一看，哎呀，就见这个老头儿鹤发童颜，精神矍铄，银须飘洒，目若朗星，气宇不凡。哎，老太太心说话，即便是你挺干净，但是你也斗不过年兽啊。“我说这位老大爷啊，您还是上山上躲躲吧。这个房子里就我孤苦伶仃的一个老太太，您说您要住在这里，传扬出去也不好听是吧？”

“哎，老妈妈呀，您让我上哪儿去？天眼看就黑了，年兽随时都可以出现，我万一离开您的家，出门就碰上年兽，被那年兽吃掉，您说您不又作了孽了吗？您能不能大发善心把我留下？只要我留下，这年兽我一定给您赶跑！”

“嗨！”老太太最后一看，也没办法了。老头儿说的也是，你看，天马上就黑了，外面的年兽随时都可以出现，这老大爷万一被我赶出家门被那年兽吃了，我真就缺了德了。“好吧！那你就在这里待上一晚上吧。反正晚上我也不睡觉，咱们就唠嗑儿吧。”

“哎，好好好，多谢老妈妈。能不能给我点吃的？”

“哎，可以，你等着，我已经备好了。不过，我们家就我一个，没有什么丰富的。也就是什么地瓜汤啊，什么丸子啊，也就是这么多。”

“哎，没事儿没事儿，有口吃的就行。”

老婆婆也挺热情，赶紧地给这老大爷准备吃喝。把饭菜都端上来了，老头儿饱餐了一顿。

吃完之后，老头儿把胡子梳了梳，然后左右看了看，乐了。“老妈妈呀，我看你这个房子里面太肃静了。你看看，什么都没有，太单调了。这么着吧，你留我在这里，我无以为报，哎，我这都囊里面倒有一些红纸什么的，我给你装点装点。”说着话，这老头就打开了他所带的那个兜囊，从里面拿出来许多的红纸、红布，还有一把剪刀。这老头儿心灵手巧，嘁哩喀喳，剪出了许多的红窗花儿、红纸花儿，起身贴满了老太太的家里。然后又给老太太裁了一个窗帘儿，也是红色的。最后老头儿要开门。

老太太吓了一跳：“你别开门！”

老头儿说：“没事儿！我给你门上也贴上红色的对联儿。”当然是没字儿的对联了。老头儿不容分说就出去了。把红色的对联贴上之后，回来又取出来一件红色的衣服来。老头说了：“老妈妈，我无以为报，送你一件新衣服穿。”

老太太一看：“呦，这身新衣服太鲜亮儿了，我这年岁太大了吧……”

“哎，过年了嘛，要穿件新衣服才好看。你穿上试试。”

“哎，哎，那我穿穿。”这老太太也挺爱美呀，就把这衣服穿上了。穿上一看，挺合适，就跟为自己专门做的似的，太好了，老太太挺高兴。

这个时候，那年可就下来了。又过了三百六十五天了嘛，年从天而降，来到了人世间。这年兽今年憋着气呢：我今年非得吃他七八个不可！怎么？往年吃得太少了，还不够垫牙缝儿的呢！所以年兽今年，堵着气来的，正好来到了桃花村。年兽是从桃花村的西头儿来的，西头第一家就是老婆婆家。这年就过来了，一看：哎，就觉得这家的气氛与往年不同，年兽就闯进了老婆婆的家中。

这老婆婆在屋子里面一听年来了，吓得浑身栗抖，坐在堂屋那里不能动弹了。老头儿哈哈一笑：“不要害怕，我把门给你打开。”

“啊？！”老太太一听好悬没吓得背过气去，“你别开门，开门年进来，咱俩一个也活不了啊！”

老头儿根本就不听老太太说话。“吧啦”把门闩一打，“嘎巴”把门就敞开了。

再说这年，站在老婆婆家半天了，怎么了？愣了！它就发现自己的眼前乱晃，有点儿头晕。怎么？这老太太家门口贴着红色的对联呢。往窗户上一看，窗户上贴着红色的窗花儿，还有红色的布帘儿。年兽敢情最怕红色，他看见这个红色就要发狂。咱不是说了吗？年兽跟那个牛差不多嘛，牛看见红色它也发狂啊。一看老太太门口儿贴着红色的对联，这年就愣了。刚愣这儿，就见那这个老头儿“嘎巴”把门打开了。年一看门打开了，红色的对联没有了——遮住了嘛。太好了！我进去吃人！蹬腿儿就想往屋内扑。结果刚扑了半截 “嗷！”一声惨叫。怎么？就看见屋内挂的全是红色的纸、红色的布，老太太坐在堂屋之中，身着大红色的新衣服。哎呀，年兽一看，没法吃了，把脚步止住。

就在这个时候，那个老头儿端出一火盆来，往火盆里投了好几根竹子，竹子用火一烧它就要裂，一裂就发出响声，这种响声是种炸响。“噼里啪啦，噼里啪啦……”

可把年吓坏了，闹了半天，年兽最怕红色、火光和炸响，结果今天在桃花村全遇见了。“嗷”的一声，年兽吓得是屁滚尿流，抹头就跑，一口气跑出了十万八千里，跑到天明年一看：得啦，上天吧。它上天了。

老婆婆坐在堂屋之中都呆了。再看那老头儿哈哈一笑，把左手往后一背，右手把自己的拐杖拾起来，兜囊搭好：“告辞了！”老头走了。等到老婆婆反省过来，这才知道今天见到了神人。

第二天，老太太就把昨天晚上发生的经过给乡亲们述说了一遍。乡亲们一听：“哦，闹了半天，年怕红色、火光和炸响，那太容易了，到来年咱们就不用躲了，家家贴红纸，家家备爆竹，家家烧火盆，这年肯定就来不了了！”“对！”

又过了三百六十五天，年兽又从天上下来了，到了人间一听，哎哟，没法待了，就听见四面八方响起了爆竹之声——“噼啪、噼啪、噼里啪啦……”而且家家户户张贴红纸，家家户户吃着火锅，烧着火盆。年兽一看：我的妈啊，我呀，不来了！图什么呢？人间的老百姓太吓人了，家家点爆竹，是我最害怕的东西。我在天上睡觉得了，再也不来人间了！从此之后，年再不下来了。

一直到现在，每到过年的时候，家家户户仍然喜气洋洋，一起吃着火锅，张贴对联，挂着挂千，贴上窗花儿，而且还要燃放爆竹。前两年有些城市没让点爆竹，禁放炮竹。据说这个年兽又下来了，一看这些城市没放炮竹，好嘞！啃了好几个人。市领导一看，这没办法呀，好家伙，每年到这里要发生命案，得了，把禁放令改成了限放令说城里的别放，大家一起上城外放吧。年兽下来一看，又放起炮竹来了，它又吓跑了。有这事儿吗？瞎编的。但是，过年放炮竹的民俗却是历史悠久。在《诗经·小雅·庭燎》篇中，就有“庭燎之光”的记载。所谓“庭燎”就是用竹竿之类制作的火炬。竹竿燃烧后，竹节里的空气膨胀，竹腔爆裂，发出噼噼啪啪的响声，这也就是“爆竹”的由来。

第五章 春节（大年初一）

——用什么好词形容都不为过的吉祥日

万年日历还是万年制历，初一必来“拜年”的四个人，“压岁钱”和“挂红灯”比比谁诡异，听说了么？弥勒佛跟扫把星打起来了……

萧疏白发不盈颠，守岁围炉竟废眠。

剪烛催干消夜酒，倾囊分遍买春钱。

听烧爆竹童心在，看换桃符老兴偏。

鼓角梅花添一部，五更欢笑拜新年。

这是我国清朝大戏剧家孔尚任所做的《甲午元旦》，这首诗描写的就是我国传统的春节。

春节是我国农历的正月初一，又叫作阴历年，俗称过年。这是每个中华儿女最隆重、最热闹、最吉祥、最温馨的一个传统节日。春节对于每个中华儿女来说意义重大。不仅在国内，在海外也有许许多多的华人一到春节这天仍然鸣锣放炮、舞龙舞狮，来庆祝自己民族的节日。春节发展到今天，那就不仅仅是有龙的血统的人才去过这个节日。很多外国朋友，到了中国的春节，他们过得也很欢。为什么呢？中国的春节文化深厚，最热闹、最隆重。外国人也爱凑热闹——包个饺子，舞个龙，跳个秧歌……哎，他觉得挺好、挺美！所以，这两年外国的一些朋友也纷纷加入到了庆祝春节的行列里来。

春节在中国的历史很悠久。据说，它起源于殷商时期年头岁尾的祭神祭祖活动。因为祭神祭祖都是用农作物，或者是用养的家畜来祭祖，所以年和春节的概念最初的含义就来自于农业。

中国在古代是以农为主的国家。古时的人们把谷物的生长周期称为年，在《尔雅·释天》中说：“年者，禾熟之名，每岁一熟，故以岁为名”，把“年”就当作了收获的象征。《说文·禾部》上说：“年，谷熟也。”就是说谷子熟了就叫年。到了夏商时期，中国产生了夏历，以月亮圆缺的周期为月，一年划分为十二个月，每月以不见月亮的那天为朔，正月朔日的子时称为岁首，也就是一年的开始，也叫年。

年的名称最早是从周朝开始的，到了西汉才正式固定下来，一直延续到了今天。按照我国的农历——也就是夏历，在古代正月初一称为元日，或叫元辰，或叫元正、元朔、元旦等，俗称年初一。这种叫法一直用到民国时期。到了中国近代辛亥革命胜利后，南京临时政府为了顺应农时和便于统计，规定在民间使用夏历，也就是农历；在政府机关、厂矿、学校和团体中实行公历。以公历的元月一日为元旦，把农历的正月一日称为春节。到了1949年9月27日，新中国马上要成立了，在中国人民政治协商会议第一届全体会议上，通过了使用世界上通用的公历纪元，把公历的元月一日定为元旦，俗称阳历年；农历的正月初一通常都在立春前后，因而把农历正月初一定为“春节”，俗称阴历年。也就是说咱们现在所过的元旦和原来的元旦是不一样的。咱们现在所过的春节和原来的春节却是一天。

那么，中国的农历是怎么来的呢？为什么一年三百六十五天周而复始啊？这里也有一个民间传说……

万年制历

说在很多很多年以前，有一座山，名曰定阳山。这个定阳山山清水秀、鸟语花香，景色非常怡人。在山脚下有个不大的村庄，在村头的山坡之上有间小石屋。小石屋里住着一个名叫万年的年轻人。万年家境贫寒，自小父母双亡，他就以打柴、挖药为生。那个时候节令非常混乱，大家弄不清楚什么时候该种庄稼，什么时候该收庄稼，什么时候天冷，什么时候天热。所以弄得庄稼无法耕种，年年饥荒。老百姓天天过得浑浑噩噩、糊里糊涂。万年这小伙子是个有心计的青年，他就想怎么能够帮乡亲们解决这个愁苦，把节令定准。但是，苦于找不到计算时间的方法，他也不知道该从哪里下手。

话说有一天，万年又上山去打柴，打累了，他就把柴火放在一旁，自己就坐在了一棵大树下歇息。这一天艳阳高照、碧空如洗，非常晴朗。太阳照在树上，自然有一个树影投在了地上。万年在树下休息，他就发现树影随着太阳的移动也移动。嘶……哎！万年当时眼前一亮，心说：能不能利用树的影子来计算时间呢？他就留心了，天天观察。果然发现树的影子每天移动的变化是有规律的。但是树影太粗了，怎么办？他找了根竹子——竹子比较细啊，设计了一个用竹子做成的测量日影记天时的仪器，把它叫作“晷仪”，又叫“日晷”。万年就利用日晷来测影计算一天的时间。但是别忘了，天有云阴雾雨，晴天时用日晷、日仪看影子，定时间可以，但是遇到阴天呢？遇到下雨呢？遇到下雪、下雾呢？这就会影响测记，有时候根本就无法观测。怎么办呢？万年又发愁了。看来必须再做一件计时的器具来弥补日晷的不足。怎么做？万年一筹莫展，天天为此苦恼。

单说这天，万年又上山挖药。挖累了，口渴了，万年就找到一股山泉来喝口水。正喝水着的时候，万年就听见“滴答、滴答、滴答、滴答……”有节奏的“滴答”声。万年抬头一看，原来是崖上的泉水有节奏地往下滴着、响着。嘶……哎呀！这引起了万年的注意。他望着泉水出了神，思索了一阵子：对呀，我何不这样。他回到家里，干什么？要画图纸。那时候有图纸吗？没有，那就用沙盘代替吧。在沙盘上计算，试了试，画了画，做成了一个五层的漏壶，用漏壶来计算时间。天晴的时候看日晷，天阴的时候、天黑的时候看漏壶。

就这样，万年测日影、望漏水，勤勤恳恳，慢慢地就发现了规律——每隔三百六十多天，天时的长短就会从头重复一遍，四季春夏秋冬、温热凉冷，就会轮回一次。而且万年发现一年当中有那么一天，这天白天特别短，而且这天非常寒冷，万年就把这天称作冬至；还有一天，这天白天非常漫长，而且非常炎热，万年就称这天为夏至。还有两天白天黑夜均等，就称为春分、秋分。就这样，万年这个民间科学家就在一次次的试验中、观察中，积累了很多计时的宝贵经验。

单说当时的天子叫祖乙，那也是一代的明君。但他也非常苦恼，也是为天气、风雨的不测感到苦恼。节气失常，好几年老百姓都误了耕作的时候而导致连年歉收。作为天子，能不着急吗？为此祖乙开了很多会议，召集百官朝议节令失常之困，让大家说一说日月到底是怎么运行的，四季又是怎么更换的，什么时候耕种，什么时候储藏，大家能不能提出一个解决的方法？

大家一听，说："陛下，这个我们不懂啊。咱们不是有节令官吗？这个问题，您问节令官呀。"

"哎，对。节令官你说说。"

当时的节令官叫阿衡。你别看这个阿衡身为节令官，其实什么都不懂，对日月运行的规律根本就不了解，但他还得不懂装懂。

"啊，哎对呀，这个这个，问什么呢？"

"问你日月运行的规律、时辰的变化、季节的更替，你都知道吗？"

"对，对呀，哎，我，我知道啊，春夏秋冬嘛，四季嘛，来回地运转嘛，这有什么呀？"

"哎呀，我不是问你这个，我是问你有没有规律可循啊？什么时候春天变夏天，夏天变秋天，秋天变冬天呢？"

"我这……可说呢……"

"嗯，怎么可说呢？你是节令官啊！为什么季节连年失调，这是怎么回事儿啊？"

"这是，哎，这，不是，哎呀这个事情很好解决嘛。"

"那你说说怎么回事儿？"

"怎么回事儿啊？那它是个……大概其的……嗯，也许……似乎……嗯可能……嗯，如果但是，您明白了吧？”

“啊，啊？那能明白么？你一句整话没说出来，我问你到底怎么回事儿？”

“怎么回事儿呢？这个，哎呀，陛下啊，这个很简单啊，这是老百姓做事不慎，大家不敬鬼神，得罪了天神。天神震怒，让时节失常，只有虔诚地跪祭，才能得到天神的宽恕。天神宽恕了，时节、节令那就自然地，哎，有规律了。”

“哦……是这么回事。”

阿衡把一切的责任全归到天神身上，说人不尊重天神，天神震怒，使人间节令失常。他说了这么一个本来不高明的理由，祖乙却信了。为什么呢？在远古时代，人们都迷信。一些自然现象得不到正确的科学解释，就认为那是天公震怒或高兴的结果。老天爷高兴了，就天气晴朗；老天爷震怒，就打雷下雨。这都是天神的喜怒的结果。所以，祖乙听信了阿衡之言，赶紧带领文武百官去天坛祭祀，并传谕全国设台祭天。这有效果吗？一点儿效果也没有。祭来祭去也是白祭，时令仍然很乱。这一次，问题非但没有解决，又出现新的问题了。什么问题呢？各地方的老百姓为了修建祭台还得服劳役，又得出捐。本来老百姓因为节令失常不知道何时耕种，连年歉收就够苦的了，这一次那真是胆汁拌黄连——苦上加苦啊。

这下子，万年忍不住了。万年一看，这样不行，节令失常那是人的责任，是人没有认识到，怨不了什么老天爷呀。你拜他有什么用呢？万年一看老百姓再这样下去可不行，他忍不住了，就带着他的日晷和漏壶去见天子祖乙，说我懂得时令的规律，可以测量时辰、日期。

“哦？”祖乙一听非常高兴，就召见了万年。

万年见到了祖乙，就把自己这几年的科学积累一一述说了。说了冬至点，讲了日月运行周期，讲了怎样观察时间，怎样运用日晷，怎样运用漏壶。“啪啪啪，啪啪啪”这么一说，祖乙当时“啪”地一下子就把万年的手给握住了，非常激动，龙颜大悦。“太好了！朕得你万年真朕之幸，社稷之幸啊！”祖乙立刻下旨把万年留下来，又令大兴土木，干什么？在天坛前修建日月阁，筑上日晷台，造上漏壶亭；又拨给了十二名童子来服侍万年，其实就是帮万年搞科研；然后拨下款项、拨下资金……好家伙，这一下子，那是国家出资让万年搞科研项目。

如此，万年领了旨，就让六个童子守日晷，六个童子守漏壶，精心记录，按时报告，并希望能够测准日月规律，推算出准确的晨夕时间，创建一个历法，以为天下的黎民百姓造福。就这样，万年天天兢兢业业地搞科研，一晃好多天过去了。

祖乙很注重万年。有一天，祖乙就派时令官阿衡：“你去到日月阁看一看万年制历的情况。问问万年还有什么需要的吗？制历怎么样呢？回来禀报于我。”

“是。”

这阿衡就来到了日月阁，见到了万年把手一背：“啊，万年啊，国家给你出资出人，你这个搞科研的可不能辜负圣望啊！现在你这个历法制定得如何了？给我说说吧。”

“啊，”万年指着草历说：

日出日落三百六，

周而复始从头来。

草木枯荣分四时，

一岁月有十二圆。

“嘶……”阿衡一听当时心里“咯噔”了一下子。为什么呢？因为打这万年来，阿衡就掐着半拉眼角看不上他，还想测日历、定历法，你痴心妄想！可是通过这么多天的观察，阿衡发现这个万年真有两把刷子，心里早生妒意。现在又听到万年说的这些话，觉得都是道理，心中更是不安了。他心说：要是这个万年把节令定准了，天子一高兴，重用万年，那弄不巧万年就得把我这个节令官的位置给霸占了。谁还听我阿衡的呀？哎呀！既生我阿衡，又何生得万年？看来要想保住我的位置，我得把万年给除掉。阿衡嫉贤妒能，从心里就想杀掉万年。

阿衡手下养了一个门客，养了好多年了。其实这个门客是个刺客，非常善射，箭法高超。阿衡把他请到了自己的房内，摆上酒宴，就对这个刺客说："我待你如何？"

刺客说："大人待我恩重如山。"

"那我要是有事相求呢？"

刺客说："赴汤蹈火，在所不辞！"

"好！"阿衡说，"我现在就让你去杀一个人。"

"杀谁？"

"杀那个制历的万年。"

刺客当时一拍胸脯："没问题！今天晚上我就把他的人头给你带来！"

"啊，别呀！你给我带人头干吗呀？你把他杀了就完了。"

"那好，我今天晚上必定成功，你等着吧。"

当天晚上，刺客乘着酒兴就向日月阁奔去。怎奈到了天坛周围一看啊，日月阁下有很多卫士严守，刺客不能近前。他往日月阁上一看：哎哟，万年正在日月阁上仰观天文，观察星象呢。刺客一看，机会来了！好嘞，我就射你！马上抽箭搭弓纫扣扳弦，瞄准了万年。可是，喝酒误事，谁让你喝完酒过来了呢，本来这个刺客箭法非常好，由于喝酒过多，眼睛发花，"欻！"一箭飞出去，"噗！"本来是瞄的万年的哽嗓咽喉，这一箭只射中了万年的胳膊。万年"哎呀"了一声，倒在地上。

"啊！"众童子一看，"有刺客！""哗"的一声全都围上来了。"有刺客，有刺客！”全都在喊有刺客。日月阁下面那么多的卫士干什么的？那是祖乙派来守卫万年的。一听有刺客，那还了得，“呼啦”一声全出动了。

刺客一看，把万年射中了，射死没射死他不知道，赶快跑吧。但是别忘了，他喝酒喝多了，这么一转身，脚底下不利索，踩了一个小石头，“吧唧”摔了一个狗啃屎。还没等爬起来呢，他就被卫士发现了。

“在这儿呢！”“在这儿呢！”“抓住他！”卫士们“唰”的一声往上一闯，按肩头，拢二臂，就给拧那儿，不由分说“乒乓”几个嘴巴子：“好你个刺客，竟敢刺杀给我们制历的先生，你多大的胆子？”“乒乓！”打完之后，拿过了一条绳子来，单三扣双三扣，绳子不紧拿脚蹬！“松点儿……松点儿啊？”刺客哀求道。“松不了！”说着，就给绑上了。

这个时候有人报告了祖乙。祖乙闻听万年被刺，当时是大吃一惊，赶紧派医官抢救万年。祖乙勃然大怒，立刻命人：“把那个刺客给我带过来，我要审问清楚这个刺客背后的主使之人究竟是谁！”

就这样，卫士把刺客带到祖乙面前，祖乙问刺客：“你背后是谁人主使，你为什么要刺杀万年？说！”三推六问，刺客隐瞒不住了，就把实情全部和盘托出。祖乙一听，“什么？哦，闹了半天是时令官阿衡让你刺杀万年，这还了得！这个阿衡本身没有任何本事，尸位素餐，占着一个时令官的位置，早就该下去了。他还竟敢嫉贤妒能，刺杀朕的贤臣，真是可杀不可留！来啊，把阿衡给我抓起来，打入死牢！要是我那万年爱卿没有什么事儿还则罢了，要是我那万年爱卿有个三长两短，我要他的性命！”一句话，把阿衡打入死牢。阿衡就落了这么一个下场。

然后，祖乙又立刻乘辇来到日月阁，登上日月阁看望万年。这个时候，医官已经给万年包扎好了伤势。

祖乙问医官：“万年的伤势如何？”

医官说：“皮里肉外，伤得不重，没问题。精心调养一番也就是了。”

“哦，哎呀，真是谢天谢地，朕之万幸啊！”

祖乙马上到屋内看望万年。万年一看祖乙过来了，想起身迎接。祖乙赶紧过去按住万年：“不必不必，你身上有伤，安心疗养吧。”

万年摇摇手，命人打开窗户，让人扶着自己来到窗边，指着窗外天空中的申星向祖乙说道：“陛下您看：星象复原，夜交子时，旧岁已完，时又始春，望天子定个节吧。”

祖乙一听：“哦！春为岁首，那么这一天就叫春节吧。”据说这就是春节的来历。

万年听祖乙说完马上下跪谢恩，“我替万民谢陛下的恩典。老百姓有了春节，就知道一年的开始，也知道这一年应该如何来安排了。”

“爱卿快起。”祖乙赶紧把万年扶起来，搀到了床上。看看万年，来的时候是个英姿飒爽的小伙子，剑眉朗目，多么精神。再看现在的万年，鬓角都有了白发了，眼睛都是血丝，眼窝深陷，非常憔悴。祖乙从心往外感谢万年，而且心疼万年。“万年啊，爱卿入阁，三载不出，披肝沥胆，以月圆为准制出了太阴历，真是功高德重！如今爱卿被奸佞暗算，且随我到宫中调养去吧。”

万年把手一摆：“臣多谢陛下圣恩。但陛下有所不知，太阴历虽然草创，但还不十分准确，岁尾还剩有点滴时辰，如果不把这岁末尾时闰进去，恐怕日月如梭，过来过去又会错历，臣负众生所望，深受天子之恩，愿碎心日月阁，细心推算，把草历定准。望陛下体谅臣如此的苦心，恩准臣在此继续制历。”

“哎呀。”祖乙看看万年，多么可爱的人啊，为了老百姓的幸福，为了国家的历法，宁愿搭上自己的身体，自己的健康。祖乙点点头：“好！好哇！万年，有你如此贤臣，此乃天下之大幸！朕还有什么理由拦着你呢？不过，虽然如此，你也要当心自己的身体。身体是革命的本钱，没有一个好的身体怎么去制历法呢？老百姓都盼望着你的准确历法呢。我派人在此给你好好调养身体，你算历法是算历法，但是身体一定要保重，知道吗？这是朕给你下的命令。"

"臣谨遵圣命。"

"哎，这就对了。"

就这样，万年在日月阁中，仔细观察草木麦菽的枯荣，精心推算，把岁末尾时积日成月闰了进去，完成了历法。

那年的五月，祖乙到天坛进行祭天。祭罢天神，又登上日月坛，把祭神的五月鲜桃赐给了万年。万年当即献上了自己精心研制的《太阴历》。

祖乙望着日夜操劳的万年，再看这半年下来，眉也白了，须也白了，深受感动。祖乙说："这本《太阴历》是万年的心血啊！为了让世世代代记住万年制历的功劳，朕决定把《太阴历》定名为《万年历》。万年为人间制定历法，牺牲了自己的身体，朕在此加封万年为'日月寿星'。"万年于是跪倒谢恩。

一直到今天，咱们到书店之中还能买到万年历法，就叫《万年历》，人们也把春节称作年。而且有不少的家庭每到过年之时，在屋中必定要挂上寿星图，象征新岁添寿。据说，这也是对功高德重的万年寄以怀念之情。

"拜年"的风俗

春节里第一件最重要的活动，就是要到亲朋好友家或到四邻八舍那里，祝贺新春。这俗称"拜年"。

我国拜年的习俗盛行已久。在古代，拜年其实分为两个概念，一个是拜年，另外一个是贺年。拜年，就是晚辈向长辈叩岁（向长辈们去跪拜）；贺年，则是平辈之间互相道贺。发展到了今天，拜年和贺年这两个概念合二为一，统称为拜年了。

每年到了大年初一的这天早晨，人们都早早地起来，看看谁家起得最早。谁起得最早谁家最吉祥，谁家今年的旺运来得最早。所以每到大年初一这一天，人人争先恐后，比着起得早。然后，穿上最漂亮的衣服，打扮得整整齐齐的，出了家门去走亲访友，相互拜年，恭贺今年大吉大利。

拜年的方式有多种多样。有的是一个一个地拜，这叫一般的拜吧，敲开人家的门："哎哟，张大哥，给您拜年了啊！新春愉快，大发财源！""哎哟，同喜同喜同喜……同发财源，同发财源！"大家互相道贺。有的是同族的族长带领着若干人挨家挨户地拜年。比如姓张的族长带着姓张的男女老少一起给别的姓去拜年。有的是几个人相邀拜年，可以是同事，也可以是同学。如几个同学，大家打个电话："哎，各位，在某某地方，大家集合一下，然后咱们从东城开始转，向每个同学的家里的父母拜一拜年。"就这样，同学们全过去了，集中起来，然后共同地去向自己的恩师，去向自己的同学的父母去拜年。这样的拜年称为"团拜"。

当然，拜年首先要从家里开始，初一早晨如果家里有长辈的话，做晚辈的起床后要先向长辈拜年。比如爷爷在家呢，做孙子的早晨起来要赶紧去给爷爷磕头，祝福爷爷健康长寿，万事如意。长辈受拜以后也要将事先准备好的压岁钱分给晚辈。家里内部拜完年，开开门，这才向外拜年，互相道恭喜发财、四季如意、新年快乐、步步高升等吉祥话语。一说："这个人太会说话了。老说拜年的话。"什么意思呢？就是说这个人老是说人爱听的话，喜庆的话。也就是说拜年的时候，不能讲一些忌语、丧气的话，见了面："哎哟，张哥， 您病好了吗？"这非挨打不可。怎么？大年初一问病不吉利。所以拜年的话一定是吉祥的话，这是中国人历来的传承。

拜年在中国的历史很悠久，宋人孟元老在《东京梦华录》卷六中在描写北宋汴京时说："十月一日年节，开封府放关扑三日，士庶自早相互庆贺。”这句话是说十月一日是当年的过年节日，开封府放假三天，士庶们互相道贺。明朝中期的陆容在《菽园杂记》卷五中说：“京师元旦日，上自朝官，下至庶人，往来交错道路者连日，谓之‘拜年’。然士庶人各拜其亲友多出实心。朝官往来，则多泛爱不专……”就是说当时京城元旦（初一）的时候，上自朝廷，下至黎庶，大家在路上见面都是互相道贺，称之拜年。但同是拜年亦有区别，老百姓拜年一般就是给亲友拜年，其他不认识的不拜，出于实心。但是朝廷官员往来拜年，“则多泛爱不专”，就是说官员、当官的都“博爱”。说博爱好听点儿，其实有的都假了。到年了，看望看望老干部，给老干部们拜个年，“我们想死你了！”其实根本就不认识人家。官员互相见面：“哎哟，年兄你好！”“哎哟，恭喜发财！”其实对面儿是谁啊？谁也不认识。做官的嘛，互相都先拍一拍。清朝人顾铁卿在《清嘉录》中描写：“男女以次拜家长毕，主者率卑幼，出谒邻族戚友，或止遣子弟代贺，谓

之‘拜年’。至有终岁不相接者，此时亦互相往拜于门……”就是说当时一个家庭先在内部拜完年之后，然后由主人带领自己的妻子、孩子、奴仆等等出门向四邻八舍，还有一些亲戚朋友去拜年，或者直接把自己的儿子、孙子……反正晚辈一般都被遣发出去代贺——“去，给你隔壁的三大爷、旁边的五奶奶拜个年。”这都叫作拜年。甚至上面说了，平日都不往来者，也可能有矛盾的冤家对头，但到了正月初一这一天也得笑脸相拜。这就叫作“正月初一拜年，祝福我的朋友，祝福我的冤家”。

在古代，如果说这一家是个大家，亲戚朋友太多了，难以一个一个地登门遍访，怎么办呢？就派遣仆人带着自己的名刺，也就是名片、名帖或称为飞帖，到自己的朋友、邻居家去递。那这时人家也大多数会在门前贴一红纸袋，上面写着“接福”两个字。红纸袋是干吗的？其实就是信箱，用来“接福”，就是接受别人的飞帖，接受别人的祝福。这个习俗始兴于宋朝上层社会。清代人在《燕台月令》中形容北京的年节说：“是月也，片子飞，空车走。”这成了当时的时尚。

除了门前贴一红纸袋用来接福以外，当时，大多数的大户人家还专门在门房里特设一个门簿。门簿是干吗的？就是用来记录客人的往来和飞帖。比如，某某给我来拜年了，给我投了飞帖了，我就在门簿上记录那么一笔。“张三来过，李四来过，王五来过，马六、赵七、朱八麻子……”一笔一笔的给人家记好喽。由于每一个人的朋友不同、邻居不同，所以给自己拜年的人自然是不尽相同，门簿上所登录的人肯定也不相同。但是，有四个人是所有的人家都记录来拜过年的，而且所有人家的门簿上首先写的就是这四个人。哪四个啊？头一位叫寿百龄老太爷，家住岁坊巷——有一位一百多岁的老太爷给我们家拜过年了，祝我们家长寿。还有一个人也来了，谁呀？富有余老爷——又富还有闲余。这位老爷住哪儿呢？元宝街。也给我们家拜年了，祝我们家福寿有余。第三个给我们家拜年的，叫贵无极大人，住大学士牌楼。他来祝我们家飞黄腾达，尊贵封侯。第四位叫福照临老爷，住五福楼，给我们家拜年，祝我们家福星高照、万事如意。这寿百龄、富有余、贵无极、福照临四位老爷是当时最忙活的，哪家都跑。其实大家看得出，这四位都是虚拟人物，不过是每家都图的一个吉祥的口彩罢了。

在上层社会、士大夫阶层拜年的时候，除了飞帖以外，有的还专门在自己的名帖上写上祝福的语言。宋朝人周辉在《清波杂志》中说："宋元佑年间，新年贺节，往往使用佣仆持名刺代往。"其实这跟咱们上面说遣仆人带名片、带飞帖去拜年一样。但是这个名刺的做法却非常别致——用梅花笺纸裁成二寸宽、三寸长，上面写着受贺人的姓名、住址和恭贺的话语，然后做成卡片，让这仆人拿着代为拜年。明朝的杰出画家、诗人文徵明，就是四大才子之一的那位，他在其写的一首叫《贺年》的诗中这样描述：

不求见面惟通谒，

名纸朝来满蔽庐。

我亦随人投数纸，

世憎嫌简不嫌虚。

就是说现在也不知怎么了，大家都不拜年了，拜年都不见面了，只是互通名帖。我这大年早晨起来一看，嚯！就我们家接的别人拜年的名帖都把屋子都堆满了。我一看人家给我拜了，我也学着吧，我也随人"投数纸"，也给人家回我的名帖。结果回去之后，大家都骂我，都嫌弃我。为什么呢？第一，太简单了；第二，给人家拜年我还挺不谦虚，世间都嫌憎我。当然，这是文徵明跟自己打趣。但是诗中却说明了在明朝的时候，这种拜年的方式也是非常流行的。别说明朝了，到了咱们现在也有如此拜年的。新年来临了，给我的亲朋好友寄一张贺年卡、贺年片儿，以此联络感情、互致问候，既方便又实用。其实，贺年卡的起源就是中国的传名刺、传名谒、飞帖。

大约从清朝开始，拜年的方式中又增添了一项——团拜。清朝人艺兰主在《侧帽余谭》中说:“京师于岁首，例行团拜，以联年谊，以敦乡情”，“每岁由值年书红订客，饮食宴会，作竟日欢。”说的就是当时团拜的情景。

随着时代的发展，拜年的习俗也不断增添新的形式和内容。现在，人们除了延续以往的拜年方式，又新兴了许多新的拜年方式。可以短信拜年、微信拜年、电话拜年、网络拜年、E-mail 拜年，在电台点首歌给人家拜年，微信圈里发红包拜年等。但甭管哪种方式，都同样表达了人们对新的一年的期望，以及对自己亲朋好友的衷心祝福。

上面说过，在春节拜年的时候，晚辈要先要向长辈拜年，祝长辈人长寿安康。长辈自然得有所表示，长辈就把事先准备好的压岁钱分给晚辈。

问题来了，为什么叫“压岁钱”呢?

“压岁钱”还是“压祟钱”

春节期间，长辈给晚辈的红包为什么叫压岁钱?据说是因为压岁钱可以压住邪祟。“岁”“祟”同音嘛。晚辈得到压岁钱就可以平平安安地度过一岁。

一般来说在古代压岁钱有两种。一种是以彩绳穿线编作龙形，放在床脚之下。这一个说法见之于《燕京岁时记》；另外一种是最常见的，就是由家长用红纸包裹好了钱，然后分给孩子。

压岁钱可在晚辈拜年后当众赏赠，也可以在除夕夜孩子睡着的时候，家长偷偷地放在孩子的枕头底下；也有的家庭等不到大年初一拜年的时候给；有的是吃完年夜饭，人人坐在桌旁都不许走，由长辈发给晚辈。发的时候勉励一下儿孙在新的一年里要学习长进、天天向上、好好做人……说些祝福的言语。

给压岁钱的习俗一直盛行到今天。当然，到了今天，这种习俗却出现了一些不好的现象。因为现在老百姓生活都富裕了，孩子大多是独生子女。平常就娇生惯养，一到过年、过节给压岁钱，这钱就没把门的了。给多少的都有，一百两百拿不出手；五百八百才算给个小压岁钱，后边还要补；甚至有些人给儿孙好几千块钱、好几万块钱，给房子、给轿车，给这给那，认为给的压岁钱越多，越表示对孩子亲。其实往往恰恰相反，子孙突然间很容易的手中有了这么多的压岁钱了，不知道怎么花了，就胡花乱花，看不住就走向邪道歪道。以至近些年因为压岁钱出的事情、犯的案子，也是屡见不鲜。所以压岁钱本来是一个美好的习俗——祝愿自己的子孙能在新的一年里学习进步、好好做人，给那么一点压岁钱，传达一下亲情。但是如果压岁钱给邪了、给歪了，可就不足取了。

据考证最早的压岁钱出现于汉代，当时又叫压胜钱，并不在市面上流通。也就是说，当时给的压岁钱是一个装饰品，就是铸成钱币形状的观赏物。就像现在到了春节，到一些市场上买回了一个大的中国结，上面挂着很多铜钱，有避邪的功能。钱币正面一般铸有“万岁千秋”“去殃除凶”这些吉祥话语，和龙凤、蛇龟、双鱼等等吉祥的图案。

那么，压岁钱的风俗怎么来的呢？这也有个故事。

传说古代有种小鬼儿就叫作祟。有一句成语“鬼鬼祟祟”，说的就是这种小鬼。这种小鬼长的什么模样呢？黑身白手，长的模样就像《哈利·波特》上面那个家养小精灵似的。这个小鬼平常不出来，就大年三十晚上才出来玩儿。而且这种小鬼非常喜欢孩子，专爱摸小孩的脑门。小孩子醒的时候他还不好意思去摸，怕出来把孩子吓着，专等孩子睡了再过去摸脑门儿。其实，小鬼本身没有什么恶意，但他身上带着妖气，被他摸过的孩子就会发高烧、说胡话，好几天好不了。很多孩子最后就病死了，即便那些熬过鬼门关、高烧退了的孩子也往往被烧坏了脑袋，变成了痴呆。

其实，过去的神话故事里面很多都能和人类生活环境挂上钩。您看这祟是什么？也不是什么小鬼，可能就是一种瘟疫，估摸就是小儿急性脑膜炎。古代人不知道啊，一看孩子怎么突然发烧了又病那么重，就认为是祟捣的鬼。

人们怕祟来伤害孩子，就整夜整夜地点灯不睡，这就叫作“守祟”。

如此过了很多年，大家都没有一个很好的方法，防止祟过来摸小孩子。

据说后来在嘉兴府有一户姓管的人家，两口子老来得子，十分珍爱。在大年三十晚上，为了防止祟来侵扰孩子，老两口一直就逗孩子玩儿——用红纸包了八枚铜钱，包了又拆，拆了又包，逗这个小孩儿玩儿。逗了一阵子，小孩子困了，老两口就把孩子放被窝里了，把那包着的八枚铜钱连同红纸放在枕边，万一孩子醒了，可以接着玩。老两口也不敢走开，一直守着这个孩子，怕祟过来摸孩子。

守着守着，老头突然想起个事来，“老婆子，你在这儿守着孩子，我去厨房看看，我忘了我熄没熄火，我得看看，没熄的话，我给它熄喽，别大过年的再着了火。”

“好，你看去吧。”

老头就走了。

老太太在这里自己守了半天，也没见老头回来。老太太心里有点放心不下，“熄个火怎么那么长时间呢？别出什么事儿啊？”老太太担心老头，起身，她要去厨房看看。这可就把守祟的这个茬给忘了。老太太前脚儿找老头儿，后脚儿那位祟就过来了。祟一看：“哎呀，这地方有个孩子，太好了。我跑了好多家，就想摸摸孩子，一看那些家里的家长都守着孩子。有的孩子不睡觉，我也不敢动手。这个小孩儿长得多好啊，胖嘟嘟的，白生生的。嘿，我摸摸吧。”这小鬼伸出他的白手刚想摸一摸孩子的脑袋。哪知道突然间从孩子枕边“嚓”迸出一道金光。“哎呀！”一下子，把祟的眼睛给闪伤了。“啊……”祟叫着逃跑了。

叫声惊动了老两口。话说老头熄完火，觉得没什么事儿，他又弄了些芝麻秆往院里洒呢，所以时间长了。

老太太出来找他，老头还埋怨呢：“你怎么出来了？”

“哎呀，我不是担心你么？怎么这么半天？”

“我不是弄点芝麻秆么？你快回去，守着孩子……”正说着话呢。那边“啊！”的一声，把老两口吓坏了，赶紧跑出厨房，正好看见，祟捂着双眼叫唤着往外跑。

“坏了！”老头一拍大腿，“快去看看孩子！”带着老太太跑到屋里。一看，孩子还在床上呼呼大睡呢，旁边那八枚铜钱还闪着光呢。老两口不知

道祟到底摸没摸孩子，提心吊胆等了几天，一看孩子还是那么活蹦乱跳，也没发烧也没说胡话，没事儿。“哎呀！哦……”老头明白了，“老婆子，看来是这八个铜钱闪出的光救了咱的孩子。”

“噢？敢情这祟怕金钱啊？”

“我看着他捂着眼睛跑了呢。”

“嗯！看来以后每年咱们都得给孩子包钱，把这祟给压服住！让他再也不能作祟了！”

“对！”

老头老婆好心，就把这件事告诉了左邻右舍、亲朋好友。一传十，十传百，百传千，千传万，没过多久，所有的人都知道了，敢情祟怕钱啊？好！于是，大家纷纷效仿，在大年夜，用红纸包上钱给孩子。这样一来，祟就再也不敢来侵扰孩子了。因为这钱把祟压服住了，所以人们就把这种钱叫“压祟钱”。“祟”与“岁”发音相同，又因为是在旧岁新岁交替时给孩子的，所以，日久天长，“祟”字就逐渐变成了“岁”，“压祟钱”就被称为“压岁钱”了。

直到现在某些地方还流传着一首童谣：

三星在南，
家家拜年；
小辈儿的磕头，
老辈儿的给钱。
要钱没有，
扭脸儿就走。

这个童谣，说的就是压岁钱。

春节为何挂红灯

春节大年初一这天，不少的人家还有在门前挂两盏红灯的习俗。这个习俗打哪儿来的呢？这也有一则民间传说。

从前，也不知道是哪朝哪代，有一个刁蛮公主。这个公主谁也管不了，经常背着父母不让父母知道跑到民间去玩耍。

有一次，刁蛮公主又出去了。在外面疯了一天，也不知道跑哪儿去了。眼看着天晚了，公主一看：这是在哪儿啊？哎呀，看来今天晚上回不了家了，得了，找个店房住下吧。她就找了一家客店投宿。店老板一听是公主，哪敢怠慢啊？给公主安排个总统套间。有总统套间吗？就那个意思吧，最豪华的房间。公主挺满意，就在这个房间住下了。

哪料到了半夜时分，来了一个城隍老鬼。这老鬼凶恶残暴，专爱吃人心，尤其是美人的心。他也不知道怎么打听出公主住这儿了，半夜就过来了。一看这公主，哎哟，太漂亮了，美人儿！她的心一定好吃。城隍老鬼过去就剖开了公主的胸膛，把公主的心给吃了。吃完心之后，城隍老鬼走了。

到了第二天早晨，店老板给公主送吃喝，敲了半天门也无人答言。店老板觉得事情不妙，命人撞开门往里一看，“哎哟，我的妈呀！”公主硬邦邦地死在了床上。老板一屁股就坐地上了，没脉了。

后来案子报官了，官府一听：什么？公主死在你的店房里了？！哎呀，这还了得，赶快上报朝廷。皇上一听也是震惊万分，下旨严办。查了三个月，也没查出个名堂来。皇帝不依不饶，把店老板判了个死刑，全家发配。这件事情就不了了之了。

就这样过了好多年，这家店也换新主了。新主接收店房之后，发现这家店太难经营了。生意一天比一天淡薄，尤其是公主死的那间屋子没有一个客人敢住进去。据旁边屋子里的人说：“那间屋子可是个凶宅呀。每天到了半夜，哎呀，红光闪闪，还能看见一个小姐的影子呢！”“干什么呢？”“在那儿梳头打扮呢。”“哎哟，我的妈呀！”你说谁还敢住啊？所以这家店的生意非常不好。店老板为此没少发愁。

单说这一年，恰逢京城大考，从远方来了位赶考的公子。这位公子是步行的，还跟着一个挑担子的书童，主仆两个人就到这家客店来投宿。

店老板一看从远方来了客人了，哎哟，生意来了，非常高兴，说：“公子，你要住哪儿呀？”

公子说：“给我一间最好的房间。”

“那好！”店老板一想，我干脆把这位公子安排在那间屋子里。哪间屋子呀？就是公主死的那个屋子。为什么店老板要这么做？一来，店老板认为远来的客人要住最好的房间，那房间是“总统套间”，最好了。他远方来

的，我不说，他根本不知道底细，让他住进去得了。二来，老板真有私心，想让这公子住在那间屋里，如果公子住了一晚上没事儿，这就等于给做广告了。谁说那屋子闹鬼？人家公子住了一晚上没事儿。根本没那事儿，根本不闹鬼，大家不要听妖言惑众！我这小店根本就不会有什么鬼啦、祟啦的，好传播传播自己的名声。店老板存着这么一个心，就把公子主仆二人安排到了那间凶宅之内。

两个人不知道内情，晚饭过后，早早关门就寝了。也就是睡到了半夜，突然，屋子里“嗷”这么一声响，紧接着就有人开门走动。公子被声响惊醒，“嘭”就从炕上坐起来了。怎么回事？点亮油灯一看，哎哟！把他吓了一跳。怎么了？就见炕前跪着一个漂亮的小姐，在那里很伤心地落着泪。

“哎呀！”公子一看，“这，这店里怎么还提供这种服务啊？你你你，这是干什么呢？我是正人君子，男女授受不亲。你你你，你是谁啊？”

就见这个小姐十分伤心地说：“公子莫怕，我是当今圣上的公主啊！”

“啊？”公子一听：“什么？哦，你是当今圣上的公主，半夜三更到我房间里来啊？鬼才相信呢！”

“哎！公子啊，你不要怀疑我，是这么这么回事儿。”公主就把她背着父母私到民间，住到这间屋子里，半夜被城隍老鬼吃了心这件事情给公子诉说一遍。

公子不听则可，一听差点儿没吓昏过去。“你，你，你是鬼？”

“公子莫怕，我现在不是鬼。因为城隍老鬼把我的心吃了，使我无法生还。没想到今天晚上公子引来了书童，我就借公子你书童的心复还了正身。”

“啊，啊？！”公子一听，“我说公主，那我那童子？”

“他现在已经死了。”

“啊，啊？哎哟！”公子心说话：你够损的呀！哦，你把我书童的心取下来你用，我书童可不就死了嘛！“哎，这……”这公子说不出话来了。

就听公主接着说：“公子啊，我借了一下你书童的心，我没料到你的书童阴魂不散，不放过我啊，非得让我还他的心，望公子帮忙！”

“啊？”公子一听：活该！谁让你拿我书童的心啦！你把我书童的心取走，我书童可不就找你要心吗？“这，这我哪能帮你啊？我也不会帮啊？”

“哎呀，望公子帮忙！把我引荐给我的父王，说明情由捉住城隍老鬼还我的心，到那个时候，我再把书童的心归还于他。”

“哎呀！”公子一看，事到如今也没有别的方法了。这个公主如此伤心，虽然说自己疼爱书童，但又同情公主。有什么方法啊？只好如此吧。便点头答应了。

到了第二天，正逢农历的大年三十，天还没有亮呢，公子就要带着公主上路，哪知道书童的阴魂哭着过来了：“哎哟，公子啊，公子啊，我服侍你这么多年了，好容易看着你进了京城要大考了，哪料到我竟然身受横祸呀？我的心被这个公主给拿去了，你说我怎么办啊？你叫她还我的心来。”

这公子一看：“书童啊，是这么回事儿，是那个城隍老鬼取了公主的心。取了公主的心，公主就成鬼了。公主成鬼了，她就无法见到她的父母。想见到她的父母她必须成人。成人她必须有心，她还没心，她就得向你借。你借给她心，她有了心，她成了人。成了人，我带她见她父母。见她父母，由她父母去见这个城隍老鬼。见到城隍老鬼，给城隍老鬼要到她的心。要到她的心呢，她装上她的心。装上她的心呢，她仍然是人。仍然是人呢，她就把你的心给你啦。你装上你的心，你也成人。明白了吧？”

“哼，不明白！”

公子一听：“得，我这绕口令白说了！哎呀，总而言之，童子，我知道你死得冤。但是你别跟着我。我把这个小姐的事情处理好，自然还你的心。听话，你跟着我也白搭，这天马上就要亮了，你出去一见太阳，会化成灰。

你赶紧在这儿待着吧。”

“哎，那你什么时候来？”

“我办完事儿就来！”

公子把嘴皮磨破，好说歹说把书童给劝住了，劝回了店房。然后公子带着公主就走出了房间。

店老板一看：哎哟！店老板傻了：昨天来的俩人，今天走的还俩人，但昨天来的是两个男人，今天走的是一男一女，这怎么回事儿啊？

公子沉着脸就把这个店老板给叫过来了，“店老板，你这个做生意法儿可不对啊，你知道这是谁吗？”

“啊，谁呀？”

“这就是几年前死去的公主！”

“哎哟，我的妈呀！”店老板说，“死去的公主怎么又出来啦？”

公子就把事情经过一说，“是她把我童子的心给挖了，她才成人了。但是我童子成鬼了。这间房子闹鬼你可没有告诉我呀。我告诉你，我现在要带公主见她的父王，然后让她父王起兵去抓那个城隍老鬼，要那个城隍老鬼还公主的心。等他还公主的心后，我们再把我的书童的心拿下来给我书童，我书童才能成人，但是现在我书童还是鬼。我告诉你，现在那个屋子还是鬼宅，如果说再有人进那个屋里住，恐怕悲剧还会重演。店老板，到那个时候，有苦主找你，一切事情你自己兜着。”

“哎哟哟，别价，公子，你一定回来呀，一定回来给那个童子把心安上啊！”

“这个不劳你担心，我肯定会的。不过，你可答应我，一定不能让人再住那个房间了！”

“啊，我答应，我答应，我再也不让人住了，再也不让人住了！”

“那好吧，另外，你给我找两盏红灯。”

"找红灯干吗呀？"

"我要把红灯挂在你那个店门的正中，这样一来，四方邪魔就不敢入店来欺负我的书童的阴魂了。这样就能保障我书童的阴魂的完整。"

"哎，好好好！"老板赶紧地给公子找来了两盏红灯挂在了店门正中。挂完红灯之后，公子带着公主一同上路去朝廷，去见皇帝。

那这个故事最后什么结果呢？民间传说中也没有，咱也不知道。说这故事的最主要目的是红灯的来历。据说，从那以后，人们每逢过年都要在门口挂一盏红灯，用来避灾驱邪。这样点年灯的习俗就传开了。

春节贴窗花、贴"福"

春节来临，民间老百姓还喜欢在窗户上贴各种各样的剪纸，俗称窗花。窗花不仅烘托了喜庆的节日气氛，也集装饰性、欣赏性和实用性于一体。

说起剪纸，在我国是一种很普及的民间艺术，千百年来深受人们的喜爱。因为它大多是贴在窗户上的，所以也被人称为窗花。窗花以其特有的概括和夸张手法把吉事祥物、美好愿望表现得淋漓尽致，将节日装点得红火富丽。

在贴窗花的时候，一些人家还要在屋门上、墙壁上、门楣上等等地方，贴上大大小小的“福”字。春节贴“福”字，是我国民间由来已久的风俗。“福”字指福气、福运，寄托了人们对幸福生活的向往，对美好未来的祝愿。为了更充分地体现这种向往和祝愿，有的人干脆就把“福”字倒过来贴，为什么倒过来贴呢？别人到自己家拜年，一看：“呀！你们家的福倒（到）了啊！”取这个口彩，表示“幸福已到”“福气已到”。民间还有把这个“福”字精描细做成各种图案的，那图案太多了，有寿桃，有寿星福字，有鲤鱼跳龙门，还有五谷丰登、三阳开泰、龙凤呈祥等。

春节的“年糕”及其他食品

除了贴的、挂的，到过年，还要做吃的。做什么呢？做年糕。年糕其实就是“年高”。再加上年糕有着变化多端的口味，便几乎成了人人必备、家家必有的应景食品。

年糕有黄的，有白的，象征着黄金、白银，寄寓新年发财的意思。年糕的口味也因地而异。在北京，人们比较喜欢用江米或黄米做成的红枣年糕、百果年糕或者白年糕；河北人喜欢在年糕中加入大枣、小红豆或者绿豆一起蒸食；山西北部、内蒙古等地，过年时候习惯吃黄米粉的油炸年糕，有的还包上豆沙、枣泥一起炸；山东人则用黄米、红枣蒸年糕。年糕南北差异比较大，北方的年糕以甜为主，或蒸或炸，也有人干脆蘸糖吃；南方的年糕则甜咸兼备，如苏州、宁波的年糕，以粳米制作，味道清淡。除了蒸、炸以外，还可以切片炒食或是煮汤。甜味的年糕则以糯米粉加白糖、猪油、桂花、玫瑰、薄荷、素蓉等配料，做工精细，可以直接蒸食或是沾上蛋清油炸。

除了做年糕以外，各地还有不同的过年食品。在山东地区，过年要蒸花糕，就是蒸枣馒头。蒸花糕一般在腊月二十七、二十八就开始了。花糕分好多种，有自己家平常吃的，叫“花鼻儿”“枣鼻儿”；有刻上花纹，供给老天爷玉皇大帝的，叫“花山”；有供给一般神的叫“花糕”。最后剩下那赖枣儿怎么办呢？团在一起，擀个饼一包，然后上面刻上花纹儿，蒸出来叫“看家馍”。什么时候吃呢？过年的时候不吃，一直要放到二月二。看家里谁还没有外出打工或上学，留在家中的那个人，基本这一年就在家了。在家干什么呢？在家看家呀。那你就把这个看家馍吃了吧。吃看家馍的人，牙口得好。怎么？太硬了。您想想，腊月二十八蒸的馒头，一直放到二月二，放一个来月，那得多硬啊。没好牙，吃不了看家馍。

弥勒佛造年跟扫把星打起来了

还有一些人家，在过年贴对联的时候，往往横批写着四个字“行夏之时”。什么意思呢？就是说中国的农历是从夏朝开始的，所以中国的农历又叫作夏历嘛。

相传，夏王治世，当时是风调雨顺，国泰民安，人们丰衣足食，安居乐业，日子过得非常好。可是，也不知道过了多少年，也不知到了哪个朝代，人世就乱起来了，人心不古了。天也四时不调，有时候旱，有时候涝，有时候刮大风，有时候下大雨。人也分了三六九等，有的穷了，有的富了，有的成了财主了，有的成了奴隶了。总而言之，人世间不平等开始了。

当时，一个村里有户财主，家里雇着几个长工。平时这财主对长工们呼来唤去，非常苛刻。

有一年，到了腊月二十三这天，吃过晚饭，人们要祭灶神。其中就有一个长工悄悄地跪在灶王爷面前祷告开了：

灶王灶王显显灵，

天要阴了就不要晴，

天要黑了就不要明，

您老大小给个病，

可千万不要要了命！

那意思说："灶王爷，您显显灵吧，要是天阴了，您就干脆别晴，为什么呢？一晴天我们还要干活。天要黑了别让它明，我们能睡觉。您大小给我来个病，我一有病就可以不干重活了。但是这个病你还不能给我来得太大，给我来个脑溢血的话，好家伙，躺那儿不能动了，那不行。哎，您行行好吧。"

长工的祷告，刚好被从这个地方走过的财主听见。财主心说：嗬！给我玩儿花样，啊？我给你们吃，给你们喝儿，背地里还这么祷告！哼！这财主等长工走了之后，他也进来跪在灶王爷面前，也开始祷告了：

灶王灶王显显灵，

天要阴了你就要晴，

天要黑了就要明，

要病叫他闲时病，

是忙时不误做营生。

这财主比那个小长工狠，他说："灶王爷，他不是让你显灵吗，你就显吧。天要是阴了，你就赶快晴，千万别阴久了。天要是刚黑了呢，你就要明，一明他们就下地干活了。他不是想跟你要点儿病吗？你完全可以答应他的要求，但是，你叫他闲时病，我放他假的时候你让他病。等到他忙起来的时候，你别让他病，别误了给我干活儿。"老财的算盘打得精明。

但这两个人求灶王爷的时候不好，正赶上他们家的灶王爷打瞌睡呢，没有听清楚，迷迷糊糊地记得什么"阴"啦、"晴"啦、"雨"啦、"风"啦、"病"啦、"痛"啦等这几个字。

灶王爷一看，时间不早了，得上天向玉皇大帝汇报工作。他心里一直惦记着财主和那个小长工祷告的事儿。

见到了玉皇大帝，玉皇大帝问："你们家今年怎么样呢？"

这灶王爷二话没说就奏道了："启禀陛下，小神有一事申奏。哎呀，您到下界看看吧，现在人间都没法待了，我都不愿意待在下界了。为什么呢？人间是阴阳错乱，风雨成灾，人们没办法生存了。您应该赶紧派一位大仙儿去治理治理。你看看这人间不是风，就是雨，不是疼，就是病，总而言之，哎哟，乱糟糟的。您要是再不去治理呀，嗨嗨……人间那真得就没法待了！"

"嘶……哦？"玉皇大帝闻听此言不禁大吃一惊，"此话当真？"

"当真啊！"

"不假？"

"哎哟，我骗你干吗呀？您看看去，不假！"

"嘶……哎呀。"玉皇大帝心说：要果真如灶王爷所讲，那人间真太乱了。

他立刻召集了天宫中所有的神仙，当众把灶王爷反映的事情给大伙儿讲述了一遍。然后玉皇大帝说："我要派一位神仙下界，到民间去看一看，管理管理民间的衣食住行。各位，你们哪个愿意下界啊？"玉皇大帝问了一遍，没人答言。"各位，哪位愿意下界为朕分忧呢？"问了二遍，没人吭声。玉皇大帝心说：怎么了这是？"难道没有一个人愿意为朕分忧的吗？"问了三遍，没人言语。

怎么了？这些神仙一想：谁去呀？我们都是从人间过来的，我们从人间也当过人，我们经过修炼，经过苦练，受的那个罪，吃的那个苦，历经了多少劫难啊，才羽化成仙了。哦，现在还让我们去管理人间啊？谁去呀？你也不是没在人间呆过，你看看那人间，那是神仙待的地方吗？一个个勾心斗角、尔虞我诈。为了当官，在暗地捅枪；为了赚钱，坑蒙拐骗……谁管得了那个呀？这个差事，哼哼，不是个美差。办好了没人说你好，办歹了大家都笑话你。劳心劳力，还没有什么油水挣。管理人这个事儿那是最难的。嘿，谁爱去谁去，我是不吭声。这些神仙都抱有这么一个心理，所以，没一个言语的，没一个接茬的。

玉皇大帝一看这个情景，有点儿不高兴了，“呱嗒”脸往下一沉：“哎？各位，平常你们在天上身为神仙，可以说是心无挂碍，悠然自得，怎么？我在天宫就白养活你们几个了，啊？难道说朕现在有忧愁，就没有一个为朕解忧排难的吗？没有一个肯下界去管理民间的衣食住行的吗？是你们不愿意去呢？还是你们根本就没这个能耐呢，嗯？”

甭管玉帝怎么问、怎么说，这些神仙把眼一塌眯，爱怎么着怎么着。“您说什么都没用！您说点儿实际的，我们到人间，您涨不涨工钱，给不给奖金，分不分住房，啊？你得提这个，光提虚的……谁给你排忧去？谁爱去谁去！”最终还是没人答言。

嘿！玉皇大帝这下子火就压不住了。刚想发火，就这个时候，突然听到南天门外有人是哈哈大笑，“哈哈哈哈……哎呀，玉皇大帝呀，不必发愁，不必着急呀，哎呀，诸神退后，这差事儿你们不干，老和尚我干啦。哈哈哈哈……”这人说得挺乐呵，笑着就进来了。

大家甩目一看，从外边飘进一个大和尚来。这个大和尚像半截塔似的，长的身材高大。不仅身材高大，就这个和尚大脑袋、大耳朵、大鼻子、大嘴叉子，尤其那个肚子，比一般的神仙得大出八号去，自己都摸不着自己的肚脐眼儿。袒胸露乳，光这个肚脐眼儿就有茶碗口那么大。腆着大肚子，胖乎乎的，眯缝着一双眼笑哈哈的。谁呀？原来是东来佛祖弥勒佛。

弥勒佛心胸宽，度量大。您到寺庙里看看，弥勒佛大殿外面贴着那对联，上联写的是：“大肚能容，容世上难容之事。”下联配的是：“开口便笑，笑人间可笑之人。”横批：“心宽体胖！”

弥勒佛从来没什么烦心事儿，总是那么乐乐呵呵的。平常也没事儿，就在天宫到处游玩。今天正好走到了南天门外，就听见从灵霄宝殿之上传来玉皇大帝一阵阵的质问之声。哦，一听玉皇大帝要找人下界呀，那好办。没人接旨，我来呀。我正觉得无聊呢，正好我接这个旨意，下界给人间办点儿好事儿，这何乐而不为呢？所以弥勒佛说了：“你们不愿意接旨啊，我愿意接这个差事。玉皇大帝，你给我吧！”

玉帝一看是弥勒佛，又肯接旨，非常高兴，“哎呀，弥勒佛爷，这个，你不是我的臣子啊，你归西天如来佛管哪。你要是下界，如来佛祖能不能怪罪我呀？”

“哎，”弥勒佛说，“佛陀那个人你不知道，他比我的度量大得多。他根本不往心里去，人家四大皆空。您不必担心这个，把这个差事儿交给我，您擎好吧！我准保把这个差事儿办的是利利索索的，舒舒坦坦的。我要把人世间变成一个和谐社会！哇哈哈哈哈……”嗬，弥勒佛愿望挺大。

“嗯！那好！那好！”玉皇大帝一看弥勒佛愿意接旨，自然是高兴。一来，弥勒佛人家确实有能耐，他接这个旨意肯定办不差；二则，现在没一个神仙肯接旨的，在灵霄宝殿之上给这玉皇大帝来了个烧鸡大窝脖儿，窝那儿了。

玉皇大帝好悬没下不了台。正好弥勒佛给了一个台阶下，那玉皇大帝还不顺坡下驴吗？因此，主皇大帝痛痛快快地说：“好吧！那朕就答应了。就烦劳佛爷您下界走一趟吧。”

“好说，好说。嗯……不过呢，玉皇大帝我有个条件。”

“什么条件？您尽管提。”

“我这个条件就是您既然把这个差事儿派给我了，那么我办这个差事的时候，用着哪个神仙，你必须让哪个神仙听我的话，随着我走，配合我的工作。您看怎么样？”

“可以呀！”玉皇大帝心说话：怎么的？刚才我请谁谁都不动，现在我不请了，我硬派！“当然可以了。弥勒佛，如果你到人间需要哪个神仙，哪个神仙如果不听你的话，不听你的命令，你告诉朕，朕为你做主，朕要以天条处分！”嗬！玉皇大帝可出了心中一口恶气呀。心说：弥勒佛呀，你多给他们找差事儿，啊？这些神仙在天宫中都腐败了。这都是天宫之中政府内部人员太多，下一步我就要减员增效，把那些尸位素餐者，不办实事还占着位置者，像这些神仙，我全给他撸了。“同意你的要求，不光同意你这个要求，你为了办这件事情遇到什么困难，提什么要求，朕无不同意。做事儿嘛，为老百姓做点儿事儿，怎么那么困难呢？！弥勒佛爷，您甩开膀子干吧！朕挺你！”嗬，玉皇大帝拍着胸脯“啪啪”的。

“那好，既然玉帝支持，这件事情就好办了！咱回头见，我马上办理此事。”

“回见！”

“拜拜！哈……”弥勒佛笑着离开了天庭。

到了人间一看，人间确实有点儿混乱。弥勒佛心说：得了，这人干了三百多天了，太辛劳了，该放放假，享乐享乐了。让大家能够休息休息，吃好的，穿点好的，不干活了，这人自然都没那么多毛病了。行了！他施法术，第一件事儿，就是让人过一个痛痛快快的年。在过年的时候，要吃好的，穿好的，不干活。于是乎，人们便遵照弥勒佛的意愿，全家老小忙活开来了，那真是“逢集上会办年货，实打实地忙开了”。

弥勒佛为了春节过得好，还给人间专门拉出了一个过节的节日单。什么“二十三祭灶官，二十四扫房子，二十五磨豆腐，二十六蒸馒头，二十七买东西，二十八把猪杀，二十九打黄酒，年三十儿吃饺子儿！大年初一撅着屁股乱作揖……”把每天要干什么都列好了。

同时，弥勒佛还把各路神仙都给请来了，说："你们也都活动活动吧。尤其你看，你这寿星胖成那样了，脑袋都起包了，你活动活动，对吧？到人间给那些有德之人增点阳寿；还有禄星，给那些有才之人，降降禄运、官运；财神，你也别骑着老虎满天转悠了，你也给人间那些贫苦的家庭，拨拨款，扶扶贫；福星，你也下界降降福；药王爷，您老也别待着了，赶紧下去，看谁家有病人，给人家治治病……哎哟，那位，你过来，你过来，你过来……瘟神，您可别乱跑啊！您这两天就在天上待着，千万别到人间，人间都过年了，你一到人间，不是非典，就是禽流感，再不然来个埃博拉，那玩意儿受不了！您在天上待着啊！"

就这样，弥勒佛把各路神仙都请到了，让这些神仙到人间给人施福。让人间到了大年初一，或者除夕这一天，也要摆上天地桌，设上神鬼码儿。干什么呢？得把这些神仙接下去呀。

尤其，让人们到了大年初一这天，起五更放鞭炮，穿戴整齐，互相祝贺，尽情吃喝玩乐。同时，还要走亲访友，大家别在家里猫着了，走一走朋友吧，走一走亲戚嘛。大家这一年忙工作，老打电话也不行，见个面儿，大家吃吃饭，增进增进感情嘛，对不对？这样，有什么矛盾也好消除，来年有什么工作也好开展。另外，上上坟，祭祭祖，不要忘了老祖先嘛。

这样一忙活，一过年，人们欢天喜地的，人间还真就太平无事了。

弥勒佛上天见到玉皇大帝："您下去看看，现在人间怎么样？您去看看，看看我工作做得如何？"

"我看看。"玉皇大帝拨开云头，俯视人间。一看，哎哟，这人间太好了，到处是张红挂绿，一片欢乐的景象。大家一个个喜气洋洋，见面儿全说拜年话，什么乱糟糟的情况都不存在了。嘿哟，玉皇大帝心里一高兴，把大拇哥一挑："哎呀，还是弥勒佛爷您有能耐呀！"

"嗨，不能这么说，您过着看，管保这人间是一天胜似一天！您擎好吧。”

“那好，我过着看。”玉皇大帝也来兴致了。

就这样，过了初一挺好；过了初二走娘家的、省亲的，挺高兴；过了初三、初四，都很好；到初五这天麻烦了。怎么？弥勒佛正在庙里待着呢，想想这两天干得不错，正偷着乐呢。突然间，就听见庙院里吵吵开来了，还是个女的，“那个笑和尚，笑秃驴！你给老娘出来！你今天不把这件事情给我说明白了，老娘就不走了！弥勒佛你给我出来，我知道你在庙里呢，你要不出来……”嚯！就这位这张嘴像机关枪似的“哒哒哒……”

谁呀？弥勒佛在庙里就一皱眉，愣是给吵出来了。弥勒佛来到庙的院里一看，倒吸了一口凉气。弥勒佛那是个多乐呵的佛爷呀，从没愁眉苦脸过，为什么老百姓特别喜欢弥勒佛呀？因为人家弥勒佛整天就是乐乐呵呵的，谁看见谁都心情舒畅。但是这回，弥勒佛一看院中站着的那个人，再看弥勒佛那脸“呱嗒”撂下来了。怎么？没笑模样了。弥勒佛心说话：我的娘哎，这位怎么来了？

就见在院儿里站着一位恶老太太，嗬，长得是皮包着骨头，一张黄脸，真应了那句词儿——黄脸婆！满脸的横丝儿肉，鹰钩鼻子，刀子嘴，长得是要多凶恶有多凶恶，满嘴往外喷唾沫星子，正在那儿骂呢——整个儿一泼妇！

弥勒佛一看，谁呀？认得，还真不是外人，自己的一位好朋友的老婆。自己这位好朋友在天上的人缘儿非常好，姓姜名尚字子牙。哦，敢情是姜太公的老婆啊？那可不！就是姜子牙那个老婆，在天上官拜——扫帚星，就那“倒霉疙瘩”。她怎么来了呢？这事儿还真就怨弥勒佛。

原来弥勒佛不是请了很多神仙下界吗？大年三十，把什么禄星啊、福星啊、财神啊都请下界去了。忙中出错，唯独落了这位扫帚星。其实，说实在话，也不是落下的。您想想，老百姓都请财神，请禄神，请福星，请寿星，谁请家里一个倒霉疙瘩扫帚星呀？晦气不晦气啊？所以，弥勒佛安排神仙下界的时候，根本就没考虑这个扫帚星。哎哟，这下子可捅了马蜂窝了。您想想，这扫帚星，姜太公的老婆，谁惹得起？就那张嘴，在天宫那是头把交椅！天上这些神仙，包括玉皇大帝在内，没有一个不被他骂过的。曾经有一回，这扫帚星跑到灵霄宝殿指着玉皇大帝破口大骂，把玉皇大帝没鼻子没脸骂了一个狗血喷头，玉皇大帝吓得大气儿都没敢吭！这一次没把人家给请上，那不挑理吗？

扫帚星早就听说弥勒佛要请神仙下界了，哎哟，扫帚星开始还挺高兴，在家里抹眉儿、着粉儿、画脸儿、带花儿。怎么呢？打扮打扮哪，我也到人间转转啊，我也给人间降降福啊。结果，左等弥勒佛的请柬没到，右等弥勒佛的请帖没来。怎么回事儿啊？延期了？

派人一打听，人家说了："扫帚奶奶啊，嗯……神仙都下去了。"

"啊？！"扫帚星一听："什么？都下去了？那怎么没通知老娘呢？"

"哎哟，这不知道啊，可能名单儿上就没有你吧？嗯，听说那瘟神也没叫他下去。"

"我能跟瘟神比吗，嗯？瘟神算什么玩意儿？好你个弥勒佛呀！哦，他们是神，老娘我都不是神了吗？啊？你简直是目中无神，目中无仙。我就不是神仙？你凭什么不请老娘？我找你辩理去！"

嗬，这扫帚星叽里咕噜的，一路骂着街，就来到了弥勒佛的庙宇之中了。怎么还"叽里咕噜"的？啊，扫帚星有个毛病——眼神不好，地上略微有个什么石子、砖头块什么的，就能给绊倒了，所以一路"叽里咕噜"摔着跟头，摔到了弥勒佛的庙中。路上还碰上了不少的神仙，这些神仙一看：哟嗬，扫帚星今天跟谁呀？这是骂谁呢？上谁那儿去呢？咱们看看去。敢情这神仙也有好看热闹的、爱八卦的，尤其什么电母啊、风婆婆啊、骊山老母啊、龙吉公主啊、七仙女儿啊……像这些女神，对家长里短的最为关心，远远地在后面也都跟过来了。

扫帚星来到弥勒佛的寺庙之中就开始骂呀，一看见弥勒佛出来了，更了不得了，又是撒泼，又是打滚儿，坐在地上哭天抹泪，这顿骂呀，什么难听骂什么，最后站起来要跟弥勒佛拼命。这把弥勒佛给吓得抹头往大殿中就跑。扫帚星哪能饶过弥勒佛？跟着就进了大殿之内了。到了大殿之中，她"喤啷"把弥勒佛的供桌也掀了，"呲啦"把弥勒佛的帏帘也都撕了，"呱唧呱唧"把弥勒佛的供品也都踩了，"咣当咣当"把弥勒佛的香炉也给摔了。总而言之，扫帚星把大殿之中的神器砸了个稀里哗啦，弄了个乌烟瘴气。

再看弥勒佛，也笑不起来了，眼眉也耷拉下来了，嘴角儿也撇下来了，就差哭了。"哎哟，大嫂，大嫂你听我说呀，你听我解释啊，你这是怎么啦？"

"完不了！弥勒佛我告诉你，今天完不了。你不派老娘下界，你这是瞧不起老娘。你这就是在毁坏老娘的声誉！我告诉你，你今天得给老娘来个名誉赔偿！"好家伙，这就叫作：当弥勒佛遇到了扫帚星，再乐呵的弥勒佛，这一次也乐呵不起来了。扫帚星在弥勒佛寺庙里这顿撒泼，是不依不饶。"你得给我赔偿名誉，你得给我恢复声誉，我在这天宫中是没法混了，我这个脸全让你给我丢尽了。这要是传出去，你弥勒佛把那些神仙都给派到地下去了，你不把我派下去，那我算什么？我没法活啦啊啊啊……呃……"这哭都带倒拉钩儿的。

"哎哟哟哟，好好……"弥勒佛一看惹不起，"哎哟，大嫂哎大嫂，你再哭我也哭啦。我赔偿，我挽回损失，我补救好不好？"

"你怎么补？"

"来年……"

"来年不行，来年晚了，来年我上哪儿找你去！来年是不是还是你当值？来年要是换届呢？到下一个领导班子，一推六二五，不认账了。不行，就今年！”

“我，今……今年这，这……今年都过去了，到初五了！”

“初五怎么了？初五就初五！怎么？你不同意啊？你不同意，我接着砸！”

“别砸！别砸！就初五，就初五！不过初五咱怎么过呀？”

“怎么过？人家初一怎么过的？初一那些神仙下界的时候，你让老百姓放炮，让老百姓吃饺子，初五也得这样。你怎么着也得给我放几个炮，吃几个饺子！”

“哎呀，嫂子呀，您看看这老百姓，人家的生活那也不富裕，人家都已经放过炮了，都已经吃过好几顿饺子了，您再让人家放炮，再让人家吃饺子，这个……哎呀，说不过去，是不是？这样吧，咱换个形式，嗯……让他们跳大神儿，你看怎么样？”

“少来这一套！跳什么大神儿啊？跳大神儿那是什么神仙啊？那是狐狸精黄大仙儿，我是什么神仙啊？我是正神！就得放炮！就得吃第二遍饺子！”

“哎呀，你看人家已经放过一次炮了，吃过几顿饺子了，人家已经破费过一次啦。”

“哦，破费一次，那就不能破费第二次么？我告诉你，这叫促进消费，促进经济繁荣！他们不是破了一次了吗？到了初五这天，再让他们破费一次！我告诉你，弥勒佛，这初五你让他们破费了还则罢了，你要是牙崩半个说不字，弥勒佛哎，你今天可把老娘得罪到家了。我告诉你，你知道什么后果吗？我以后就不跟着姜子牙了，我以后我就住到你庙里了，我就在这里住下了。我天天吵你，日日骂你，我把你这庙里搅和得鸡犬不宁。我让你那个老是笑着的嘴笑不起来，我让你哭，你信吗？！”

“我信！我信！我太信了！姑奶奶！”弥勒佛一想：惹不起啊惹不起！

得了，图个心静，不就是再破费一次吗？“行行行，嫂子，只要你不再缠着我，破费几次都行啊！不就是初五吗？我就让人们再为你放几个炮，包一次饺子，破费一次吧！”

为什么初五叫“破五”啊？敢情就这么破的——破费一次。

“哎，这还差不多，我告诉你弥勒佛，打明年开始，大年初一这一天得一视同仁，老娘我也得跟什么福星、禄星，一起下界到人间去，给老百姓祝福！”

弥勒佛一听：什么？你到人间给老百姓祝福？哎哟，得了吧！明年啊？明年这差事儿我不接了！“哎，嫂子，明年你爱怎么着怎么着，那是玉皇大帝的事儿。他要是同意您到民间，您就去民间，我管不着。”

“他怎么了？你以为我怕玉帝佬儿啊？我告诉你，玉皇大帝见到我，他也得毛爪儿！”

“我信！我信啊！谁敢惹您哪？姑奶奶！”

这扫帚星说到还真做到。到了第二年的初一，她也跟着什么福星、禄星、财神一起下界去了，说给老百姓祝福去了。那位说：“玉皇大帝怎么不管管啊？”管不了！玉皇大帝也不敢管她呀！好家伙，你不让她下人间，大年初一在灵霄宝殿之上跟自己闹一通……得了，连她老公姜子牙都管不了，我也管不了啊！玉皇大帝心说：爱上哪儿上哪儿去。

所以，每年的大年初一，这个姜子牙的老婆扫帚星，也下界到人间来。

她会降什么福啊？她到谁家谁家倒霉，到谁家谁家今年走背运。那怎么防止她到人家家来呢？后来也不知道哪个神仙冒着生命的危险，给人间的老百姓说了一个事儿。什么事儿呢？就说扫帚星她有个缺点，有个毛病——眼神儿不好，走路爱摔跤。走哪儿脚底下多少有一个米粒儿大的石头，都能绊倒，都能摔个跟斗。所以老百姓为了阻止这位到自己家里来，每年到大年初一都要在院子里撒上芝麻秆。干什么呢？就为了把这扫帚星给绊倒了，别进自己家里的门。一直到现在，在我国的县城、农村或者是有院儿的家庭，每到大年初一这天，还在院落里撒上芝麻秆，就为了防止扫帚星入户。

弥勒佛答应了扫帚星的要求，扫帚星站起来“扭搭扭搭”走了。“哎哟，我的妈呀！”弥勒佛长出了一口气，心说：我真佩服我那位老哥哥姜子牙，娶了这么一位老婆，受了受不了啊？哎呀，答应这位的事儿还真得办，你不办，还真惹不起。得了！他施法术就让人间在初五这天包一次饺子，放几个炮声。

哪料到人间这几声炮声传到天宫中又惹事儿了。惹什么事儿呢？正赶上玉皇大帝正在那里下棋呢，突然间听到人间有炮响。

“哎？”玉皇大帝当时就一愣，“嘶……怎么了这是？人间莫非出了什么事儿了吗？”跟玉皇大帝下棋的正是财神爷。玉皇大帝就对财神说：“你下界看看，这是怎么啦？”

财神说：“我刚下去没几天，你就把我招上来了，怎么又让我下去呀？”

“哎，让你下去你就下去，看看人间是怎么了？要是没什么事儿你再上来呀！”

“那我下去了。”财神下界了。到人间一看：嚯！到处都是香锞纸马，给自己供奉的一些好东西。本来财神初一下界就吃了一通，但是没吃好。怎么没吃好呢？初一那天下界的神仙太多了。哦，他一看今天初五还有那么多好吃的？哎哟，新包的饺子啊，都是给我包的？好啦！财神一高兴就忘了回去了，在人间自己眯起来了。

玉皇大帝左等也不来右等也不到，嘶……怎么回事儿啊？他又派仓官下凡了。仓官是谁呀？是专管仓库的神。仓官下到人间一看，家家户户堆满了馒头，用馒头供香。“哎哟，这是给我上的供啊！”他也不愿意回天了。

就这样，玉皇大帝接连派了几位神仙下凡，都没有回音。一晃半个月过去了，玉皇大帝一个神仙也没等回来。哎？玉皇大帝心说话：这些神仙都跑哪儿去了？我亲自到人间看看。玉皇大帝就亲自来到人间查看。到了人间一看，就见人间的老百姓一个个穿着崭新崭新的新衣，吃着白面大米加肉菜，什么活儿也不干，什么事儿也不做。哎呀，玉皇大帝一看：这还了得！哦，这人间都这么下去，好吃懒做，那能吃几天啊？“哎，把那个弥勒佛给我唤来，怎么回事儿啊？”于是随从就把弥勒佛找来了。

找来弥勒佛后，玉皇大帝一问：“我说弥勒佛爷，我让你掌管民间诸事，谁让你竟让人吃好的穿好的，不干活啦？你说现在这些人，都养成……这不资产阶级了吗？这哪儿行啊？你怎么搞的？”

“哎，”弥勒佛乐呵呵地说，“陛下啊，您说这话可就不对了。您让我管人间的吃穿住行，说让人间喜气了，和睦了，和谐了，不闹事儿了，稳定了，就行了。可并没说让我要这些人都干活儿呀，对不对？”

“这……”弥勒佛一句话说得玉皇大帝也闭口无言了。玉皇大帝一想：也对！确实自己也没说过这个前提。既然已经这么办了，那也不能说念完经就打和尚啊？吃饱了打厨子？能那样吗？不过，这样也不行啊，人老是光吃光喝不干活，这人世间还得乱呀！“得了，”玉皇大帝最后说，“既然这么办，那往后每年也只能有此一次。有这么一段时间，让人吃点好的，穿点好的，不用干活儿。但是开春儿以后，那一定要下地干活儿。”

弥勒佛说：“那是以后的事儿了，我就管不了了！反正是我把这两天给安排好了，人们每年到了这几天都会按照我的日历行程安排他们过年。”

所以，从那以后便留下了一个旧历，一年只过一次春节。

由于弥勒佛给人间做了这么一件好事儿，所以一直到今天，在各大寺庙中，或者是一些人的家里，还都供奉着弥勒佛的神像，人们打心眼儿里喜欢这个笑口常开的大和尚。

这又是一个关于年的来历的一个传说。

初一占鸡

在过去，正月初一叫作“占鸡”，为什么叫占鸡呢？传说女娲造人不是一下子就造出来的。在第一天造出来的不是人，是鸡。所以正月初一要占鸡，谐音为吉日。

鸡在我国古代是一个吉祥的动物，有“五德之禽”的称谓。头上有冠为文德，足后有距是武德，逢敌敢斗是勇德，遇食相呼是仁德，天明报晓是信德。所以在古代的初一是禁止杀鸡的。不仅要禁止杀鸡，清早起来，还要喂鸟、放鸟，以求吉星高照。

这一天要忌做蒸、炒、炸、烙，这些炊事活动，也就是说蒸菜、炒菜、炸菜、烙饼，这都不行。当然现在就不管那一套了。那为什么古代不叫做呢？因为“蒸”与“争斗”的“争”谐音；“炒”与“吵架”的“吵”谐音；炸，可能这个来年家里像炸了锅似的，不好；烙就是往下落（lào）呀，也

不好。其实，这是无所谓的忌讳。春节嘛，老一辈儿的人都有很多的忌讳，忌吵闹啊——你不能大年初一打架呀、骂人啊，那都不行。大家都知道，大年初一掉地上把盘子、碗给打碎了，那也不能叫打碎了，赶快说“岁岁（碎碎）平安”来消灾化吉。街坊邻里、同事之间，不管上一年有什么不愉快的事，只要是初一这天见面了，也要互相道喜，就应该消除一切矛盾来重新开始。为什么叫“过节”？那就是把这个节过去了，一切从头开始。

第六章

大年初二
——姑娘省亲、岳丈迎婿、娇客进门喽……

回娘家有啥忌讳，女婿和老丈人的那些事儿……

大年初一过完之后，就是初二了。初二有什么习俗呢？从古至今，不同的区域、不同的时代，有着不尽相同的习俗。《燕京岁时记》中记载："初二日，致祭财神，鞭炮甚夥，昼夜不休。"也就是说在那个年月有很多人在正月初二祭财神。祭财神的时候要用公鸡、活鲤鱼、猪头，还有酒、松柏枝等。当然这个习俗是那个年代的，而且流传的区域并不广。到了现在，估摸着正月初二一般的家庭都不会祭财神。那正月初二干什么呢？正月初二可是个重要的日子。如果说正月初一拜年是礼仪性的习俗，那么正月初二的拜年，就是一个实质性的习俗。怎么这么说呢？您看，大年初一，大家拜年，甭管见到谁，朋友也好，亲人也好，甚至冤家也好，都得说拜年的话，都得祝愿新春快乐，恭喜发财，其实是不是真心真意，谁也不去考究。但是正月初二可就是个实质性的礼仪了。因为正月初二出嫁的女儿要归宁省亲，俗称回娘家。而且丈夫也要陪同自己的妻子一起前往，去看望自己的岳父岳母——老丈人、丈母娘。所以大年初二俗称"迎婿日"。就是说初二这天是老丈人迎接女儿、女婿的日子。

为什么不叫"迎女儿日"而叫"迎婿日"呢？那当然了，因为女婿是客嘛，娇客，您可别以为这就是文学名词。咱们民间有些地方也都这么称呼，比如山东一些地方，尤其是鲁西南一带，您去转一转，那个地方有不少的人管女婿叫客（当地人读 kēi，"客"的转音，地方话），大女婿叫"大客"，二女婿叫"二客"。还有很多地方把女婿叫"姑爷"，您看这个称呼也很尊敬。甭管是同辈，还是长辈，老丈人都得喊女婿"姑爷"。他怎么那么厉害，称"爷"呢？其实，这个词是由姑娘衍生过来的。过去大户人家的女孩年岁稍长，就会被丫鬟仆人们称为姑娘。之所以称“姑”这是指着小辈叫的，就是指着这女孩的侄子叫的——“他姑”。姑娘，在古代就是“姑妈”的意思。父亲叫自己的女儿“姑娘”，其实就是说“他姑娘”，是指着自己孙子叫的。那么叫女婿“姑爷”，其实就是说“他姑爷”，也是指着自己孙子叫的。不过这里的“娘”“爷”都应该读轻声，不能读重了。您看，姑爷这么尊贵，大年初二来家了，那老丈人能不迎么，所以叫“迎婿日”。

对于嫁出去的姑娘来说，更加重视正月初二回娘家了。到这一天，不管路途多么遥远，交通多么不便，出嫁后的姑娘都得想方设法在当天赶回娘家去给父母拜年。这样做既是对娘家父母的尊重和孝顺，更是彰显姑娘出嫁后的幸福和荣耀——让父母看看，我现在过的多好，你们就放心吧，丈夫对我好，孩子也孝顺，你们老两口平常没事儿也可以给街坊邻里显摆显摆。同时，更重要的也象征着新的一年这个大家庭美满幸福。

回娘家，必须是夫妻同行，携儿带女。说我单身回娘家吧，这在过去是不允许的，娘家人认为这是一种不吉利的行为。所以，过去的闺女，宁可不回去，也不能独自回去。现在不一样了，交通便利了，也没有那么多讲究了，随时都可以回去。都有空，大家一起回去；没空，女儿独自回去，也没啥。当然，咱们还是提倡大家找空闲，找点时间，领着丈夫孩子，回家看看。这样，父母也必定高兴。

初二回娘家的风俗

过去年初二这天讲究很多。在北方的一些山区里，年初二回娘家就有很多规矩。姑娘要是这天回娘家，必须要在娘家住一夜，年初三上午吃了早饭才能离开。而且有严格的规定，夫妻俩人年初二在娘家住宿，禁忌同床共枕。这种习俗，一般在女儿出嫁前，母亲就悄悄地告诉闺女了。等到女儿出嫁后第一年回娘家，母亲还会专门地悄悄叮嘱女儿。怎么会有这样特异的禁忌民俗呢？据说，这个民俗始源于一个故事。

很久以前，大年初二，有家姑娘和女婿带着儿女到娘家来拜年。老丈人、丈母娘看到姑娘、姑爷来了，非常高兴，早就准备好了酒宴。全家人坐在一起，尽情地吃喝。翁婿二人多日不见，也高兴，这酒喝起来就停不住了，一杯接着一杯，最后喝迷糊了。当晚，小夫妻俩就住在娘家了。

睡到半夜，女婿醒了，到外边小便。回来的时候，酒喝多了，糊里糊涂，他摸错门了，跑到老丈人房间去了，到床上倒头就睡。这位说，床上的老丈人呢。巧了，他也起夜，他前脚刚出门，后脚女婿就进来了，俩人还走岔路了，所以互相都没碰上。更巧的是，老头解完手，迷迷糊糊往回走，他也喝多了，结果他也走错房间了，跑姑娘那屋里去了，倒头就睡。

第二天，天一亮，好嘛！闹笑话了，丈母娘一看身边睡着的是女婿。老头呢？在姑娘屋里酒还没醒呢。家里闹了个大笑话，街坊邻居都知道了，成了笑谈。这气得丈母娘了不得，于是就做了个规定——以后你小两口正月初二再来的时候，不许你们同床共枕，以免再出笑话。

但是，风俗却是各地方不尽相同。您看在这北方一些山区规定年初二，姑娘女婿必须在娘家住一夜。南方潮汕地区人们的习俗则正好相反，大年初二晚上不能够住在娘家。潮汕地区的百姓把正月初二称为“食日昼”。“食”就是吃啊。“日昼”就是白天啊。“食日昼”顾名思义，就是只吃中午饭，女儿必须在晚饭前赶回婆家。

女儿们初二归宁省亲时随身带的礼品，在古代又名为“带手”或“伴手”。咱说了，在这一天，所有的女婿还都要陪着自己的老婆到老丈人家去，老丈人为了迎接女婿和女儿的到来，也会摆上一桌丰盛的酒席。这个时候，平常不常见的姐夫、妹夫这些连襟，都能够聚在一起，和老丈人坐在桌前，一块儿同斟共饮，共吃团圆饭。在酒席宴上，不免是高谈阔论、欢声笑语。也正是因为如此，所以在我国的民间有关于女婿给老丈人拜年的故事，可以说是数不胜数。在每个地方、每个区域都流传着女婿给老丈人拜年的不同版本。咱们从中挑选一个给大家讲一讲。

三女婿拜年

这个故事发生在什么时候和什么地方，已经无从考证了。反正就是有个地方住着一位员外，家衬人值，使奴唤婢，非常富有。这员外有三个姑娘，都已经出嫁了。大姑娘嫁了一个文官，二姑娘嫁了一个武将。可以说这俩姑娘嫁得都非常的风光，大姑爷、二姑爷有权有势，过得也富足。唯独三姑娘从小看上了一个大老杆。什么叫大老杆呢？就是种地的农民。她要嫁给农民。员外开始是坚决反对："我的闺女怎么能够嫁给一个大老杆呢？不行！"可员外不同意也白搭，架不住爱情，人家俩愿意，自由恋爱。三姑娘说了："我非他不嫁！你要不让我嫁给他，我就当尼姑去！"员外最后没办法，爱咋地咋地吧。就这么，三姑娘就嫁给了农民了。

对于这门亲事，不仅员外觉得有点丢人，就连这位员外的大姑爷、二姑爷也觉得脸上无光：哎呀！我这小姨子嫁给谁不行啊？嫁给有钱的，嫁给有势的，我们脸上也有光啊，跟周围的同僚聊起家庭的时候，我也说得起话呀。结果……嫁给一种地的庄稼汉！哎呀！让我们的脸往哪儿放，这面子往哪儿搁呦！所以，这俩姑爷对三姑爷可以说从骨子里头看不起。平常，老大老二家跟老三家根本不走动。

这三姑爷也有骨气，你们看不起我啊？哼！我还看不起你们俩呢！有什么呀？做文官的大姑爷，不为民做主，收受贿赂，贪赃枉法；做武将的二姑爷也不是什么好玩意儿，统兵带队，什么都不懂。要论喝酒吃肉，一个顶俩。整个一对腐败分子啊！糟蹋我们老百姓的钱粮。不跟我家走动啊？我还懒得跟你们走动呢！所以，大姑爷、二姑爷，人家两家往来非常密切，和三姑爷基本没什么往来。

但是，再不往来，到了正月初二这天，不能不见面，都得上老丈人家给员外拜年啊。不仅要见面，还得在一个桌上吃饭呢。大姑爷、二姑爷满心腻歪，不乐意跟三姑爷同桌吃饭，觉得坐在一起，跌分儿！他一个种地的大老杆，能和我俩官宦平起平坐么？坐在一起吃饭喝酒、称兄道弟？这……哎呀！这简直是我们的奇耻大辱啊。但是，不跟人家坐一桌儿也不行啊，都一块儿拜年嘛，一块儿吃饭，哪能跟人家不在一个桌上吃啊？要想不在一个桌儿上吃，那必须得有“外科”的手段。所以，每年这大姑爷、二姑爷总是想弄些什么诡计把三姑爷赶下桌去，别跟自己在一桌儿吃饭，但一直没有得逞。

今年又到了初二了。大姑爷带着大姑娘坐着轿，让人抬着八抬重礼来到老丈人家。二姑爷骑着高头大马，后面带着马拉的轿车，轿车上坐着二姑娘，抬着美酒方肉、丝绸锦帛，给老丈人来拜年。三姑爷呢？人家两口子骑个小毛驴，三姑娘挎着个笆斗子，里面装着菜馍、枣馍，三姑爷扛着一个大猪头，手里抓着两只鸡，给老丈人家也来拜年来了。三位姑爷就这样在老丈人家会面了。

老丈人虽然说对三姑爷也看不上眼，但是看在三姑娘的面子上，也不好说人家三姑爷什么话呀？人家毕竟给自己拜年来了，也带着礼物。于是员外笑笑呵呵地把三姑爷迎到了堂屋。到了堂屋一看，嚯，老丈人早已经摆下了一桌丰盛的酒席。大姑爷、二姑爷都已经坐下了，三姑爷一看赶紧过去拱手施礼：“哟嗬，大姐夫、二姐夫早到啦？”

“啊！”

“我给二位拜年啦，祝二位来年官运亨通，大发财源。”

大姑爷、二姑爷看看三姑爷微微一笑：“哎，同喜同喜吧。我们俩也祝

三妹夫明年粮食丰收，鸡鸭成群吧。”

三姑爷一听：“哎哟，托福托福。”

老丈人说：“老三家的，你甭站着了，赶紧地入席吧。入了席，大家好吃饭。来来来，把酒斟好，把酒斟好啊。哎，快快快，坐下坐下坐下……”老丈人还真不错，招呼着三姑爷坐下了。

大家都入了席了，大姑爷看看二姑爷，二姑爷瞅瞅大姑爷，两个人对了一下眼神儿，那意思是：咱们该开戏了啊，老三可来了，咱们不能跟他同桌，今天无论如何也得把他赶出去。闹了半天，这大姑爷、二姑爷早就定好了计了，设下套儿了，等着三姑爷钻呢。

看者三姑爷坐好了，刚想举杯，这大姑爷说话了：“爹，您看，去年年景多好啊，大丰收，对不对？今天咱们一家人聚在一起，欢欢喜喜地吃饭，难得这么一个团圆的机会。所以，咱们今天这顿酒那可得喝得有滋味才对啊。”

二姑爷跟着附和："对对对，大姐夫，您说怎么才能喝得有滋味呢？"

"你听我说呀。有酒无令不成席啊。这酒要是干喝，没什么意思，那就俗了。咱们要想把这酒喝出滋味来，得行点酒令。您说对吗，三妹夫？"

三姑爷一听，心说：小子儿，别跟我玩这个。你们心里头那个弯弯绕以为我不知道啊？你们不就是不愿意与我同席么？每年你们都给我耍花活，非得把我赶出去。你们哪年把我赶出去了？哦，今年又来行酒令了？哼！你行什么，我都接着！"啊啊，大姐夫说的对，不就是行酒令么？行吧。哎，怎么都行。"

"哦？这么说三妹夫同意了？"

"同意，同意，同意。"三姑爷心说：我不同意啊？我不同意估摸着你现在就得把我赶走，所以三姑爷都没犹豫，就同意了。

大姑爷一看三姑爷同意了，心中窃喜，就问二姑爷："啊，二妹夫，你说呢？""同意啊！"二姑爷当然同意了，和大姑爷一起商量的馊主意嘛。"同意，同意。不过，我还有个提议。您看，咱爹年纪大了，他又比咱大一辈。所以，喝酒咱爹随意，咱仨行这个酒令，咱爹不参与。大姐夫，三妹夫，你们俩以为如何呢？"

大姑爷说："本该如此嘛。老三，你说呢？"

三姑爷说："当然啦，爹能喝酒吗？只有我能喝酒嘛！"

"嗯，嗯？"大姑爷、二姑爷一听："你这是什么话呀？"

三姑爷说："哎呀，我就这个意思吧。反正我是个庄稼汉，没什么学问，也不懂什么酒令。大姐夫，你就说吧，这个酒令怎么行，你们怎么行我跟着，就完了呗。"

二姑爷说："对啊，大姐夫那是读过高书的人，是举人出身，才高八斗，学富五车啊，酒令当然得大姐夫起了。不过，在起酒令之前，有个疑问。这酒令要是行上怎么着，行不上怎么着，得有一个奖罚方法啊，对不对？"

大姑爷说："当然得有一个奖罚方法了。我看这样吧，谁要是行上酒令，那就继续坐在这张桌上喝酒；谁要是行不上来，哎哟，那可对不起了，您就得离开这张桌，上哪去呢？下面有佣人、仆人，他们不也有一桌酒席么？您委屈委屈，今年您就跟那些人一起吃饭吧。不知道我这个奖惩方法，两位贤弟同不同意啊？"

二姑爷当然没得说了，当即表示赞同。"我同意！这个方法不错。既公正，又公平，还公开啊。三妹夫，你认为如何呢？"

三姑爷一听，心说：看见没？这就来了。我就知道，今年吃饭还得费一番口舌。这是打心眼儿里不想让俺跟你们一个桌儿吃饭，想方设法要把俺撵走，又行什么酒令来了。甭问，这酒令肯定都是你们文人之间的那一些游戏活动，俺们种地的根本就不懂。欺负俺们种地的，想把俺们撵走啊？哼！大姐夫、二姐夫，你们想得也太简单了。我还给你们两个对到底了。不就是个酒令吗？有什么呢？虽然俺们农民没有什么文化，但也不一定输给你们俩。来吧！所以，三姑爷微微一笑："大姐夫、二姐夫，来吧！我同意。你们说吧，你们说，我随着。"

"哦？三妹夫同意了？"

"同意！同意！同意！"

"好嘞！大姐夫，三妹夫同意了。您就来定规矩吧，咱这个酒令该怎么行？"

"哦？好！那就听我说吧。我看这么着，今年的酒令这样行。咱们每个人作四句诗。"

"作诗？"

"啊，对啊，作诗。这四句诗还有规定。什么规定呢？这头一句，你得举出两个物件来，这两个物件可以是活物，也可以是死物。并且要在这句话的最后要说'本是一事'。'本是一事'什么意思呢？就说你举的这两个物件本来是一码事，是相同的。就是‘什么什么本是一事’。这是第一句。第二句呢？得说出来你举的这两个物件还不同，怎么不同呢？就是‘什么比什么多出二翅’。什么是‘二翅’呢？就是两个翅膀。第三句就随便了，哎，你愿意说什么就说什么。但是得用‘人都说’开头，讲出来一个道理来。第四句是固定句，是针对第三句做出的疑问，叫‘不知是也不是？’作这四句诗，其实简单，就是三句，第四句都一样嘛。你们看怎么样？”

二姑爷说：“没问题啊。不过，大姐夫，你得先来，先做一个示范，我们照葫芦画瓢，跟着行。您看行吗？”

“那当然了，我当然是第一个了。嗯，我看咱爹也不用闲着，您给我们作监令官。哪个没行上酒令，您就把他请出去。好吧？”

老头也知道大姑爷、二姑爷使坏，但老头向着他们，点头称好：“你们玩吧，我作监令官。”

“太好了。那……我可就来了。”

“大姐夫，你来吧。”

“你们听好了啊，嗯…啊…这个这个……”其实，大姑爷早就想好了，故意装得思考了半天，“这个这个……啊！你们听好了。说‘龙和鱼本是一事’。什么意思呢？就说这个‘龙’啊——五爪金龙，和那个鲤鱼本来是一样的。那么‘鱼比龙多出二翅’。说这个鱼那不有鳍么？这就好比那翅膀了。所以说‘鱼比龙多出二翅’。‘人都说龙是鱼变的，不知是也不是？’你看，都说鲤鱼跳龙门，跳过龙门之后就变成金龙了，鱼化龙嘛。但是，咱也不知是真的是假的，所以‘不知是也不是？’你看，就这样，我这酒令就算行完了。哎，我再说一遍你们听听啊。说：‘龙和鱼本是一事，鱼比龙多出二翅。人都说龙是鱼变的，不知是也不是？’哎，就这么一个酒令。”

“啊……”二姑爷一听，“大姐夫，您真是高才啊！引用了‘鲤鱼跳龙门’的典故。哎呀，您真是满腹经纶，这肚子里都是学问啊。来来来，我敬您一杯。”赶紧端起杯来敬大姑爷。

大姑爷把手一摆：“哎呀！这个酒令就是玩儿，太简单了。这个酒令算什么啊？您不知道我在翰林院的时候，那行酒令……哎呀，这就不说了。这不算什么，谁要是作不出来这个酒令啊，那这个人就甭活了，还有什么脸活啊？哎，该你了，该你了……”

“该我了？”

“该你了。二妹夫，我听听你的大作。”

“哎呀，大姐夫，您这太客气，我哪有什么大作呀，我哪能跟您比啊？我这只不过是照猫画虎，照葫芦画瓢，跟您学。啊，嗯……”说着话，二姑爷看看老丈人，又看看大姑爷，又看看三姑爷，“爹，姐夫，妹夫，听我的啊。我这个是啊——说：‘老鼠和蝙蝠本是一事，蝙蝠比老鼠多出二翅，人都说蝙蝠是老鼠变的，不知是也不是？’嘿！我也作上来了。”

“哎，对对对对！”大姑爷一听，赶紧端起一杯酒，“哎呀，贤弟啊，你这个也很有学问呀，你拿蝙蝠和老鼠比，那太恰当了。怎么？你看这个蝙蝠长得就像老鼠似的。人都说老鼠吃了盐就长出翅膀变成蝙蝠了。哎呀，这个民间的传说，你利用的太精妙了。我敬你一杯！”

“哎呀，我这是照猫画虎，你看——”

“哎，来来来，干杯！”

“干！”两个人碰杯了。干完一杯酒，两个人把酒放下，“嘿嘿……”俩人同时就把眼光放在了三姑爷的脸上。“三妹夫，贤弟，该你了。我们俩人的酒令都作出来了，该你了。”

“我……”三姑爷心说话：“哎呀！这个酒令还真不容易作啊。谁比谁多二翅啊？”这三姑爷就犯了难了，他拿眼睛胡踅摸，“哎呀，谁比谁多出二翅啊？”他一踅摸，哎！就发现大姑爷、二姑爷今天穿的都是便装，没戴帽子，头上都是戴着逍遥巾。今天自己呢？穿了一身新棉袄，因为天气冷，头上戴了一顶棉帽子，用这个棉帽子护头，两边还有两个可以放下来的布片，干吗用？护住耳朵别被冻了。这俩布片不就是帽子的两个翅膀么？

三姑爷正在这儿合计呢，大姑爷、二姑爷急了："哎！老三！你到底能作出来作不出来啊？我跟你说，作上来就赶紧作。作不上来，就赶紧服输。咱这一桌上，可是酒令大于天啊，咱爹这监令官可在这儿坐着呢，谁也不能徇私啊。你要是真作不出来，对不起，贤弟啊，妹夫哎，请您就离开这张桌吧。委屈委屈您，和那些佣人、仆人围一桌吃去吧，其实今天那些人的饭菜也不次，猪肉炖粉条子，你最爱吃啊。"

"哎，大姐夫、二姐夫，你们这是什么话啊？谁说我作不出来了？"

"你作出来就赶紧作啊。"

"我作啊？你们听着！"

"嗯？还真有？"

"你们听着呀！"

"哎，那好，那好，我们俩听着。你赶快说。"

"我说啊，好，说：'我跟你们俩本是一事'我……"

"别别别……别说了！别说了！怎么回事儿啊？你跟我们俩怎么会是一事呢？"

"当然一事了。"

"怎么会一事？"

"你看，咱们仨今天干什么来了？不都是给咱爹拜年来了么？再者，咱们仨又都是咱爹的女婿。这不'本是一事'么？"

二女婿一听："哎呀，行行行，大姐夫，您别给他一般见识。就算，就算咱们本是一事。你往下说，往下说。"

"往下说啊？说：'我跟你们俩本是一事，我比你们两个人多出二翅'，说……"

“哎，别别别……别说了！别说了！这哪儿的事儿啊？你比我们俩多俩翅膀啊？你哪有翅膀啊？长出来翅膀，你就是鸟人了，懂不懂？还二翅，切……”

“哎……”三姑爷一指帽子，“你看我这帽子一边一个有两个帽翅儿吧？我比你们俩多二翅，对吧？”

“嗯？哦，这也算啊？”

“兴你鱼鳍算翅膀，我这也算！”

“行行行，算你对，你再说！”

“哎！说：‘我跟你们俩本是一事，我比你们两个人多出二翅。人都说你们俩是我养的，不知是也不是？’”

“啊，啊？！”大姑爷、二姑爷一听这个话，俩人“噌”地一下站起来了。“哎！我说老三，你怎么骂人啊？谁是你养的？”

“哎？你们着什么急啊？我这还没解释呢。”

“你解释，怎么回事儿？”二姑爷一瞪眼：“你今天要不解释清楚，可别怪我不客气！”

三姑爷瞅瞅二姑爷，“嘿！得了吧！二姐夫，别看你是个武官，要真论打架啊？嘿！你还真不一定打得过我呢。你给我坐下吧！”说着用手一扽二姑爷，“吧唧”坐下了。

三姑爷说：“别看你们又当官又骑马坐轿，你们有什么呢？你们要没有俺们老百姓给你们种稻种麦，给你们打米磨面，你们吃什么？你们喝什么？恐怕你们早饿死了！所以，‘我跟你们俩本是一事，我比你们两个人多出二翅。人都说你们俩是我养的，不知是也不是？！’”

第七章 大年初三

——不走亲戚少串门儿，多给耗子留点食儿

又是鬼子惹的祸，朱买臣闹离婚，老鼠晚上娶亲，天庭也搞海选秀，猫和老鼠恩仇录，十二生肖个个不全……

初三在古代，尤其是宋代，被称作“天庆节”，是当时宫廷的节日。宋真宗大中祥符元年，因为传有天书下降到人间，真宗皇帝下了诏书，定正月初三为“天庆节”，就把正月初三变为了法定假日，官员要休假五日。所以，到了后来，大家就称初三为“小年朝”——这一天不扫地，不乞火，不汲水，与岁朝相同。

在我国民间，却认为正月初三是谷子的生日。您看，这植物敢情也有生日。这一天要祝祭祈年，禁食米饭。为什么？人家过生日嘛。

在我国很多地方，还流传着一种说法——正月初三叫“赤狗日”，认为如果在正月初三出门遇见赤狗（红色的狗），是很不吉利的。其实哪儿来的那么多红毛狗？但是老人说了，就是因为没有那么多红毛狗，所以你出门遇见一个，这一年你才倒霉呢。所以这一天，过去人们都不能出门，要在家中祭祀神仙。这种风俗在我国的很多地方都流行。在安徽把这种风俗叫作谢年；在厦门一带也有正月初三不能登门拜年的，要关闭门户，在家里祭奠亡灵。在当地还有一个谚语，叫作“初一早，初二早，初三困（睡）甲饱”。意思就是说初三日无客登门，晚起一点，睡个大头觉没有关系。相传，厦门的这种习俗起源于明朝嘉靖年间。

倭寇导致正月初三不走亲戚

明朝嘉靖年间，倭寇在我国福建、浙江、广东等东南沿海一带骚扰百姓、危害四方达八十年之久，给福建沿海地区造成了巨大的灾难。

福建沿海一带的倭寇闹得很凶。有一段时间倭寇占据了浯屿一带，并以浯屿为据点，不断地扰乱厦门和龙海各地。

有一年除夕，新年马上来临了，厦门的军民百姓都想好好过一个新春佳节。心说都要过年了，还能打仗吗？大家就疏于防范了。哪知道倭寇就等着这一天呢，早就预谋已久了。到了除夕的夜晚，倭寇突然对厦门发起了大规模的攻击。这一下子，把厦门军民打了个措手不及。军民马上奋起抵抗，但是由于没有充分准备，是节节败退，倭寇就在厦门等地登陆进了城了。

一进城，日本鬼子那才狠呢！杀人、放火、抢劫、奸淫，无恶不作、无所不为，血洗厦门城！厦门老百姓付出了惨痛的代价。

正在这个时候，周边的明军知道了消息，赶紧派兵增援。在官民一心联合之下，最后终于把倭寇给打败了，赶出了厦门。这倭寇退的时候，正是那年的正月初三，也就是说打了三天，才把这倭寇打退。

其他沿海的民众听说厦门的老百姓把倭寇给打退了，都非常高兴。为了庆祝抗倭斗争的胜利，欢天喜地地转告喜讯。不少民众欢欣鼓舞，纷纷赶到了厦门。一来，给厦门的老百姓庆祝胜利。二来，到厦门城探望探望自己的朋友、亲戚表示祝贺。

但谁也没想到，等沿海的民众来到了厦门城一看，满城的死尸，惨不忍睹。厦门城里的老百姓十之八九遭到了倭寇的屠杀，一片凄惨的景象。这些赶到厦门来向亲友祝贺的人，反倒成了吊丧之人了。各自收埋亲友，吊丧亡灵，一时之间哭声震天。

本来正月初三是个吉祥团圆的日子，但是现在谁还有那份心去到别的家里登门拜年呢？倭寇酿成的惨剧触目惊心、令人发指，给民众的刺激太大了。为了记住倭寇对厦门人的屠杀，后来许多人把正月初三就看成了凶日、忌日。一般居民在这一天都忌探亲访友，自己也不到别人家探访，久而久之便成了惯例，惯例演化成了习俗，一直流传下来直到今天。

初三与"覆水难收"

初三不走亲戚这种风俗不仅在沿海，在我国的一些内地地区仍然如此。这里也有一个流传很久的故事，故事的主人翁就是朱买臣。

说起朱买臣，乃是我国西汉时期的一个著名人物，此人字翁子，又字翁之，是当时的吴中人氏，就是今天的嘉兴市人。朱买臣自幼家境贫寒，可别看他是个苦人家的孩子，但是朱买臣爱读书，读书读得除了会读书以外，什么都不会干，没有什么一技之长，也不会生产。一直混到了四十多岁了，他还是一个落魄的儒生，食贫居贱，困顿无聊。

朱买臣娶了一个老婆，娘家姓崔，崔氏。崔氏整天就骂朱买臣："哎呀，我怎么瞎了眼嫁给你了！我嫁给你算我倒了八辈子血霉了！俗话说的好哇：'男怕入错行，女怕嫁错郎'，我嫁给你，还不如嫁个狼呢！你看看你，到了四十多岁了，还只会读书，你读书有什么用呢？咱们家里没有过夜之粮，吃了上顿没下顿，你还读什么书呢？你还不想想怎么养活家呀？"

朱买臣说："书中自有黄金屋。"

"啊，呸！'书中自有黄金屋'，我听你读了八千五百遍了，也没见到黄金屋在哪儿！你呀，明天就给我上山砍柴去，挑到市上去卖，换点钱，咱们好补贴家用。要不咱们家里穷困潦倒，一文不名，咱们吃什么，喝什么呢？你怎么就不着急呀？"崔氏嘚吧嘚嘚吧嘚，嘚吧得朱买臣也没有办法。人家崔氏说得不错，你老读书，没有钱养家，那也不行啊。

第二天，朱买臣果然拿着柴刀，挑着扁担上山了。干什么？砍柴。砍柴是砍柴，人家朱买臣仍然一边砍柴，一边看书。"子曰：'学而时习之——'""咔！""不亦说乎！""咔！""人不知而不愠——""咔！""不亦君子乎！""噗！""嗯？"怎么回事儿？砍空了！您说这个效率能高吗？砍了半天才把这两捆柴给砍满。把柴火往肩上一挑，就应该挑到街上去卖了。朱买臣也这样，不过，他是一边挑柴火，一边看书。走到市场上就花了半天光景，集市都快下市了，他才过去。把扁担往地上一放，他也不吆喝也不喊，往那儿一站，仍然读他的书，摇头晃脑。人家知道他是干吗的呀？谁也不知道他是卖柴火的，还以为是读书的呢，所以没一个人光顾。一直到了晚上，集市都散去了，朱买臣一捆柴火也没卖出去，又挑着回家了。

回到家中，妻子崔氏一看："没卖出去？哎哟，你这个倒霉蛋儿哟，挑了两筐子柴火，连卖都卖不出去，我嫁你可算倒了霉喽，我不活喽！"这崔氏又是好一顿地埋怨。

柴火没卖出去，第二天朱买臣挑着担又到集市上去卖，结果卖了整整一天又挑回来了，一根柴火也没卖。崔氏又是好一顿唠叨。

第三天、第四天、第五天……一连八天都是如此，这两捆柴火成了滞销产品了，无人问津。到第八天，崔氏也不骂了。怎么？她也累了。崔氏心说：邪了门了，倒霉没有像我这老头子那么倒霉的，连卖了八天呐，这柴火竟然就没卖出去。我明天悄悄地跟着他，我看看他到底怎么卖柴火的，怎么就没人买呢？

第二天一早，朱买臣像往常一样挑着柴火又来到集市之上。崔氏悄悄地跟在后边儿。她边跟就边发现朱买臣怎么了？在前面挑着担子摇头晃脑，嘴里是嘟嘟囔囔。"嗯？念什么经呢？"崔氏就赶到了朱买臣前面，来回地跳那么几跳，蹿那么几下。再看朱买臣，根本就没发现。"哎，呵呵！哎呀！"崔氏心说：这人功可练得不轻，练邪了哈，我在他面前，他愣看不见！那我跟着他！这崔氏就跟着朱买臣来到了集市之上。就见朱买臣把柴火往那儿一放，自己站在那里摇头晃脑，闭着眼嘟嘟囔囔的。干什么呢？背书呢。哎呀，这一下子崔氏可不干了。"我说怎么连着八天这柴火愣是卖不出去呢，闹了半天根本就不卖，跑到集市上背书来啦？我让你背！"说着，崔氏走过去，蹦起来"啪"照着朱买臣脑门子就一巴掌。打得朱买臣脑袋"嗡"的一下。“哎，怎么回事？”朱买臣睁开眼了。一看是自己的老婆：“哎，你打我干什么？”

“朱买臣啊朱买臣，你要是再给我在这儿哼，老娘马上跟你拼命，你信不信？我让你去卖柴火来了，不是让你来背书来了！”朱买臣一看崔氏如此大发淫威，他也有脾气，“哼！”心说：我男子汉大丈夫，好男不跟女斗，在这集市之上两口子打架？被人家笑话！我呀，不理你！你不是不让我背吗？哎，我偏背！朱买臣听了崔氏的话之后，不但没有停止，反倒是念出声来了，“子曰……经云……”

“嗬！”崔氏一看，“好你个朱买臣啊，你是存心要把老娘活活气死啊！咱回家再说，咱不在这儿说，走！”崔氏敢情也有脸儿，拉着朱买臣，把朱买臣硬拖回家去了。柴火不要了？不要了，顾不得那些了。

到了家中，就等于到了崔氏的地盘儿了，拍桌子、摔椅子，跳着高骂街呀：“我告诉你朱买臣，我本是一位良家的女子，俗话说得好，‘嫁汉嫁汉，穿衣吃饭’。我是要吃要穿我才嫁给丈夫呢。现在你有早顿没有晚顿的，让老娘怎么度日！嗯？朱买臣啊，行了行了，咱俩过这么多年了，我也是看出来了，你就这个样了。哎，你自己饿死了，你别把老娘拐带饿死，好不好啊？你给我一条生路好不好哇？我求求你了，你今天给我写道休书把我休了吧，你看怎么样？”

朱买臣一看崔氏真急了，朱买臣还劝呢：“崔氏啊，你不要着急，不必着急呀，我这个岁数还早着呢，相士说过我要过了五十才能富贵，你算算，我今年已经四十多啦，不久，过不了几年，你就发迹啦！”

崔氏一听：“什，什，什么？哦，过了五十你就要富贵，啊呸！你别做春秋大梦啦！你以为你是姜太公呢，你还过八十呢，我等不了！等你发迹了，连狗都不吃屎了！我告诉你朱买臣，我今天一定要走，你今天必须把我给休了，我没夫人这个命！到了五十岁，你再娶一房吧，我不跟着你了，我反正当不了夫人，没有那个福气，你赶快给我写休书，赶快给我写！”说完，崔氏是大哭大闹，大吵大叫，不可开交，非得逼着朱买臣给她写一纸休书。

朱买臣一看，叹了口气，没有办法，只能当即给崔氏写了一张休书。崔氏怀揣着休书，拾掇拾掇东西回娘家了。过了没多久，来了一个王媒婆。在王媒婆的撮合之下，崔氏改嫁了一个后夫，叫张西乔。

朱买臣呢？老婆也走了，家里也没什么可牵挂了。一气之下，朱买臣把脚一跺，到了京师长安，到那里去谋生了。

到了长安之后，经过大将军卫青的推荐，见到了天子汉武帝。当时，正逢东越王余善屡征不朝，汉武帝盛怒，即欲征讨。朱买臣趁机献策。汉武帝一听：“哎呀，这朱买臣所献真乃定国之策呀，看来这个朱买臣乃是一个有才之人。”一句话，就拜朱买臣为会稽太守。朱买臣就成了自己老家一带的省长了，真可谓衣锦还乡。

到了会稽城中，那些官员一看：“哎哟，这不是朱买臣吗？卖柴火那小子，卖了八天没卖出去的那位。”

“可不是吗？”

“嘿哟，发迹了。”

“不好，当时这朱买臣跟咱借过银子，咱没借给他。”

“可不是吗！现在人家成咱的顶头上司了。”

“坏喽，这可怎么办呀？”

“溜须吧！”

“拍马吧！”

“对喽！”

好家伙，会稽城中的这些大小官吏抱粗腿的抱粗腿，拍马的拍马，都来讨朱买臣的好。

朱买臣一看，“哎！”心说：这就叫人情冷暖，世态炎凉。锦上添花者多，雪中送炭者少啊。想当年我穷困潦倒，跟你们相借纹银，磕头磕到你们门前，又有谁理过我呀？到现在，哦，都来恭维我。嗨嗨！朱买臣微然一笑，“讽刺之极！”

哪知道就在这个时候，那崔氏哭着找朱买臣来了。怎么回事呢？这崔氏自从嫁给了张西乔，敢情这张西乔是一个家庭暴力者，对崔氏非打即骂，最后崔氏实在是待不住了，跑出来了。听说现在的会稽太守就是自己的前夫，崔氏厚着脸皮来见朱买臣，跪在朱买臣面前表示忏悔。“咱们两个人还是复婚吧。”

可朱买臣说了：“你我夫妻情分已尽，是你逼着我写的休书。现在我怎么能收回去呢？”

崔氏死皮赖脸，就是不走。最后朱买臣吩咐一个衙役：“去！河边取盆水。”衙役娶过来一盆水，朱买臣端过来，当着崔氏的面把这盆水往地下一泼，说：“崔氏，如果你能把这盆水再给我收回来，我就和你和好如初！”

崔氏一看，长叹了一声，自知朱买臣不可能再接纳自己了，她就跳河自尽了。这就叫“覆水难收”。

据传说，这个崔氏改嫁的那一天正是农历正月初三，所以长期以来汉人以这一天为忌日。男人不出远门，女人不外出做客，才留下了初三不访亲友的这么一个习俗。

初三晚上“老鼠娶亲”

在民间，相传正月初三晚上是“老鼠娶亲”的日子。

“老鼠娶亲”又叫“老鼠嫁女”。传说每年正月初三，就是老鼠结婚的日子。一到大年初三的晚上，家家都能够听到老鼠吱吱的叫声，为了不打扰老鼠娶亲的好事，老百姓在初三的晚上都会尽量提早熄灯就寝，并且在家中的厨房或老鼠常出入的角落，撒上一些米盐、糕饼。为的是给人家老鼠随点份子啊，也是和老鼠一起共享新婚的欢乐和一年来的收成，这些东西俗称“米妆”或称“老鼠分钱”，希望与老鼠打好交道，人鼠和睦相处，以求今年的鼠害少一些。

“老鼠娶亲”在我国的民俗文化中的表现形式丰富多彩。在民间文学方面，有关老鼠娶亲的故事、歌谣遍布全国。民间艺术方面，以老鼠送嫁为题材的年画、剪纸、刺绣、泥塑、蜡染、窗花等那是吉祥图案的保留项目。可以说，老鼠娶亲在我国民间广为流传。但是，老鼠娶亲的日子也没有一个统一的。正月初三“老鼠娶亲”只是一部分地区的一个民俗。在另外的一些地区，可能老鼠娶亲的日子就不同了。比如苏南的“老鼠娶亲”在大年初一，陕西在正月初九，湖北在正月十四，河南在正月十六，湖南在二月初四，四川在岁末除夕等。咱说的是大省份，其实在这些大省份里面的不同地区，老鼠娶亲的日子也不同。但日子不同，人们对“老鼠娶亲”的对待却都是一样的。到了老鼠娶亲这天，除了刚才咱们讲的那些习俗，有地方人们还会炒些芝麻糖、爆玉米花。这是干吗？作为老鼠成亲的喜糖啊。还有人在天黑前敲敲锅盖、打打簸箕，这是为老鼠催妆呢。有些地方在这天忌做针线活，为什么？怕扎烂鼠窝。晚上忌点灯，怕惊动鼠女的花轿。可能有人不理解，怎么有这么一个日子呢？还专门为老鼠娶亲专设一天？怎么不给鸡鸭猪狗娶亲啊？其实，这里蕴藏着人类的一个很远古的崇拜——生殖崇拜。

大家都知道，在远古时期，生存条件极其恶劣。人们，无论中国人，还是世界哪个方位的人，都会对“生殖”产生崇拜。有专门的一门学问叫“符号学”，他们在研究古代一些符号的时候，都能找到人类对生殖崇拜的痕迹。带有这些痕迹的符号到现在有些还在使用，比如“石榴”“莲子”“葫芦”等。为什么很多瓷器、绘画上都有它们啊？就因为它们“多籽（子）”，这里面就隐藏了人们对生殖的崇拜。老鼠也一样，大家都知道老鼠的繁殖能力太厉害了。母老鼠一年可怀孕三到八胎，每胎可生产小老鼠四到八只，最多一胎可生到十四只。照此推算，一只雌鼠每年至少要生养十二只小鼠，最多可生到六十四只。这还了得么？在人类惊叹的同时，对老鼠的旺盛繁殖能力也予以羡慕和崇拜。所以，无论是在“老鼠娶亲”这天向老鼠献媚、祭祀老鼠的行为，还是“老鼠嫁女”题材的年画剪纸等的艺术创造，都带有原始巫术的意味，目的都是要通过某种感应促成农作物的丰收和子孙繁衍。

所以过去有些地方就在“老鼠嫁女”这天行“祝子巫术”，祈求香火不断、子孙延绵。陕西千阳的人到了“老鼠嫁女日”，家家都做“老鼠馍”。这种馍蒸得像老鼠一样，有头有身子，还有条老鼠尾巴，说当年过门的新媳妇吃了老鼠馍的鼠尾巴，就可怀孕。连生男生女都可以预测出来。这个还能看出来？不用号脉，不用 B 超，用最“科学”的方法。怎么？隔窗户把老鼠馍扔进新媳妇房中，“老鼠馍”要是仰面朝天，今年怀孕生男孩；脸朝下，生女孩。您说这都是谁琢磨的？总之，这些民俗的文化传说都为本来就是幻想中的“老鼠嫁女”增添了更为神秘的光环，而使这个民俗在中国广为流传。

文艺作品中的老鼠

咱们中国人对老鼠的态度也很奇怪，是又爱又恨。您看，大家常说：老鼠过街——人人喊打；但是，十二生肖中，老鼠又排在第一位，哪个动物还都不如它；还专门得给它留一天时间“娶亲”；还得给它留点东西吃；每天还都是从子时开始；生男孩还都叫儿子，唔……这个跟老鼠没关系啊。

其实老鼠的形象在中国人眼里就是这样，爱恨交加，充满了矛盾。在文学作品里，老鼠的形象在《诗经》中最早出现。《诗经》中有《魏风·硕鼠》

《鄘风·相鼠》等。当然，这里的老鼠大部分是作为“反一号”出现的。“硕鼠硕鼠，无食我黍。”用大老鼠比喻那些贪官污吏,《相鼠》上的老鼠又是作为那些道貌岸然的统治者的一个反面出现的。这是说这些人还不如老鼠，老鼠还有脸有皮呢，那些贪官污吏却都不要脸皮了。《关尹子》不是记载着那么一个故事么？故事的名字叫“圣人师拱鼠”。

传说春秋年间，礼崩乐坏，孔夫子看到社会这么乱，太痛心了，决心率领弟子，周游列国，到各个国家宏道，传播自己的礼仪学说。转完这国转那国，最后带着弟子们来到了潼关。孔子打算过潼关西去，进入秦地，到秦国那边给他们上课去。结果，到潼关这天正好是夏天，大家正走到一片田地头，孔子一看，“嗯？”就见在田头那里站着一群老鼠。哎，您说有意思不？这些老鼠一个个跟人似的，双腿站立着，上面两个前爪抱在一起，看那个意思正在对着太阳作揖呢。孔子一看，对众弟子说了：“大家看看，看看。哎呀，没想到，这秦的鼠类尚知礼仪，何况人乎？看来，秦地已经很有教化了，咱们不用去了。”调转车头，他们回去了。这就叫“孔子西游不到秦”。在历史上，孔子周游列国，确实没有到过秦地，是不是因为老鼠啊？这个可无法考证了。

文学作品再往后发展，到了唐代曹邺的《官仓鼠》，也是以老鼠比喻贪官，有《硕鼠》遗意。直到唐代王度写了《古镜记》，上面有个鼠妖结婚，这才开启了后世鼠婚故事之先河。明代吴成恩的《西游记》中有个“四探无底洞”的故事，讲的就是无底洞中的金鼻白毛老鼠精逼唐僧成亲，这可以认为是鼠婚故事的发展。到了清代蒲松龄在他的《聊斋志异》中，写了《阿纤》的故事，写的也是人鼠恋爱的故事，生动传神。

所以，老鼠在中国人心目中，毁誉参半，爱并痛恨着。过去一些小说里也经常以“老鼠”来给一些人起绰号，但这些人又不一定是坏人。比如《水浒传》，梁山一百单八将里面就有一个白日鼠白胜，这是梁山好汉。《三侠五义》中有段书叫“五鼠闹东京”，大家都熟悉，讲的就是“五鼠”弟兄——钻天鼠卢方、彻地鼠韩彰、穿山鼠徐庆、翻江鼠蒋平、锦毛鼠白玉堂，都是侠义之士，深受读者和听众的喜爱。这也进一步反映了人们对老鼠的一种矛盾心态。

最近这些年，又出现了一大批可爱的老鼠卡通形象，像米老鼠，《猫和老鼠》上的小老鼠杰瑞，开飞机的舒克和开坦克的贝塔，还有“蓝皮鼠”、小白鼠侦探、鼠小弟等，太多了，从孩子到大人都非常喜欢。

老鼠为什么是十二生肖之首

既然人们对老鼠又爱又恨，怎么十二生肖里面还把它排在第一位呢？据说有个民间传说。

话说，盘古开天辟地，女娲娘娘造人，仓颉造字，万年制历，人间有了历法了，用天干地支纪年。时令神就把这个历法报告给了上天的玉皇大帝，这得让领导审批啊。玉皇大帝一看：“嗯！凡间用天干地支纪年不错，这个方法好！但是……”玉皇大帝是领导，哪能说你的报告拿上来就批，一点意见都没有，那怎么显得人家领导的能力呢？

玉皇大帝就说了：“这个方法虽然不错，但是，什么子午卯酉辰巳午未，这这这太拗口了。”

时令神问：“那陛下您的意思呢？”

“嗯，朕想么，要是用动物来代替，是不是即通俗又方便啊？”

“啊……对对对！陛下圣明！”

“哎，别说这话，朕只是这么说说，具体合不合适，还得大家商量商量嘛。嗯……时令官，你抓个阄吧。把太白金星、托塔天王、二十八宿他们都拉上。大家讨论讨论嘛。”

“臣遵旨！”

于是众神立刻开会，召开了一个关于“动物代替地支纪年的可行性研讨大会”。这一开会，很快就出来结果了。大家一致认为玉皇大帝的办法好，可行。

于是，时令神又来见玉帝了：“陛下，嗯……天上所有的神仙经过热烈而深入的研讨之后，大家一致认为用动物代替地支的办法是最优化的方案。其意义之重大，其精神之深刻，其方式之便利，其操作之科学都堪称经典案例。太白金星专门作了一篇《有关动物代替地支纪年之重大意义二十点》，我给陛下您读读……”

“行行行行啦……好嘛，二十点，他够能琢磨的？朕就是这么一说，到底行不行大家讨论。”

“讨论了，行啊。”

“能实施？”

“太能了！”

“嗯，光说不行，必须具体落地。”

“陛下，这个您甭担心。我们这次大会是一次有效率的大会，是一次有

结果的大会。我们不光探讨了可行性，而且我们还拟定了如何开展这项工作的具体方案。”

“哦，行啊，现在我们的神仙效率蛮快的嘛。”

“那还不是陛下您领导有方啊。”

“说说你们准备怎么执行啊。这可只有十二个名额，天下动物千千万万，给谁不给谁，这都关系到一个动物界稳定的问题，你们可要考虑清楚，要照顾到各个方面。”

“陛下，您放心，这我们都想好了。首先，我们先成立一个甄选生肖特别行动小组办公室，简称‘生肖办’。嗯……由太白金星担任主任，托塔天王担任副主任，时令神担任秘书长，哪吒担任副秘书长，太上老君担任总顾问，百花仙子担任公关专员，雷神电母担任宣传专员……”

“行行行……行啦，这么一个事情，不用劳师动众吧。朕认为越简单越好，要节约经费！”

“是是是……”

“讲讲具体怎么甄选。”

“好。嗯……是这样的。我们准备，首先告知天下各地的山神、土地，告诉他们天宫要选十二名动物作十二生肖，让他们分别告知自己所辖之地的所有动物。本着节约经费的原则。我们决定用 E-mail 的形式通知下去。”

“嗯，这样很好，电子政务嘛，不过要防止黑客攻击，防止病毒。”

“是，这个，我们都讨论过了。安全问题由瘟神和药王爷两大部门统抓。瘟神负责监控病毒，防患于未然。药王爷负责确保万一有病毒攻击，立刻截杀。双管齐下，确保万一。”

“嗯，很好，很好！我认为东南西北四斗星君也可以加入，确保四个方位 IDC 的安全。”

“陛下圣明！”时令神赶紧掏出本来记下了。

“那接下来呢？”

“接下来，啊，等所有动物接到通知之后，都到当地土地、山神那儿去报名。然后进行分区海选，选出几个大区的优秀动物 50 名，然后开始复赛，从中选出 20 强。然后就是晋级赛了：20 进 10、10 进 7、7 进 5、5 进 3，最后前 12 名获得‘超级动物’称号，成为十二生肖。”

玉皇大帝一听，“有‘复活赛’没？”

“啊，可以加。”

“什么可以加！你是不是搞过综艺选秀啊？什么乱七八糟的，太麻烦了！知道不？你们这方案最大的问题出在哪里了，知道不？”

“啊，不知道，请陛下明示。”

“你们这方案最大问题是……”

“什么？”

“没有赞助商！光花钱不行啊，要想着能赚多少？”

“哎，臣马上开会，进行招商。”

“得了吧！等你们招了商，黄花菜都凉了。朕看这活动很简单。你们前面的方案还可以用，通知各地的山神土地，让他们通知所有的动物。想作生肖的，正月初一早上，都到南天门来报道。头十二名动物就是十二生肖！按照来到名次排出十二生肖顺序。这多简单……”

“哎呀！陛下真乃高见啊，臣等万万不及也，万万不及也！”

“啊，当然，朕只是这么一说，具体行不行，你们再研究研究。”

“臣遵旨。”

众神马上又召开了一个“十二生肖动物选拔方案及执行策略研讨大会”。那还用问么？最后神仙一直认为：玉皇大帝说的方式最简单、最科学，还能体现出提倡勤劳、反对迟到的伟大意义。会议最后决定，就按这个方案执行。由文曲星起草了方案，时令神又上呈了玉帝。玉帝看过非常满意，改了几个标点之后，批了几个字："同意执行，所需经费着财神拨款。"

就这一下子，整个仙界都忙活开来了，开动员大会，布置南天门，准备十二生肖选拔成功的新闻发布会……最重要的是通知各地山神土地，让他们把活动通知到各地的动物群中去。

山神土地不敢怠慢，马上就把这个消息告知了动物界。这一下，动物界也炸了锅了，谁不想成为十二生肖啊，这是多大的光荣啊。所以，大家一个个摩拳擦掌，都把自己打扮得漂漂亮亮的，为什么？见到玉皇大帝，第一印象好哇。所以，大家都打扮起来。好朋友之间也互相出主意。好朋友？啊，动物之间也有关系好的。比如龙和公鸡俩人关系就铁。那时候的龙是没有犄角的，秃头。公鸡呢？那长得太好看了，要么受人们喜爱呢？说这鸡是"五德之禽"。怎么五德呢？前文咱也介绍过，头上有冠为文德，足后有距是武德，逢敌敢斗是勇德，遇食相呼是仁德，天明报晓是信德。五德之禽，长得好——头戴赤红冠，身披五彩衣，一对金凤爪，头顶俩犄角。这位说："你慢点说，鸡头上有犄角啊？"啊！那时候的鸡脑袋上长着俩大犄角，枝枝杈杈，非常好看。他和龙是好朋友。

龙早就看上公鸡的犄角了，跟他商量："嘿！鸡兄。哎呀，您看，说这话，离正月初一没几天了。咱这就得上天面圣夺十二生肖了。您看您，多漂亮，羽毛也华丽，冠子也威武。您看我，细长细长的，脑袋光秃秃的，多难看啊？我跟您商量个事儿。您看您都已经这么漂亮了，我看您有没有犄角无所谓，就凭您这样雄鸡高昂，玉皇大帝看见一定喜欢，肯定夺魁啊。所以，您能不能把您的犄角借给我戴两天，等夺了十二生肖之后，我就还给您，您看怎么样？咱俩这关系，是不是？我知道您不忍心拒绝……"

这公鸡本来就高傲，被龙这么一奉承，嗯，美！脖子仰得更高了，尾巴翘得更厉害了，心想：也对，就凭我这么漂亮，有没有犄角无所谓。"好吧！我借给你！"

“哎呀，谢谢您！”

“不过，选完了十二生肖你可还得还给我啊？”

“那这是必须的啊，您放心吧！肯定还给您！”

“你要是不还呢？”

“那不能。”

“哎，先别说不能。这么着吧，咱们俩亲兄弟明算账，找个保人中间作保，要是你不还，我就找他。”

龙说：“可以，可是让谁作保呢？”

公鸡说了：“你看，咱俩的好朋友蜈蚣怎么样？让他给你作保。”

“哎，我看行！”

于是龙就找到蜈蚣，把事儿一说，蜈蚣热心肠，一拍胸脯，“好！我给龙作保，如果以后龙要是不还你公鸡的犄角，你就找我！”

公鸡一看有了保人了，就把自己的犄角摘下来给了龙了，龙往脑袋上一戴。嘿！果然立刻威武了很多，高兴坏了。他俩准备好了，单盼着正月初一。

这对朋友准备好了，还有对好朋友也在准备。谁啊？猫和老鼠，一个叫“Tom”，一个叫“Jerry”？是他俩么？这个不可考了，反正一个老鼠一个猫，俩人是好朋友，食则同盆，睡则同窝啊。不是睡则同榻么？对，他们不睡榻，睡窝！可以说多头之厚，情同手足。接到通知之后，非常高兴。

“这事儿，咱哥俩可不能落下。咱们怎么着也得夺得六分之一席位啊。”

“对！猫哥，您说得太对了，咱们赶快准备准备，明天就是正月初一，咱们得起大早，直奔南天门。”

“好！不过……”这猫犯愁了，“鼠小弟。你也知道，你哥哥我，别的毛病都没有，就有一个毛病，爱睡觉，常常一睡就睡到日上三竿，那不误事儿么？哎，我看这样吧，你经常一晚上一晚上的不睡觉。为了防止我睡过头，干脆，明天一大早，你起来的时候，拜托你‘morning call’，好不好？”

“哦……”老鼠一听，让我提供叫起服务。“没问题啊！猫哥！没问题！你放心睡好啦！到时我一定叫你。”

“哎呀，那‘Thank you very much’了！”敢情猫这两天学外语呢，连声道谢，看看天不早了，放下心来呼呼大睡起来。他可就忘了，自己托付的这位也有毛病，什么毛病？记性不好，爱忘事。不是有那句话么？说这老鼠“撂爪就忘”。

要么说什么都没有完美的，十二生肖都各有缺陷。各有缺陷？对。每个动物都少一样东西：鼠无脑、牛无牙、虎无项、兔无唇、龙无耳、蛇无足、马无胆、羊无睛、猴无腮、鸡无肾、狗无味、猪无寿。怎么讲？牛无牙，说这牛没有门牙，所以牛一伸舌头能舔到鼻子。不信您伸伸，登着板凳也舔不到。虎无项——老虎没脖子，所以老虎不吃回头食。兔无唇——兔子三瓣嘴，没嘴唇。龙无耳——您看那龙么？有犄角，有眼睛，有爪子，就是没有耳朵。蛇无足——画蛇添足嘛，蛇哪有腿啊？马无胆——说这马本身就没有胆。羊无睛——您看羊的眼睛一点神也没有，那不有个“死羊眼”的说法么？猴无腮——猴子都雷公嘴，两腮无肉，所以叫尖嘴猴腮。鸡无肾——说鸡光拉屎、不撒尿所以说它无肾。其实大家知道鸡的屎尿是混在一起排出来的。狗无味——说狗尝不出味道，所以狗改不了吃屎么。猪无寿——猪都没老死过，都是不等老死就被宰了吃了。所以，猪无寿。鼠无脑，就是说老鼠没脑子，爱忘事，撂爪就忘，还是选择性遗忘。怎么这么讲呢？他有的忘有的不忘，像选十二生肖的事儿，他没忘，却把给猫叫起的事忘了个一干二净。

到了第二天，天还没亮呢，老鼠就起床了，慌慌忙忙梳洗一遍，就记着要赶紧出门，去选十二生肖去了，连旁边熟睡的猫都忘了看一眼，他独个儿走了。

到外边一看啊，我的天，尘土飞扬啊。怎么？可以说豕逐狼奔、鸡飞狗跳啊。所有的动物展开了马拉松竞赛，都奔着南天门跑。你挤我，我踹你，争先恐后，谁跑得快，谁胜算就大啊。所以一个个拼了命了。跑在最前面的是牛，跑在最后面的——是蜗牛，我就纳闷了，都是牛怎么差距就那么大呢？

老鼠一看，哎呀，我还以为我起得够早的呢，没想到，还有比我起得更早的，这可怎么办？就凭我这四条小短腿儿能跑过他们么？哎呀，不跑也不行啊。怎么办？对了！他眼珠一转，计上心头，我呀，借力！就在这时，眼前跑来了一匹马。再看老鼠，舌尖一顶上牙膛，腰间一提气，后腿一踹地儿，“噌”一下子蹿到了马的身上。敢情他跟燕子李三学过？反正蹿蹦跳跃他都行啊。蹿到马身上，他没闲着往前一看是条龙，他快跑到马的脑袋上，一纵身“噌”跳龙尾巴上了。再往前看有头豹子，他一个冲刺来到龙头上，“噌”跳豹子身上了。就这样，人家在地上跑，他在人身上跑，三蹿两跳，拿人家作跳板，“呗呗呗呗……”最后，老鼠跳到了跑到最前面的牛身上了。再往前看，没人了。哎呀，老鼠说我歇会儿，喘口气，准备做最后的冲刺。他就倚着牛犄角在那儿喘气，不费力，让牛带着自己跑。

老牛今天可真卖力气，起得最早，勤劳么；最早出门，出门就跑。别看平常跑得慢，关键的时候不含糊，这一通跑，累得是牛气冲天，呼呼牛喘。哎！突然牛瞧见了远方不远处就是南天门。哎呀！老牛心里高兴啊，看来，我不仅能成为十二生肖之一，还是第一名呢。对，我还得加把劲，作最后的冲刺！想到这里，牛蹄子使劲踹地，把头一低，牛角冲着南天门就冲过去了。

他做最后的冲刺。有人也准备冲刺呢？谁？老鼠啊。他倚着牛犄角，呼呼的风从脸上吹过，他觉得挺美，还哼起歌呢：“风往北吹，你走得好干脆……”南天门可不风往北吹么？嗬！瞧他美得。嗯！突然这风声紧了，呼呼的，怎么回事儿？啊，抬头一看，南天门到了。哦，这是老牛发威作冲刺呢？我，我也赶紧准备。就看老鼠，在老牛头上，前腿弓，后腿绷，瞪着两只小眼睛，随时准备往前冲啊。

就这时，老牛已经冲到南天门了，老牛是心花怒放，他把眼一闭，心说我第一，“噌”他冲进去了。

南天门这儿有专门掐表的，一看有动物冲进来了，赶紧喊：“第一名，牛……哦，老鼠！”

“啊？”老牛傻了，这，看错了吧？怎么是老鼠？低头一看，自己前面三尺开外趴着一只老鼠。怎么？就在老牛冲刺的那一瞬间，在他头顶的那小老鼠“噌”一下子，蹿出去了。由于力量太大了，老牛太高了，一下子蹿出去三尺，“吧唧”摔地上了，摔了个金灯转银灯，耳朵嗡嗡嗡，骨头嘎嘣嘣，脑袋直发蒙。但甭管怎么样，人家是第一名。这老牛怎么也想象不出来，自己费死了劲了，怎么让只耗子捷足先登了？但来不及想啊。

紧跟老牛后面，老虎也来了。老虎跑得快？那倒不是，主要是他不遵守交通规则，老强行并线，老加塞儿。别人也让啊？谁敢不让啊？我的天，百兽之王，见他躲犹不及，还敢跟他蹭啊？算了吧！躲躲吧。大家都躲他。所以，他三挤两挤就跑到前面去了，拿了个季军。

紧跟着他，兔子也到了，兔子蹿得才快呢，连蹦带跳，他一直跟在牛的后面，眼看着要第三名了。这时老虎来了，冲着兔子一叫唤，兔子敢惹老虎么？于是，兔子乖乖地躲后边了。但是心里不服气啊，气得眼睛发红，嘴嘟嘟囔囔地骂老虎，使得劲也大点，“哧拉”成豁嘴儿了。您看现在那兔子动不动嘴就哆嗦，据说那是在骂老虎呢。

第五个到场的是马和羊，人家俩是好朋友，一起来的，跑得一般齐，人家俩一个温顺一个有风度，都很讲礼貌。跑到南天门，都不进去，干吗？互相谦让。

“羊兄，您先进。”

“哎，马兄您进。”

“您进。”

“您进。”

“哎呀，还是您进。”

“不不不，您进……”

俩人这么一谦让，后边的急了，“哎，我说，你们到底进不进啊？你们不进让开！我进！”“吱溜……”龙挤进去了。

“哎！”这可把马和羊给气坏了，“这人怎么那么没素质！”

“就是。”

“哎呀，咱俩别让了，还是赶快进吧。”

“那谁先进啊？”

“这样，咱们石头剪刀布吧。”

这俩多有意思，跑这儿石头剪刀布来了。“石头剪刀布！”一局输赢出来了。马赢了。怎么？马蹄子一块，那就是锤。羊蹄子在前面撑着两个趾头，那就是剪子。他不输谁输啊？就这样，马第六个，羊第七个进去了。

紧跟着来的就是鸡啊。本来他和好朋友龙一起来了。结果龙会飞，人家先跑了，剩下个公鸡在后面追。本来公鸡还真跑不快，飞也飞不起来，这要是一般情况下，估计这公鸡就拿不上名次了。不过今天公鸡有动力，他跑着跑着扭头一看，哎呦！吓坏了。怎么？后面跟着一条狗。其实这只狗也是往南天门赶的。可是公鸡误会了，以为狗要撵他。吓得他赶紧往前跑。狗本来没撵公鸡这个意思。结果一看公鸡突然跑快了。他也误会了，以为人家加快速度这是要抢名次呢。狗心说：我不能落后啊。他也加快速度了。他一加快，鸡一看：哦，这是非要撵上我咬我啊？更拼了命地连跑带扑腾往前跑。他越跑狗越追，狗越追他越跑，闹了一个鸡飞狗跳。但甭管怎么着，俩人这么一折腾，还真超过了其他动物来到南天门。本来他们应该跑个第八、第九名。不过，眼看这公鸡的前爪就要迈进门了。忽然从天上"噌"跳下一只猴子，三蹿两蹦，他进去了。他从哪儿来啊？本来这猴子跑得慢，三十名开外了。猴子着急啊，抓耳挠腮，怎么办呢？嗯？他突然发现离南天门越来越近了，这云彩就在自己身边飘着。猴子精啊，对啊，我会跳会爬，干脆我抄捷径得了。他"噌"跳上一朵云，"噌"又蹿上另一朵云。三蹿两蹦，从人头上的云里来到南天门，他来了个第八名。鸡、狗得了个九名、十名。紧跟着是猪，最后是蛇。头十二名动物都进来了。南天门关闭，其他没进来的动物就与生肖无缘了，一个个垂头丧气走了。

这十二个动物乐坏了，玉皇大帝也高兴了，马上在凌霄宝殿召见了这十二个动物。生肖算选出来了，怎么排序啊？那按先来后到吧。最先来的是老鼠，他就排在首位。接下来是牛、虎、兔、龙。

到了龙这儿，玉帝一看，哎呀，这龙太威风了，尤其头上这对犄角，嘿！好！"龙！"

"臣在！"

"朕封你为十二生肖第五位！"

"谢主隆恩！"

玉帝一高兴念叨了一句："哎呀，可惜你儿子没来啊。如果你儿子也来了，朕让他坐第六位。"

刚说到这里，从动物后面"哧溜，哧溜……"钻出来一位，"我就是龙的儿子！"

"嗯？"大家一看，谁啊？蛇！

玉帝说："你和龙长的不一样啊？"

“是啊，我刚认的干爹。您看，我们俩也差不多。”玉帝一看，自己金口玉言，不好悔改啊。“好吧！你就坐第六位吧。”

这蛇最后来的，认个干爹坐了第六位。所以，以后有人称属蛇的也叫属小龙的，就打这儿来的。

接下来是马、羊、猴、鸡、猪。

十二生肖定完了。十二种动物高高兴兴地走了。

那龙由于被玉帝夸奖了几句，说自己犄角长得好，他一存私心就没有把犄角还给公鸡。怕人家要啊？为了躲鸡，他从此就消失在人间，钻进东海了。

他一跑，可把保人蜈蚣吓坏了，吓得蜈蚣“吱溜”钻石头底下去了，从此再也不敢见公鸡了。公鸡也记了仇了，从此只要见到蜈蚣就啄啊。

但最重要的，这犄角要不回来了，可把公鸡气坏了，于是他从此以后天天一大早地起来对着东边大海就喊：“快还我！快还我！”他老婆母鸡也跟着帮腔：“快还他！快还他！”小鸡也叫：“还！还！”一家要债的。

他们生气。猫更生气了。他醒了，一看天都亮了，出门一看，就剩下蜗牛和乌龟在后边爬了。哎呀！这可把猫气坏了，认为老鼠不讲信用。从此猫和老鼠就成了冤家了。猫是满世界找老鼠，要置他于死地。

只有到大年初三这天，人们才把猫拴起来，给老鼠一个机会，老鼠这才利用这个机会娶亲嫁女。

第八章 大年初四

——都知道马王爷有三只眼，可谁知道他是谁呀？

“马王爷”的 N 种传说，鲁班造桥神仙找茬，药王爷过生日，孙思邈还会治疗心理疾病……

正月初一头一天，
过完初二是初三，
初四初五连轴转，
眨眼之间又一年。

这是一首顺口溜，就是告诉大家时光如电，日月飞梭，人生短暂，如白驹过隙一般，转眼即逝。所以让大家及时地把握住时光，不要浪费时光，不要虚度年华。

咱们这部书闲谈到现在就说到初四了。古代这天“占羊”。传说女娲娘娘在正月初四这一天把羊给造出来了，所以人们在正月初四要占羊。其实，取一个“三阳（羊）开泰”的好口彩。但是也有人说初四这一天不能出去，为什么呢？有个“红羊劫”，其实和初三不能出门大同小异。

初四这天全家要在一起吃“折罗”。所谓的折罗就是把几天剩下的饭菜合在一起形成的“大杂烩”——打扫一下年货吧。在室内，要掸掸尘，扫扫地，把扫出来的垃圾都堆到院中准备。干什么？扔穷。

尤其在古时候和旧社会，到这一天，卖牛肉的、羊肉的这种肉铺，要到马神庙里烧香。马神庙又叫马王庙。为什么到那儿去呢？据说什么牛王啊、羊王啊、马王啊都在马神庙里供奉。但是没有什么牛王爷，有牛魔王，也没什么羊王爷，但是有马王爷。可能是马王爷比较名气大吧，“马王爷三只眼”嘛，谁敢惹呀？

有人说了：马王爷这个神光是听说过，但不熟悉啊，他到底是谁啊？为啥留这么句话：“马王爷三只眼”啊？

“马王爷”的N种传说

马王爷其实就是“马神”，老百姓俗称“马王爷”，他的全名叫“水草马明王”。关于马王爷的来历，说法比较多，一般有五种说法：第一种，马王爷是天上的天驷星。就是《南游记》里那位“三眼华光”，也有叫华光菩萨、华光大帝的，传说是道教的“护法四圣”之一。

在《道法会元》里专门载有《清徽马、赵、温、关四帅大法》，列出了护法四圣的名字，分别是马灵耀（就是华光）、赵公明、温琼、关羽。

据道书记载，华光大帝最先投胎于马氏金母。《三教搜神大全》介绍，马灵耀曾经三次“显圣”，收降了五百火鸦，杀了东海龙王，为救母亲大闹地狱，后来玉皇大帝看他是位将才，封他为真武大帝部将，护法天界。

《五显灵宫大帝华光天王传》中描述马灵耀善于施火。身上藏着宝贝叫“金砖火丹”，随时用火降伏魔怪。他的三只眼为火之精、火之星、火之阳。以至于，后来有的地方的老百姓就把他当成“火神”了（您看，中国的火神也好多啊），常在八九月间举行“华光醋”，祈求免除火灾，长年康顺。供奉华光大帝的庙大多称华光庙，但也有马王爷的神像塑在城隍庙中加以祭扫的。

第二种，说这个马王爷就是殷纣王的大儿子殷郊。因为在《封神演义》里边那个殷郊，也有三只眼。后来，这殷郊不是被封成“瘟神”了么？要么马王爷那么厉害呢？瘟神谁不害怕啊？

第三种，说马王爷的原形是汉武帝时候的大臣，那位有名的匈奴王子金日磾（音：mìdī）。

了解汉史的朋友，可能对这个人有印象。金日磾，字翁叔，是驻牧在武威的匈奴休屠王的太子。汉武帝元狩二年（前121年），汉武帝派骠骑将军霍去病攻打匈奴，缴获了休屠王的祭天金人。然后，又攻打浑邪、休屠二王，使他们遭到惨重打击。消息传到匈奴大单于耳朵里，大单于气坏了，就想把浑邪王给杀了，老打败仗还行？结果，这个消息让浑邪王知道了。什么？要杀我？哎呀！大单于啊，你不对啊。我们给你卖命，还不落好，刚打了几个败仗，你就想杀我们啊？要是这样的话，干脆，我投降大汉得了。于是浑邪王就说服休屠王共同降汉。开始休屠王同意了，降就降吧，答应了。可是后来，休屠王一琢磨，不行。怎么？看看其实自己的损失不大，虽然打了几个败仗，但是兵力、马匹没有遭受很大损失，和浑邪王不一样。再说了，大单于想的是杀浑邪王，没想杀我。我损失小，估计单于也不会杀我。我这要是和浑邪王降汉了，我就真成反叛了。不行，我……我不能降。他又中途反悔了，把浑邪王气坏了，你个反复无常之人！我现在要降汉，都跟人家说了你也降。哦，到这儿你后悔了，你让我怎么办？汉朝会不会怀疑我的诚心啊？他为了向汉朝表明自己投降的诚心，一气之下，就把休屠王给杀了。日磾因父亲被杀，无所投奔，没办法，就和母亲、弟弟跟随浑邪王一起降汉了。汉武帝当然高兴了，就封浑邪王为列侯。日磾呢？让他到黄门署养马去了，当时，日磾才十四岁。

后来，汉武帝有一次在宫中搞 Party，下命令要把骏马都牵出来，他要检阅骏马。这时，就有一位体形魁伟、容貌威严、目不斜视的青年牵着一匹膘肥体壮的骏马从殿上走过来了。

汉武帝一看，哎呀，这个人气度不凡啊。就问旁边的人：“这人是谁啊？”

旁边人答复：“这就是休屠王的儿子，叫日磾。”

“噢……”汉武帝一看，原来是位王子啊。他想起来了，自己曾经缴获了休屠王的祭天金人。干脆，就给日磾赐了个姓，“你姓金得了。”从此他就叫金日磾了。而且官也升了，让他作马监，管理朝廷的马匹。

到了后来，金日磾功绩卓著，逐步高升，做过侍中、驸马都尉、光禄大夫。由于他孝敬母亲，做事小心谨慎，从不越轨行事，深受武帝信任，成为亲近侍臣。金日磾聪明、谨慎，在维护国家统一和社会安定方面建立了不朽的功绩，是我国历史上一位有远见卓识的少数民族政治家，为巩固西汉政权，维护民族团结，做出了重要贡献。后来，被汉昭帝封为秺（音若“读”）侯。

由于金日磾做过马监，管理国家的马匹，所以，老百姓说他死之后升天就做了“马王爷”了。不过这个马王爷并没有“三只眼”。这是第三种说法。

第四种说法，马王爷其实就是天上的二十八星宿之一的星日马。

二十八星宿在天上也得天天值班。说有一天就轮到星日马、娄金狗、奎木娘、虚日鼠四个星君值班了。正值着班呢，突然玉皇大帝传唤。干吗？玉皇大帝今天心血来潮，想考察考察民情。他做领导的当然不能下去了。一问：“谁值日啊？”“星日马、娄金狗、奎木娘、虚日鼠四位星君值日。”“哦，好！把他们叫来。”就把四位星君叫来了。

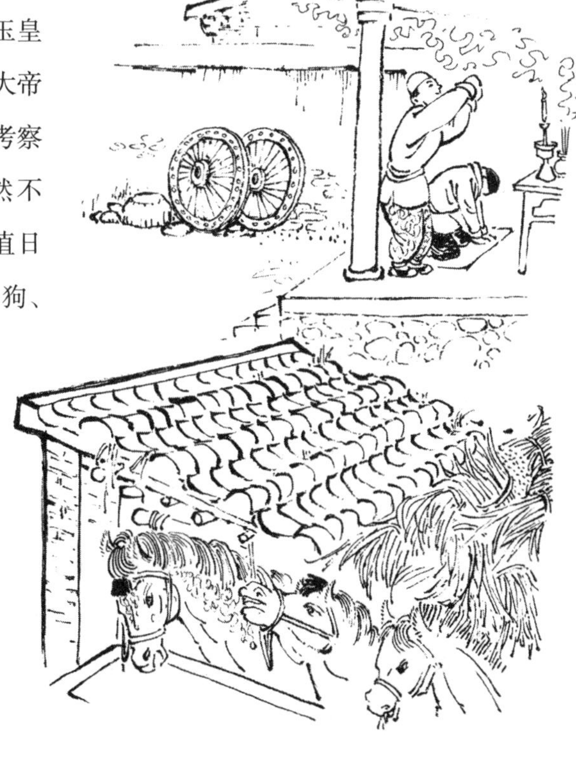

玉皇大帝说："这两天，你们就不用轮班了。你们四个分别下界，去东南西北四个方向转一转，走一走，巡查一下人间善恶。看看，在朕的管理下，人是不是都学好了，人间没有坏事了。你们去看看。"

"遵旨！"四位星君下界了。

在天底下转悠了半拉月，这四位又返回天庭了，向玉帝述职。

"怎么样？你们巡查的结果如何？"

娄金狗、奎木娘、虚日鼠赶紧禀报："陛下，哈哈哈……天下太平无事，老百姓现在可好，一个个乐于助人、互相帮忙、邻里和睦、家庭和美、上下一心。尤其那些当官的最是公正廉明。还有那些有钱的都是乐善好施啊……总而言之，在您的领导之下，人间都是善人善事，歌舞升平啊。"这三位到人间没学会别的，把溜须拍马学会了，嗬！这一顿拍啊，把玉皇大帝拍得忽忽悠悠的，美了吧滋的。

"嗯，好，好哇，哈哈……嗯？"他突然发现，星日马在旁边站着没言语。"星日马，你怎么不说话啊？你查访的结果是什么呢？"

星日马说："陛下。臣查访到的结果和三位星君不尽相同。我到人间看到善恶之事都有，有助人为乐的，有暗地使坏的；有行侠仗义的，也有豪强欺负穷人的；当官的有清正廉明的，也有贪赃枉法的；有钱的人里有乐善好施的，也有为富不仁的。总之，有好也有坏。"

"噢……嘶……"玉帝心说："这有两种结果啊，到底谁说的是实话呢？我得再派人去复查复查。"玉帝马上又下了道旨意，让太白金星下界进行复查。

这一查，真相大白。娄金狗、奎木娘、虚日鼠这仨神所报不实。为什么没说实话呢？原来这三位到下界其实也看到一些不好的现象，也发现一些贪官污吏和为富不仁的土豪劣绅。但是，这些人有钱，一看被神仙发现自己不轨的勾当了，就赶紧给这三位神仙上供，好酒好肉。这仨神贪吃受贿，吃了人家嘴短。再者，也想讨好玉皇大帝，所以昧着良心说了假话。

玉帝明白真相，龙颜大怒，就把娄金狗、奎木狼、虚日鼠训斥一顿。而人家星日马廉洁奉公，刚直不阿，好坏善恶如实奏报，玉皇是连声夸赞。说："星日马明察秋毫，又能秉公而奏，实属难得，为示嘉奖，朕再赐给你一只神眼，这样以后你更能够明断是非了。"就这样又赐给他一只竖着长的眼睛。从此，马王爷的眉心中间就多出一只竖着长的神眼了。

因为，马王爷不信邪，刚直不阿，所以，那些不法之人是人见人怕。于是，民间就流传了这样一句俗语："马王爷三只眼，可不是好惹的。"这是马王爷的第四种说法。

还有第五种说法，马王爷其实就是管马的神仙，他还有两个好朋友——牛王爷、羊王爷，一个管天下的牛，一个管天下的羊。据说最开始，这位马王爷也是两只眼，那他后来怎么有三只眼了呢？原来，他这第三只眼是鲁班给的。

鲁班大家都知道那是春秋时的能工巧匠，被世人推为木匠、泥瓦匠、石匠、画匠的开山鼻祖。传说，他与妹妹鲁姜比赛本领，一夜之间就在河北赵县交河上造成一座赵州桥。当然，历史上的赵州桥是隋朝杰出的工匠李春设计建造的。但，咱说的是传说，在民间流传的故事中，赵州桥就是鲁班造的，传说和历史两码事儿。您心里明白赵州桥的设计者是李春就行了，咱还是按民间故事走。

鲁班一夜之间造出了赵州桥。这座桥太好了，设计新颖，坚固奇巧，一时就轰动了四方。大家都纷纷跑到这儿来参观赵州桥。只要看到赵州桥的，无不挑大拇指称赞鲁班。"嘿！真是鬼斧神工啊！""是啊，不愧是鲁班师父建造的！"

人们这么一夸，鲁班也觉得美滋滋的。鲁班这个人，一生谦虚，从来不说大话。但是，今天被大家这么一捧，他也有点飘飘然了。"各位，不是我鲁班夸口啊。就我造的这座桥，坚固耐用，无论多重的车在上面走，都不会出问题！”这句话说得有点大，可就引起“神愤”了。

原来，在这人群之中还有好几位神仙呢。他们也听说了，鲁班一夜之间造了一座桥。他们也好奇，化成凡人扎在人堆里看热闹。都有谁啊？有八仙之一的张果老，有管理柴火的神仙柴王爷（柴王爷的历史原型其实就是后周柴世宗柴荣，只不过现在是神仙。估计神仙就可以各时代的穿越），还有马王爷、牛王爷、羊王爷。鲁班要不说这句大话，也没事儿了。这句大话一扔，张果老、柴王爷不高兴了。“这年轻人也忒猖狂了。哦，就这座桥多重的车都能过？哼！真是没见过世面。今天就给他点教训，让他以后别这么轻狂了！”这俩神仙也是没事儿干了，你跟凡人犯得着么？哎，他就斗上气了。

就见张果老牵着毛驴，柴王爷推着一辆独轮车来到鲁班近前。“哎，年轻人，刚才你说什么？你这桥多重的车都能承受得住？”

鲁班一看来了俩老者，他点点头：“不错，是我说的。”

“嘿嘿！哎呀，年轻人，你在说大话吧？我看你这桥不怎么样。别说过大车了，就是我们两个人骑着驴，推着车在上面过，我都怕你这桥就受不了啊。”

鲁班乐了：“两位老伯，你们在说笑吧？就你们俩骑驴推车，别说俩人上，就再来百十号你们这样的，我这桥也没事。”

“噢？是这话？”

“我就这么说。”

“好！年轻人有自信。不过，自信不当饭吃啊。看来，不让你碰回南墙，你以后还改不了这个轻狂的毛病。”

“哎哟，老人家，您这怎么说话的？我这不是轻狂，确实如此。”

“好！咱们也别抬杠。这样，你看着，我们俩就在你这桥上走过去。要是走过去，你的桥塌了怎么办？”

“桥塌了？嘿，不可能。”

“哎，什么事儿都有一个万一。我说万一你的桥塌了怎么办？”

“万一……嘿！我的桥要是真塌了，看见没？”鲁班一拍自己的木工箱，这里面斧子、凿子、大锯、刨子应有尽有，这是鲁班的命根子啊。“我的桥要是真塌了，我就把这箱子整个扔河里去。从此我再也不做木工活了！”

“是这话？”

“决不反悔！”

“好！”张果老看看柴王爷，“我说老柴啊，咱俩走走吧。”

“走走！”

说着话，张果老跳上毛驴，倒骑着——张果老倒骑驴嘛，就爱这么坐。在这驴背上还驮着一个褡裢。柴王爷把独轮车也抄起来了。俩人互相使了个眼色，就奔赵州桥走过去了。鲁班不以为然，手抱着肩膀，斜眼瞅着，简直有点不屑一顾。

哪知道，就这时，意外发生了。驴、车刚一上桥，就听见桥身“咯叭”一声，紧跟着“嘎吱嘎吱……忽闪忽闪……”坏了，整个桥抖起来了，简直摇摇欲坠。

“哎呀！”可把鲁班吓坏了，这怎么回事儿？不可能啊，就上去两个干巴老头，能有多大分量啊？就算加上驴加上车，充其量不超过七百斤，怎么我这桥就禁不住了？他哪知道啊，两位神仙施了法术了。张果老把太阳、月亮给摘下来盛到了驴背上的褡裢里，一边一个，那玩意儿多沉啊？柴王爷的车子也不轻，他把泰山、华山、南岳衡山、北岳恒山四座名山给搬来放上面了。您说这加起来多大的分量？赵州桥再结实，也超载啦！所以，整个桥摇摇欲坠。

鲁班他不知道原因啊，但顾不了想那么多了。一看桥快塌了，他赶紧跳到桥下，托着桥的拱腹，这样，桥才平安无事。两位仙人过去了。

张果老一看，呀呵！行啊。这么重居然没有把这座桥压塌，难怪人家那么有自信啊，这不是吹的。自己输了，也觉得面子挺不好看的，您看，神仙找人家凡人的麻烦，自己觉得挺了不得，还施展法术。结果，没比上人家，这不是自找难堪么？“嗯……”气得张果老直哼哼，就这么走了，多没意思啊，他自我解嘲地找补了一句：“嘿！桥算你修得不错，不过你眼力可差了点。就你这样的眼神还作木匠啊？哼！”说完，和柴王爷一晃身子，没影了。

呀！鲁班这才明白，闹了半天这是两位神仙啊。唉！人家说的对，我是有眼无珠，愣没看出来啊。就这样的眼睛要它何用！鲁班一生气，“噗！”把自己的左眼珠子给抠出来，“吧唧”摔在桥上了。您说这鲁班的气性也够大的。

据说，到现在赵州桥面上还留着张果老毛驴的八个蹄印、柴王爷独轮车三尺多长的车辙和鲁班手托拱腹的两个大手印呢。说木匠吊线，还有枪手射击时为什么要闭上左眼呢？那因为鲁班“有眼不识泰山”，把左眼珠抠掉了，所以他以后教得那些徒弟都跟他学，闭上左眼，睁一只眼吊线。

民间小调《小放牛》就有这个故事的唱词：

赵州桥来鲁班修，

玉石栏杆圣人留，

张果老骑驴桥上走，

柴王爷推车压了一趟沟么咿呀嗨。

柴王爷推车压了一趟沟么咿呀嗨。

再说鲁班抠出来的那枚眼珠子落到桥上，“唰！”变成了一颗玲珑剔透的夜明珠，“咕噜噜噜……”顺着桥滚下去了。正好被桥那头的马王爷、牛王爷、羊王爷看见。前面说过，这三位神仙也在人群中看热闹呢。这一看，呀！这可是好宝贝啊！鲁班的眼！都跑过来争着要这颗珠子。马王爷，那跑得多快啊？千里马、千里马，没听说有千里牛、千里羊的。他腿快，跑在最前面，就把这珠子给夺到手中。牛王爷、羊王爷过来就抢，“你不能独吞啊？我们也有份啊！”马王爷吓坏了，就一个珠子，再劈三半儿？没听说过。怎么办？情急之下，把珠子往脑门上“啪！”的一拍。“噗！”这珠子镶脑门上了，成了三只眼了。

这下，可了不得了。原来马王爷、牛王爷、羊王爷这法力都是半斤对八两，都一般齐。仨人闹别扭打架，谁也打不过谁。但是这一下子，马王爷多了一个眼睛，而且是鲁班的神眼，他的法力一下子增加了好几倍。再闹别扭打架，牛王爷、羊王爷再也打不过马王爷了。马王爷把俩人打服了，就成了俩人的老大了。所以，您走到哪里，光能见到马神庙，多咱见过牛神庙、羊神庙的？因为俩人不敢啊，只能给老大建庙。那他俩呢？都在马神庙里待着吧。就这样，羊王、牛王、马王都在马神庙里供奉。

所以，到了大年初四，那些牛羊肉铺要敬牛王、羊王，哪儿敬去？去马神庙！

药王爷过生日

在旧时候每到初四这天晚上，一般的商店也要宴请大小伙计分发红包。还有的地方到了正月初四，说这天是接神的日子。因为年前腊月二十三把神送上天，得接下来。所以台湾有句俗语叫“送神早，接神迟”，就是说到初四这天接神。这位说了：你说话矛盾。怎么？你说初一接神，说除夕接神，这又初四接神了，到底哪天接神啊？咱们说了，中国幅员辽阔，除了那么几个重要的日子——除夕、春节等，人们的习俗大体差不多以外，什么初四、初五、初六、初十，像这些天各地的风俗习惯都有很大的差异，不一而足。有的地方愿意到初四把神仙接过来，你也管不着啊，对不对？但是，初四这天确确实实是一个特殊的日子。什么日子呢？是药王爷的生日。

药王爷就是药王孙思邈。孙思邈可不是个凡人，那是我国隋唐年间的大医学家。传说孙思邈是陕西耀县人，七岁的时候就能日诵千言，成为当时的神童。长大后，因为世道不宁，隐居到太白山学习道术。据说，孙思邈精通天文医药，隋文帝、唐太宗都曾经先后召孙思邈入京，或征孙思邈为国子博士，或授之以厚禄，但是人家孙思邈都辞而不受。为什么呢？人家说了，我是人民的医生，我给你当太医呀？不干。当太医才能救你一个人，我要是到了民间可以为老百姓治病。所以，孙思邈辞官不做，执意隐居在浏阳洞阳山。有记载说“县北六十里，道书第二十四洞天，唐孙思邈炼丹处”，后人将此山命名为“孙隐山”，据说孙思邈就隐居在此。然后，每每下山为百姓治病，并致力于医药的研究，写成了千古巨著《千金要方》和《千金翼方》两书。

据说，孙思邈的医德医术不但闻名于人间，而且惊动了动物界。传说孙思邈曾经给龙治过病。

相传有条龙就在浏阳洞阳山九溪洞里修炼了八千一百年，马上就要造河出山，入湘江、下洞庭、去东海。干什么？找东海龙王在龙册之上登个记，就等于有户口了，不再是“黑龙”了，就成了天上的神龙了。这条龙不容易，修炼那么多年，正要去登记，坏了！怎么？突然间长了一身恶疮！可难受啦，疼痛难忍，把这条龙折磨得死去活来。怎么办？一打听，哦，敢情药王爷孙思邈就住在我们这里，我上门请孙先生给我治治疮吧。

这条龙就找到了孙思邈，跟孙思邈苦苦哀求。孙思邈一看这是条善良的龙。“好吧！我给你看看吧。”一看，孙思邈说了：“你这个疮不要紧。我给你抹些药，过两天就好了。”

“真能好啊？那我得多谢药王爷，多谢您了！”

孙思邈说：“你先别谢，这个疮我能给你治好，但是治与不治全在于我呀。”

龙一听：“怎么？先生您不给我治吗？”

“哎，我没有说不给你治。但是让我给治，你必须答应我一个条件。”

“只要先生能给我医疮，别说一个条件，就一百个、一千个、一万个，我都能答应，您就说吧。”

孙思邈说：“我不用那么多，我就要求你答应我一个条件，就是你出山时要善出。什么叫善出呢？你不能‘呜’的一下子又刮风，又打雷，又造河出山，那不行。造河出山，毁没庄园，伤害生灵，这是作孽啊。你也不能显出龙形，惊吓了百姓。你悄没声音地出去，静悄悄地到东海，不要惊扰百姓，你能答应吗？你要是能答应，我给你治；你要是不答应呢，那就另请高明吧。”

“哎哟，我答应，我答应。这很简单呀。”龙答应了。

于是孙思邈就用九溪洞的一种樟叶为药，给这龙治好了龙疮。

这条龙还真守诺，等到疮好了之后，要去东海，就按照药王爷的要求没有造河出山。而是把自己变成了九只飞鸡，从九溪洞就飞出去了，飞奔东海。其中有一只从北盛仓经过的时候，一不小心，尾巴扫在了地上，一拖，就形成了一个池塘，这就是现在那个地方的“拖塘”。两个翅膀又在拖塘两边扇乎了一下，拖塘两边又出现了两口小塘。还有一只鸡，飞到了岳阳后累了，停下来歇歇脚，但是一停下来沾了泥土，沾了凡尘了，就再也没有飞起来。变成了水边的一块陆地，就是现在的“城陵矶”。

传说，孙思邈不止一次给龙治病，有时候，孙思邈还入龙宫治病。

说有一次，孙思邈到野外采药，在草丛之中发现了一条小蛇。这条小蛇可能是遇见牧童，被牧童砍了一刀，浑身是血，卧在草丛之中奄奄一息。孙思邈一看这条小蛇，非常同情，就把这条小蛇拿起来，用衣服包好带回了家。回到家中之后，孙思邈调好了草药，敷在了小蛇的伤口之上，包扎好了伤口。如此等了几天，小蛇的伤好了，孙思邈又把小蛇放回了草丛之中。

孙思邈没有把它当个事儿，因为孙思邈救的东西太多了，不仅是人，孙思邈还是个爱护动物的环境保卫者，救的动物也不计其数，他就把这件事情给忘了。

过了约莫有十来天，孙思邈这天出游在外，远远地就发现前面等着一个身穿白衣的少年。孙思邈走到少年的跟前的时候，这少年突然间一撩衣襟儿“扑通”给孙思邈跪下了。

这把孙思邈吓了一跳：“哎哟，赶快起来，赶快起来，您这是干什么呀？”

白衣少年说了：“孙先生，感谢您救了我的弟弟。”

“嘶……哦？”孙思邈一听，哦，病人的家属。我救了他的弟弟，谁是他弟弟呀？哎呀，我救人太多了。“哦……不必客气，不必客气。救死扶伤乃为医者的天性。我救你的弟弟，你弟弟是病人，我是大夫，这算不了什么，起来吧起来吧。”说着把少年搀起来了。

少年说：“孙先生，您救了我的弟弟，就等于救了我，您就是我们一家人的大恩人哪。您无论如何也要到我家坐一坐，哪怕是凉水温开了您喝一口，也算我们感谢你了。”

孙思邈说：“哎哟哟，不必了，不必了，我还有事儿呢，改日改日。”

“那不行。”这个白衣少年说什么也不答应，非得让孙思邈跟自己回家，孙思邈推辞不过，只好点头答应。白衣少年非常高兴。

闹了半天，白衣少年还带了一匹马，把自己的马拉来让孙思邈骑着，自己跟在后边走。但是别看白衣少年虽然跟着马走，不比马慢，少年是行走如飞，不多一会儿，带着孙思邈就走进了一座城池。

嚯！孙思邈从来没见过这么好的地方。就见花木盛开，殿宇辉煌，楼台亭阁，奇花异草，景色太好了。

孙思邈正观赏景色的时候，迎面走过来一群人，为首之人穿戴打扮好像是个王者，头戴冕旒冠，身披滚龙袍，腰扎玉带，五绺须髯飘洒胸前，仪装不俗，带着很多的侍卫就迎过来了。一边迎，这位王者一边向孙思邈拱手：“哎呀，深蒙先生大恩，今天先生能到敝处，真是我三生有幸，蓬荜生辉呀！先生，我这厢有礼了！”

孙思邈一看这位王者器宇不凡，也赶紧下马过去还礼：“啊，嗯，这位王，不是，先，啊，嗯……怎么称呼啊？称您先生吧。这位先生，您是何人哪？”

“哈哈，孙先生，我是谁无关紧要，我们一家人都深蒙先生大恩哪！所以我特地命我的孩子请先生您无论如何过府一坐，来来来，您里边请。”说着话王者过来携手揽腕拉着孙思邈就走进了宫殿。

到了宫殿，孙思邈一看，里面早已经大摆筵宴了。而且宫殿之中站着一个身穿青衣的小男孩儿。

王者指着这个小男孩儿就说：“孙先生，您还认识我这孩子吗？我这个孩子就是承蒙孙先生您救的。”

“嗯……”孙思邈一看，这个孩子面生，记不起来了。我什么时候救过这个孩子啊？哦，我救的人太多了，可能一时之间想不起来了。“哎，这，这，哎呀，我真想不起来了。”

“哈哈哈哈……”王者乐了：“孙先生真是贵人多忘事啊！前些天这孩子独自外出，被一个牧童给砍伤了。多亏先生您脱衣相救，给我这孩子治伤，又在家中给我这孩子调养了几日，最后把他放回，我这孩子才有今天。否则的话，我就见不到我这孩子了。来来来！”说着话，王者向那个身穿青衣的小男孩招手，“见到恩人还不赶快过来跪倒磕头！”

小男孩儿赶紧地过来：“恩公在上，我给您磕头啦！”“梆梆梆”还真磕仨。孙思邈赶紧双手相搀。“哦！”这时候，孙思邈才想起来：前几天脱衣相救，带到我的家将养了好几天，然后又送出来了，嘶……不是那条青蛇吗？怎么是这孩子？莫非这个孩子……就是那条青蛇不成？孙思邈一想到这儿有点儿害怕。

王者发现了，哈哈一笑："孙先生不必害怕。您想的一点儿不错，我这个孩子正是那日您救的青蛇。"

"啊？"孙思邈说，"那这里是什么地方呢？"

"哈哈，孙先生哪，实不相瞒，这里是泾阳水府。我是泾阳水里的龙王。"

"哎呀！"孙思邈这才知道，闹了半天进了龙宫了，哦，面前站的这位是泾阳水里的龙王啊。

就见龙王微微一笑："哎呀，孙先生，我只不过是这泾阳水里的一个小小的龙王，无足挂齿，您也不必害怕。既来之则安之，您就把这儿当成家就行了。来，孙先生请上座！"让孙思邈坐了酒席的上座。

然后，龙王一拍手，龙宫之上立刻是歌舞升平，上来了许多美女。龙王陪着孙思邈，酒席宴上频频向孙思邈敬酒，孙思邈也只得还酒相祝。

书说简短，孙思邈就在龙宫住了三天。三天过后，孙思邈提出来说："我要走了，我不能老住这儿吧？"

龙王一听，拦不住了。"好吧！"立刻命人搬出金银绸缎，要赠给孙思邈。孙思邈一看，嚯！龙宫之内的东西那都是宝贝，大珍珠都有碗口那么大，这要是拿到人间价值连城啊。可是人家孙思邈对这些东西，是坚持不要。孙思邈说了："我是一个医生，救死扶伤是我的本分，我怎能要人家病人的钱呢？我就应该救病人。这些东西请龙王您收回去，我孙思邈是绝对不能要！"您看，咱们中医的老祖师爷孙思邈这医德有多高？比比人家孙思邈，现在的某些医生的脸就得红！怎么？给人家病人看病得收取红包。给人家病人开刀，得收受一些好处费。否则的话，给人家不是多拉个口子，就是给人家落个钳子，再不然，老让人家伤口发炎。这医德就太败坏了。比起医生的老祖先孙思邈来，作为后辈的医者脸能不红吗？人家孙思邈见到财物不动心，不要！

龙王也是非常赞赏，说：“孙先生，你既然不要这东西，我再给你一件东西，这件东西你肯定会要的。”说着话，让他的儿子到后面拿了一本书——《龙宫奇方三十首》，就送给了孙思邈，说：“先生，这是我龙宫奇方，一共三十个方子，这些方子可以帮助你济世救人。”

孙思邈一看，这可不能不要。为什么呢？这是好东西，可以帮助老百姓战胜病魔，能够济世救人。孙思邈把这《龙宫奇方三十首》收下揣在怀中，龙王又派车马送孙思邈回去了。

此后，孙思邈就用《龙宫奇方三十首》这些方子试着给人治病，一治，非常灵验。所以，孙思邈最后就把《龙宫奇方三十首》也编入了他撰写的《千金要方》一书中。

孙思邈治病，不仅用药治病，人家还善于调节人的情志，医治人的心理疾病。您看，这是咱们中医的一大长处。中医和西医不一样的地方，就在于西医医病，中医医人，它注意从人的情志上进行调解，调动人体自己的机能，驱赶病邪。

话说有一次，唐太宗李世民御驾亲征，与敌人作战，一连行军好几天，沿途之上都是光秃秃的山丘，光见石头，看不到人烟，也遇不见河流。这可把将士给苦坏喽。没东西吃，大家也能忍几天，没水喝，可受不了。将士们渴得嗓子冒烟儿，战马渴得“嗨哎哎哎……”长鸣。这位说战马不是“稀溜溜……”叫么？对，嗓子太干了，叫不出来了都。这样下去，那还得了？非得渴死不可。可把唐太宗愁坏了。

正犯愁呢，“哎！”突然听见有人喊叫：“快！快看！有水！有水啊！”

“啊！”唐太宗立刻来精神了，伸脖子一看，果然，在前面不远处有一个大水坑。“哗……”将士们一看到水，什么军纪都忘了，全跑上去了，来到坑边，有拿碗舀的，有用头盔盛的，有用手捧着喝的，还有直接把头扎到坑里饮的，“咕咚咕咚咕咚……呵！”喝得这个痛快劲儿就甭提了。

也有人赶紧过去，给皇上舀了一碗，端到太宗面前：“陛下，您快喝口水吧。”

唐太宗也渴坏了，端起碗来，看都没看“咕咚咕咚”就灌下大半碗啊，“哎呀！”痛快！喘口气，刚想再喝，“嗯？”太宗这次仔细看碗里的水了，刚才没顾得看。这一看，哎呀！好悬没吐了。就见这水又脏又浑，而且在这水里头还游动着很多非常细小的虫子，你说恶心不恶心？自己还喝下多半碗去。顿时，唐太宗就觉得五脏六腑不自在。但是，抬头看看，将士们都喝了一个痛快，马也饮了，大家精神头都来了。唐太宗一看这个情况，他就没吭声，现在说：“大家刚才喝的水不卫生，里面有虫子，容易得病。”说这些干吗？这不是扰乱军心么？太宗是个军事家，政治家，虽然自己心里不舒服，但没说。

战士们由于喝足了水，打了一个大胜仗，太宗班师回朝。一路之上，太宗也没什么事儿，跟大家有说有笑。等回到皇宫，坏了，犯病了。端起水杯就想起那坑里的污水；捧起山珍海味，眼前就浮现出那些又细又长的小虫子。哎呀，闹心啊。心说：好像自从喝了那天的脏水之后，我就觉得浑身没有劲。你说这脏水里面那些小虫子被我喝了，它们会不会在我肚子里头祸害我啊？这可落下病喽。从此，唐太宗一天比一天疑心，一天比一天忧虑，老想着自己肚子里头有虫。赶那天饿了，吃得多了点吧，他就想：“看看，一定是虫子在作怪！”赶那天他郁闷吃不下饭去，他又想：“瞧见没有，这肯定是虫子闹的，连饭都吃不下去了。”您说就天天这么胡琢磨，他能好得了么？三折腾两折腾，这么大一个唐太宗被个小虫子给撂倒了，卧床不起。这下可把长孙皇后给吓坏了，赶紧让太医诊治。

太医过来号号脉，“哎呀，陛下，您龙体很好啊，没有病啊。”

太宗一听不高兴了：“你这意思是朕自己装病呗？”

“啊……臣没这个意思。”

“哼！看不好就说看不好，真乃庸医也！赶出去！”这太医多倒霉，一下子被赶出太医院了。

又找另外的太医来看，看完后也说：“陛下，您龙体健康。没毛病！”

“庸医！赶出去！”又赶走了一个。

就这样，三赶两赶，太医院没人了，全撵走了。而太宗的病却越来越重了。

长孙皇后急坏了，召集文武问大家：“这可怎么办呢？”

这时候，丞相魏征出来了，“皇后娘娘，既然太医治不了陛下之病，臣以为应该赶紧把孙思邈孙先生请来。孙先生医术高明，妙手回春。想当年也给陛下看过病，陛下要留他在宫中，他婉言谢绝，称只想在民间行医，普救众生。陛下感其之志，这才放他返回民间。皇后您可立刻派人遍访民间，找到孙先生，必可以医治陛下之疾啊。”

“嗯！”长孙皇后一听，“言之有理。”立刻下旨，遍访孙思邈。

国家找个人还不容易么？再者孙思邈既不躲又不藏，到处给人看病，目标太大了。所以没几天，把孙思邈找到了。孙思邈一听皇上病了，也非常着急，知道皇上是位有道明君，赶紧跟人进了宫了。

长孙皇后闻听孙思邈请到了，非常高兴，先给孙思邈说了一下唐太宗的病情，然后又见到唐太宗，“陛下，臣妾给您请来了医生，给……”

还没说完呢，唐太宗把手摇摇：“不用了，谁也治不好朕的病，朕已经病入膏肓，无药可治了。”

“陛下，瞧您说的，人吃五谷，哪有不得病的？让医生瞧瞧，就会好的。”

“他们瞧不好！都是庸医。”

“今天来的可不是啊，今天臣妾请来了孙思邈孙先生。”

“他也是……谁？”

“孙思邈孙先生。”

“哎呀！快！快请！只有孙先生能救朕了！”看来唐太宗还是不想死。

这时，孙思邈笑呵呵地进来了，“草民参见陛下。”

“哎呀，免了，免了。孙先生不必多礼。”

长孙皇后说：“孙先生，请您给陛下诊治吧。”

“好！”孙思邈过来，给太宗号了号脉，身体有些虚弱，但并没发现什么病候。

长孙皇后关切地问：“孙先生，陛下得的什么病啊？”

“呵呵。”孙思邈一笑，“不急不急。我还得听陛下亲口给我说说，您这个病到底怎么得的呢？从什么时候开始的？犯病了有什么样的状况？您详详细细给我说说，不能漏了一丝一毫。这样，我才能弄清病源，开出药方，按方抓药，药到病除啊。”

太宗一看，孙思邈不急不慢，稳稳当当，不像那些太医，给自己看病呢，他们先吓得哆哆嗦嗦。一看人家孙思邈就胸有成竹，这样的医生让病人看了也踏实。唐太宗唉声叹气，这才把自己的病的前前后后给孙思邈说了一遍。

孙思邈听着听着就笑了：“哈哈。陛下真不愧是真命天子啊，对自己的病因判断的非常正确。”

“是啊？先生，您是说……”

“不错，正是那些小虫在陛下肚子里作怪。如果不除掉他们，再让他们作孽，可就不得了了。”

“哎呀！”太宗看看长孙皇后，“怎么样？还得是我的孙爱卿，这才是神医啊。看得准，看得好！比那些太医强多了，他们没一个看出来朕的病症所在的，您一眼就看出来了。”这不废话么？你告诉人家的啊。可太宗不那么想，高兴坏了。“孙爱卿，你虽然看出来了，能不能治啊？这虫子在我的肚子里头，怎么能除掉啊？”

“呵呵，陛下，这个您不必担心，臣自有良药可以驱虫。”

“好好好！那快给朕开方拿药吧。”

“这药必须臣亲自炮制。还望陛下给臣一间药房制药。”

“好说，好说，皇后，你领孙爱卿去太医院药房，让那些太医都出来，谁都不能够打搅孙爱卿配药！”

“是！”长孙皇后心说话：不用出来，太医院早没人，都被你撵走了。

于是，就把孙思邈安排在太医院内住下了。

孙思邈在这里做了十个小药丸，做得了，就拿到太宗面前。“陛下，药配好了。”

“这么快就配好了？哎呀！真不愧是神医啊。什么药？”

孙思邈就把药丸拿出来：“就这个药。陛下，这个药不能嚼，要直接吞服。这一共十丸，您每天晚饭后服用一枚，十天吃完，这样小虫就会被杀死的。当然，为了查看小虫是否真被杀死，杀死的程度如何。陛下您的御便需得留下，让臣验看。”什么是御便啊？就是大便。皇帝的大便就叫御便。

唐太宗高兴，随即就按照孙思邈的吩咐，每天服用一个药丸。每天的粪便都让人送给孙思邈验看。验看什么呀？孙思邈直接就给倒厕所里了。十天过去了，唐太宗药也吃完了，就觉得神清气爽了很多。

等到转过天来，孙思邈兴冲冲端着一个小碗来到太宗面前：“恭喜陛下，贺喜陛下，虫子打下来了。”

“噢？在哪儿？”

“就在这里。您看，虫子都被药死了。这是臣在您的御便中找到的。”

"朕看看。"唐太宗往碗里一看，就见碗中果然有好多条细长的虫子。

"是不是您喝下去的？"

"这……嗯！对！就是他们！是他们！"其实，唐太宗也记不起来那水里的虫子长的什么样了。既然这是孙思邈打下来的，肯定就是那些虫子了。

"哎呀！"唐太宗高兴坏了，"呼腾！"他一激动就坐起来了。"就是这些虫子啊，害得朕好苦啊！爱卿，你真是妙手回春啊。你说，朕还要不要再用药了？"

"陛下，臣下的药正好，前些天还能打下来虫子，后几天打下虫卵，这一两天什么都看不到了，虫子已经被排尽了，不用再用药了，您的病已经痊愈了。"

"哎呀！难怪朕这些天就觉得和前些天不一样了，身体爽快的多了，而且食欲也好的多。爱卿真是妙手回春啊，哈哈哈……"唐太宗高兴坏了。

为了犒赏孙思邈，唐太宗大摆宴席，还一再要他留在朝中做官，可是孙思邈婉言谢绝了，第二天他就告辞走了。临走的时候，唐太宗吩咐说："以后，只要孙先生来，这皇宫任意出入。"孙思邈谢恩走了。

一眨眼，半年多过去了。这天，唐太宗刚刚退朝回宫。有人禀报，说孙思邈先生来了。"哦，有请！快快有请！"就把孙思邈请了进来。

太宗说："孙爱卿怎么突然进宫了？"

孙思邈说："我是想看看陛下，从上次病愈后恢复的如何？"

"哎呀，你看，朕早已经没事儿了，能吃能喝能睡，精神头好着呢，哈哈。多亏了爱卿的神药才把虫子打了下来。"

"哈哈哈……"孙思邈一听笑了，"陛下，其实，臣当时给您吃的只不过是十枚山楂丸罢了，哪是什么神药啊。"

"哦？山楂丸也能驱虫？"

"哈哈，陛下，其实陛下当时身体并无疾病。而是陛下忘不了那碗脏水所致的心病。臣斗胆谎称用良药打下了陛下肚中的虫子，其实那些虫子都是臣自己找来的，并不是陛下腹中的。但陛下认为那是被打下来的，自然心病祛除。这所谓心病还需心药治啊。”

“哎呀！”唐太宗这才恍然大悟，把大拇哥一挑，“凡医只会用凡药，大医却能用心药，孙爱卿真不愧为‘药王’啊！”

唐太宗一句话，孙思邈就被封为“药王”了。

孙思邈不仅是个医学家，还是个养生学家，一直活了一百多岁，直到唐永徽三年。这一天，孙思邈好好地烧了一大盆水，然后跳到水中，认认真真地洗了一次澡。洗完澡后，起身穿好了衣服，端端正正地往那儿一坐，然后把儿女子孙全部召集过来。孙思邈对他们说：“我将要到无何有之乡去了。”说完孙思邈就咽气了。据说孙思邈咽气了一个多月后，脸色还像生前一样，没有改变。

大家都不相信孙思邈真的死了。一开始，大家还以为孙思邈又练什么气功呢，打坐静修什么的，没敢打扰。最后，过了一个多月发现孙思邈确确实实脉搏停止了跳动，心脏也停止了跳动，确实死了。大家非常难过，难过也得成殓哪！就把孙思邈的尸体给成殓起来，放在了棺材之内。然后大家一起动手去抬棺材板，要给孙思邈盖棺钉钉。棺材板抬起来了，刚想盖棺，嗯？大家往棺材里一看是大吃了一惊。怎么了？大家发现孙思邈的尸体不见了，就剩下了一堆衣裳。

“哎呀！哎，孙先生的尸体呢？”大家到处找，没找到。

有老者说了：“各位呀，这还不明白吗？孙先生生前济世救人，死后羽化升天，成了药王爷了。”

由于孙思邈医术高超、医德高尚，救人无数，他死后，百姓都说他成仙作了药王爷了。传说，他的生日就是大年初四！

第九章 大年初五

——财神多得是，你拜哪一个？

财神生日接财神，财神是谁，财神有多少，最流行的正财神是谁，偏财神是谁，文财神是范蠡还是比干，财神也有临时工……

初五接财神、祭财神

咱们在说大年初一那天，捎带脚说了一下初五的来历。说是因为扫帚星去找弥勒佛大闹了一通，才给初五来了一个“破五”的习俗。其实，初五这一天还有一个重要的活动，就是“接财神”，因为传说正月初五是财神爷的生日。但也有人说财神爷的生日是农历三月十五。究竟哪天？说法不一。因为财神爷也不是一个，可能有的财神爷是正月初五的生日。也保不齐的有那么一两个的是农历三月十五的生日。那到底哪天我们拜财神呢？我们听谁的啊？依我说两天都拜。怎么？礼多人不怪呀！礼多了财神也不怪。总而言之，咱们说的正月初五就是财神爷的生日。

在过去，到了正月初五这天，各家商店就开张，开门大吉了。您看吧，一大早，各个买卖铺户门口都是鸣鞭放炮。旧社会，买卖人家还在店铺门口专门搭一张“神仙桌”，牲醴毕陈，以迎接财神的到来。

清朝人顾铁卿在其《清嘉录》上引了一首蔡云的竹枝词，就描绘了当时苏州人初五迎财神的情形。词曰：

五日财源五日求，

一年心愿一时酬。

提防别处迎神早，

隔夜匆匆抱路头。

就是说当时的商家怕别人把财神早早地迎到别人家去。怎么办呢？自己晚上也不睡觉了，就到十字路口搭个桌子迎财神。为了抢先接到财神，商家们可以说是绞尽脑汁。很多都在初四晚上举行迎神仪式。怎么？早迎早到嘛！

在过去，店堂迎财神，布置讲究！要从外到里一次摆上三桌贡品。第一桌为果品。有什么呢？有广橘，象征着生意门路广；有蜜橘，象征着生活甜如蜜；有福橘，象征着福星高照。第二桌为糕点，都用些年糕，取“年年高”之意。年糕上插上松柏枝，象征着青春永驻，延年益寿。第三桌上是正席，有猪头、全鸡、全鸭、全鱼，象征着富裕圆满，还要盛上一大钵饭，饭上插上一根大葱，在葱管里面再插一只千年红，寓意着“兴冲冲，年年红”，祝愿生意兴隆、红火发达。

一般来说，迎财神的仪式要由商店的店老板亲自主持。在过去到这一天，店老板一个个手持着香烛，分别要到东西南北中五方接五路财神。这财神敢情分五路。每接一方财神，都要点燃一次鞭炮，以示欢迎庆祝。一直到五方财神都接到之后，再挂起木刻的五个财神像，然后点燃香烛。最后，由老板率众伙计行祭拜典礼。礼毕之后，就把神像摘下来，捧到店门口烧了。然后就是老板摆宴与众伙计聚餐，正式开门营业，开始新一年的买卖。民间传说这么做，可以求得财神保佑生意兴隆。

不光要吃饭，还要挂幌子。因为幌子是过去商店挂在门外表明经营商品的标志。这个幌子可了不得，不能去年用了的旧幌子，今年开业了再把旧幌子挑出去，那不吉利。怎么办呢？这幌子每年都必须是新的。幌子挂出去色彩艳丽，给人一种喜气洋洋的感觉。当然挂幌子的时候要放鞭炮，随着鞭炮声响把幌子挂出来，然后各商店纷纷把护窗板取下来，店门大开，欢迎顾客进门。

这个时候，所有的伙计都不能闲着。有的摇算盘，有的敲秤盘，稀里哗啦，呼呼嚷嚷，响声一片，表示欢迎。唯独卖棺材的例外，那不能敲棺材。一开业了敲着棺材“嘭嘭嘭嘭”“来，买棺材喽！”非挨揍不可，也不吉利，不兴吆喝的。

总之，过去，初五这天各种商家都开业了。

除了商家之外，普通的老百姓到了正月初五这天也要祭财神。祭财神，首先得有一个财神像。其实新年临近的时候，有一些商店就已经开始出售财神的神像了。当然，卖不能说卖，得说“送”，其实你不掏钱，谁也不送给你；买也不能说买，要说“请”，自己买了财神像，就说自己已经请了财神了。

其实，在旧社会有很多人还靠着财神像发财呢。因为那个时候有许多贫穷人家，这贫穷人家的小孩儿到了除夕夜，就拿着一兜子财神像，挨家挨户地砸门。砸开了门就高声地吆喝：“送财神来喽，送财神来喽！”谁家不买一个呀？你不能说：“我们家不要财神，一边儿待着去，让财神滚！”那哪儿成啊？不仅不能往外撵，不仅不能说不要，而且要非常客气地说一句：“哎哟，劳您驾！哎，快接进来。”多少钱一个呀？几个铜子儿就可以“请”一张。即使再穷，那也得赏个黏豆包儿。“哎呀，我跟您换一张。”把那穷小子打发了。所以，请财神的人还没发财呢，送财神的孩子先赚一笔小钱。可能有人会说：一个除夕夜那些人家岂不是要接很多张财神吗？当然要接。谁家接的越多，就证明来年财神就到谁家去了。财神到家，越过越发。

不仅有小孩儿送财神，还有一些乞丐送财神。当时，在春节期间，有一些乞丐就到村里挨家挨户地乞讨钱财。谁家主人施舍给他们钱财，他们就在谁家的门口贴上一张财神像，一边贴，一边还念念有词：“财神贴得高，主家又蒸馒头来又蒸糕；财神贴得低，主家开年好福气；财神贴得勿高勿低，主人家里钱铺地。”这家主人得在旁边看着，还得一个劲地答：“靠福，靠福。”就把“请”来的财神挂于中堂。除夕要举行祭祀。怎么祭祀呢？要在财神像前点燃香烛，摆上供品，祭祀者要边行礼边祷告：“香红灯明，尊神驾临，体察苦难，赐福百（万）姓。穷魔远离，财运亨通，日积月累，金满

裕豐糧店
萬
開市

门庭。”之后“嘣嘣嘣”磕头，非常之虔诚。清代有俗曲上说：“新正初二，大祭财神，点上香烛把酒斟，供上了公鸡猪头活鲤鱼，一家老幼行礼毕，鞭炮一响惊天地。”当然，这个俗曲上所说的是正月初二祭财神。咱说了，祭财神的风俗，在不同的地方，有不同的时间。但甭管什么时间，都表达了人们满怀发财的这种希望，祈愿在新的一年里大发大富。

无论在我国的什么地方，您都能找到祭祀财神的踪迹。那敢情，因为财神可是中国民间普遍供奉的一种“善神”。每逢春节，家家户户必须挂财神像，希冀财神保佑，以求大吉大利。吉者，象征平安；利者，象征财富。人生在世既平安又有财，自然是十分的完美，这种真切的祈望成为人们的普遍心理。求财纳福的心理与追求，也充分反映在了春节敬祀财神的一系列民俗活动中。在正月初五这天接财神的习俗，盛行于明清民国，至今仍流传民间。

可能有人问了，这个财神到底是谁呀？我们怎么看着还有人祭关公的，还有人祭赵公明的，还有人祭这个的，祭那个的，到底谁是财神哪？这问题问对了，因为咱中国的财神不是一位。

中国的财神有好几个！有正财神，有偏财神，有文财神，有武财神，还有准财神。那么多的财神啊？敢情，中国的神多嘛，都就不了业怎么办呢？只能一个职能部门里安排多种岗位了。是这样么？嗨，说句笑话。还是因为咱们中国太大了，历史文明太久了，所以财神形象也有好多种。那这几个财神都是谁呀？

最为流行的“正财神”

先说正财神，非是旁人，就是黑虎玄坛赵公明。赵公明，原来是道教的护法神之一。他武将打扮，顶盔披甲，着战袍，墨面浓须，右手执铁鞭，左手托元宝，身跨黑虎，威风凛凛，也有端坐于地上的。神像周围还绘有金银珠宝、聚宝盆等，颇有财源滚滚的气象。据说他曾在终南山修炼，跟随天师张道陵。张天师命他看守丹炉，功成之后就被封为正一玄坛元帅，又是雷部元帅之一，所以常被称为赵玄坛或赵公元帅，因骑黑虎，又称黑虎玄坛。这是道家的说法。

还有民间传说，说赵公明的原型是宋朝时的大奸臣蔡京。跟蔡京什么关系啊？你别看蔡京是奸臣，但正因为是奸臣，他富有啊。民间传说，蔡京就是富神降生的。说他刚好生在正月初五，所以民间把蔡京就当作了财神来祭祀。后来蔡京被贬了，老百姓一看这个奸臣被贬了，不能再拿他当神了。怎么办呢？那也不能没财神啊，换一个吧。换谁呀？宋朝的国姓为赵，玄字为“岚”字的一个组成部分，所以便给财神起了一个名字，叫作赵玄坛。你看，财神是老百姓自己造出来的。当然了，这也是一个传说。

最早记载赵公明神迹的书是魏晋南北朝时期成书的《搜神记》和《真诰》。晋干宝《搜神记》卷五上说：“初有妖书云：‘上帝以三将军赵公明、钟士季，各督数鬼下取人。’”《真诰》上说：“赵公明今千二百官仪，乃以为温鬼之名。”可见，当时的赵公明不是财神，干什么的呢？“司土下冢中事”，就是主阴宅，管坟墓的。还有说他是瘟神的。

到了元代，赵公明才开始转行向财神靠拢。元无名氏《三教搜神大全》卷三上说：“赵元帅，姓赵讳公明，钟南山人也。自秦时避世山中，精修至道，功成，钦奉玉帝旨召为神霄副元帅。其服色头戴铁冠，手执铁鞭，面黑色而胡须，跨虎，驱雷役电，唤雨呼风，除瘟剪虐，保病禳灾，元帅之功莫大焉。至如公讼冤抑，买卖求财，可对神祷，无不如意，故上天圣号为总管上清正一玄坛飞虎金轮执法赵元帅。”这个时候的神仙赵公明啥都干，又能呼风唤雨，又能治疗非典、甲流，还能处理人间的冤案，人向他求财都行，简直成了一个多面手的神仙了。

最终，赵公明是怎么成了专职的财神了呢？这还得多亏明朝小说家许仲琳。

许仲琳写了一本神话小说《封神演义》，就把这赵公明写进去了。书中的赵公明，面似锅底，手执钢鞭，身骑黑虎，拥有一件法宝叫作“定海神珠”，非常厉害。不过他助纣为虐，对抗周武王，被陆压真人给打死了。最后姜子牙封神，就册封赵公明为“金龙如意正龙虎玄坛真君”，统管人世间一切金银财宝。姜子牙还不错，还给他配了四个副手：招宝天尊萧升、纳珍天尊曹宝、招财使者陈九公、利市仙官姚少司。

随着中国印刷术的普及，加上民间艺人的渲染，尤其说书人功不可没，经他们一传播，《封神演义》迅速家喻户晓。赵公明也跟着书被大家熟知。由于赵公明部下的招宝神、纳珍神、招财神、利市神都是各路财神，所以赵公明逐渐地就成了统帅天下各路财神的大财神。大财神是什么呢？大财神就是正财神！还有许多老百姓尊称其为财神元帅。于是，赵公明就成为我国民间最广为流传的财神爷了。到了明清及明清以后，祭祀赵公明赵元帅的香火就越来越盛了。一直到今天，祭祀财神，仍多以赵公明元帅为对象。

民间也有将赵公明及四位部下合称为“五路财神”的。上面所讲大年初五要出门迎接“五路财神”，说的就是他们，这叫“路路通财”。所以说，上面所说的那偏财神，五显财神，有的说就是赵公明的这几位属下。要么说中国太大了，文化太广了。有关相同人物的神话传说之间的差异化非常大，各地有各地不同的说法。

因此，从历史上看，可以说赵公明元帅是“一部成功的小说造就的财神爷”。他借助于许仲琳的“公关炒作”，成功了。

到了明代，有西亚一带的富商来到中国贸易，也有许多西亚的国家来到中国朝贡。当时西亚地区的人民主要信仰伊斯兰教。大家都知道信仰伊斯兰教的民族是非常聪明的，以善于经商闻名于世。即便是在现在，世界上提起

来穆斯林，大家都认为非常聪明，都有经商的天赋。所以又有传说，说这个赵公明赵元帅不是汉人，他是个少数民族。所以对赵公明元帅的祭祀，不可以用大肉，必须用牛肉、羊肉这些清真食品。

总而言之，通过老百姓一传播，赵公明便成了盼望发财者的崇仰侍奉的对象了。

但也有老百姓说，赵公明，别看是财神，但这个人生性懒惰，而且散漫。这一年三百六十五天都在龙虎玄坛里待着，不愿到下界走动。一年仅在正月初五那天走下龙虎玄坛一次，而且是随意的，怎么随意的呢？不定去哪家。所以大家经常看到报纸上说某某人花了两块钱中了几百万。某某家发了横财。怎么回事儿呢？那就是财神爷到他家去了。随意的嘛，不可预知地跑人家家了，结果这家就发财了。那大家都想让财神爷到自己家来，怎么办呢？于是，大家每年到了正月初五这天都起得早早地，在路口上，准备碰财神。鸣放鞭炮，焚香献牲，要把财神爷给吸引到自己家中去。

不过，也有那聪明人，一打听，敢情这位尊神的生日不是正月初五，您看，这正月初五传说是财神爷的生日，敢情还不是这位正财神的生日。是谁的生日呢？谁也说不好。怎么？没有天上的户口，没法查啊。总而言之，据说赵公明的生日是在农历七月二十二。因此，这些聪明人，就不跟着去扎初五的猛子了。你们愿意在初五拜，在初五拜得了。我们呢？悄没声动地在农历的七月二十二日，摆上丰富的盛宴，干什么？走财神的后门儿。到了七月二十二日，财神爷非常孤单——我过生日了，也没人祝我生日快乐。哎哟，这家早已经摆好了丰盛的宴席，干什么呢？哦，他家还想着我呢，这是给我摆的宴席，祝我生日快乐呢。哎呀，太好了，有心人！得了，就叫这个有心人发财吧。结果，这家就发了横财了。您看，勤快的不如会来事儿的，世间上都是如此。

五路“偏财神”

赵玄坛是正财神了，民间还有偏财神呢：东南西北中五路财神爷。光一路之上有财神那不行，你甭管出门走哪条道儿，都得有财神才行，所以民间又造出了五个财神。清代的顾禄顾铁卿在他的《清嘉录》上记载，说：“正月初五日，为路头神诞辰。金锣爆竹，牲醴毕陈，以争先为利市，必早起迎之，谓之接路头。”又说：“今之路头，是五祀中之行神。所谓五路，当时东西南北中耳。五祀即祭户神、灶神、土神、门神、行神。所谓路头，即五祀中之行神也。”所以，财神庙又名叫五显财神庙，就说的是五路财神。

在民间传说中还有一说，说是清康熙年间有伍氏兄弟三个人，都是绿林英豪，又有两个人为助，等于是“风尘五侠”。这五侠除暴安良，杀赃官，除恶霸，救节妇烈女孝子贤孙。死后，大家为了纪念他们，乡人于清乾隆元年为之立祠，说他们五个人就是财神爷。这下好，绿林侠客也成财神爷了。

这些都是民间传说，但在《铸鼎余闻》这本书中明确记载了一个五显财神的故事。上面说五显财神是南齐时代姓柴的五兄弟。老大柴显聪，老二柴显明，老三柴显正，老四柴显直，老五柴显德。弟兄五人以打猎为生，同时还采集草药为民疗伤治病，吃不完的野兽也送给贫穷百姓，深受人民爱戴。他们死后，民间就把他们尊为神仙，称为五显神或叫五显王。据说这五显神还老灵验了，经常为人间做好事。最后连皇帝都惊动了，宋朝的宋徽宗、宋高宗、宋孝宗、宋宁宗、宋理宗都对五显神进行过加封。

还有一种说法，说五显财神是明代都天威猛大元帅曹显聪，横天都部大元帅刘显明，丹天降魔大元帅李显德，飞天风火大元帅葛显真，通天金目大元帅张显正。因他们五个人生前拥有不少的钱财，又都侠肝义胆，扶弱抑强，乐善好施，仗义疏财。死后被明英宗于天顺二年（1458 年）敕封为“五显元帅”，建庙奉祀。明神宗万历年间和清高宗乾隆年间，曾经两次对他们的庙宇进行重修。庙就建在北京广安门外六里桥西南，后来因为城市规划建设就拆除了。说这五个人叫五显财神，是因为他们的名字都有一个显字——曹显聪、刘显明、李显德、葛显真、张显正，这是五路偏财神。

当然，民间还有很多不同版本的五路财神的来历传说，咱们就不一一介绍了。

为什么叫偏财神呢？一种说法，这是指他们在财神庙里的位置而言，不能和赵公明比，赵公明居正坐，他们在旁边偏陪，所以叫“偏财神”；还一种说法，说正财神管正财，比如一个人的正常工资收入所得，这就归正财神管。如果这个人干第二职业，拉私活挣来的钱呢？那就归偏财神管。其实，甭管哪个渠道挣来的钱，都得归税务局管，怎么？要依法纳税啊。

除了正财神、偏财神以外，还有管文生意的文财神和管武生意的武财神。

文生意的守护神——“文财神”

什么是文生意呢？文生意可不是文化人做的生意，而是指的那些坐摊儿的、开店儿的、有门面的……总之是要回头客、要挣回头钱的那些生意。因为做这生意讲究和气生财、笑脸对客，文文静静的，所以叫文生意。

做文生意自然要敬文财神。“文财神”又叫财帛星君，也称“增福财神”，他的绘像经常与“福、禄、寿”三星和喜神列在一起，合起来为福、禄、寿、财、喜。这就叫“五福”，所谓五福临门嘛。这个财帛星君脸白发长，手捧一个宝盆，上面写着“招财进宝”。一般的人家到了春节必悬挂此图于正厅，祈求财运、福运。

文财神应该说是最早的财神。据说在汉代就有一个童谣，说的就是这文财神：

琉璃窗、朱漆门，
堂上供着大财神；
大财神、出凡尘，
三聚三散越王臣；
越王臣，富贵身，
手里捧个聚宝盆；
聚宝盆、天下闻，
财源滚滚满乾坤！

那这个文财神是谁呢？您听这歌谣啊，里面说他是“越王臣”，也就是说他是越王的臣子。谁啊？就是那位大名鼎鼎的商人的鼻祖、祖师爷，三聚财三散财的大商范蠡。

在过去的中国，三百六十行，每一个行当，都会尊一个祖师爷。如，泥瓦匠、木匠，他们的祖师爷是鲁班；说书的祖师爷是谁呢？有说是周庄王的，有说是魏征的；唱戏的祖师爷是唐玄宗李隆基；理发的祖师爷就是吕洞宾……总而言之，每一个行当都有一个祖师爷。那么经商的祖师爷是谁呢？就是范蠡。您想想，既然这个范蠡是商人的祖师爷，那他肯定是财神了。谁钱最多呀？经商做贾的钱财最多。那么范蠡为什么是商人的祖师爷，为什么是财神呢？咱们不妨简略地介绍一下范蠡。

范蠡字少伯，乃是春秋末年楚国宛人，就是今天的河南省南阳市人。这个范蠡自幼师从奇人计然。到了后来，越国大夫文种很欣赏范蠡的才学，由文种介绍就把范蠡推荐给了越王勾践。范蠡帮着勾践卧薪尝胆、励精图治，最终灭掉了吴国。

越王勾践要封范蠡为上将军。范蠡知道越王勾践这个人表面上看来仁义道德，可是这个人能共患难不能共富贵。于是急流勇退，居然不辞而别。携带金银细软，带领家属，还带着他那个情人——绝世美人西施，驾乘一叶扁舟远去。这就是范蠡的“一聚一散”。

要么说人家能成财神爷，能成商人的鼻祖啊，范蠡这个人太聪明了。不仅仅是聪明，可以说范蠡这个人智慧。他懂得“舍得”，什么时候该舍，什么时候该得，他懂得。该聚的时候聚，该散的时候散。聚到一定财了，他就散去了。散了再聚，但是心态十分平稳。在富贵的时候也不得意忘形，在贫贱的时候也不自暴自弃，总那么乐乐呵呵。这才能达到真正的商人境界。

范蠡带着西施泛海就来到了齐国，在这里范蠡更名改姓，苦心勠力，耕作于海畔，父子置产。什么叫父子置产呢？就是说范蠡和他儿子一块儿来置办产业。没用几年就积产数十万。人家又成为大富商了。

这时，齐王便注意到了这位大富商，一调查才知道原来这位是帮着越国灭掉吴国的范蠡了。齐王仰慕范蠡的才能，齐王就命人带着相国的印绶来到海畔请范蠡做齐国的相国。

范蠡捧着相印感叹地说："居家则至千金，居官则至卿相，此布衣之极也。久受尊名，不祥！"什么意思？说你要是在家做老百姓的话，能够把家产聚累到了千金，你就已经够厉害了；你要当官，如果能做到卿相，那就可以说仕途达到顶峰了；如果说你开始的出身就是布衣老百姓的话，那这两种情况已经是你人生之极限了。如果说你家里的钱太多了，或者是久居相位、久居卿位，未必是什么好现象。你别老想着往上爬，老想着居高官拿厚禄，其实未必对你这个人来说是件好事。相反的来说，因为做了高官翻船的，因为家里聚集了万金而遭到灭门之灾的，也不在少数。范蠡一看，本来自己就想在齐国这里安居晚年，陪同情人西施，陪同子女，享一享天伦之乐。哪料到，我挣那么多钱给我惹来麻烦了，现在还让我当官，我呀，不干了。于是乎范蠡就归还了相印，然后把这几年所积的财产尽数散去，分给了朋友和乡邻。当然，也不能全分。带着那么一点儿，领着全家又走了。这是范蠡的"二聚二散"。

这一回走到了哪儿了？就来到了陶。到了陶这个地方，范蠡一看，哎呀，这真是个好地方哪！陶？啊！就是现在的山东菏泽市定陶区。在那个时候，史书记载为"天下之中"，是当时的交通要道。范蠡一看这个地方经商做贾可以致富，所以范蠡说不走了，带着西施就定居在了陶。所以，现在那个地名就叫"定陶"了，范蠡也自称为"陶朱公"。

来到这里，范蠡就开始做买卖了，做一些物品交易，谋取一些薄利。据民间传说，当时陶这里还有一座小土山，叫做陶山。范蠡一看这个陶山挺好，能够烧陶。他就抓住了商机，开了一家"陶家店"，做起了陶器生意。

其实，当时齐鲁大地很多的地方基本上都有作陶器生意的。但奇怪的是，人家范蠡开的这个陶家店里面没人。没人？啊，没店员。就有两种东西。什么东西呢？银筐和陶器。银筐那是收钱的。陶器呢？那是往外卖的商品。后来有人觉得奇怪，怎么回事儿呢？到那儿一看，门口贴着对联儿。上面写的是："君问陶何价？进屋即明白。"大家一看让咱们进屋啊，进去吧。到了屋里一看，哎呀，这才发现，人家屋里每件商品上都明码标价呀，而且还贴着那么一道条幅，上面写着："陶家生意，诚信二字，老少不欺。"您看，人家陶朱公范蠡那多会做生意。据说后来当地人家都能够让自己家的狗衔着银饼去陶家店去买陶器，一时传为美谈。这件事就告诉那些经商作贾的商人们，诚信二字是天理！要想做成大企业家，必须得诚信，人家陶朱公范蠡就这样。在陶时间不长，因为经营有方就累积万金，富可敌国。这就是范蠡的"三聚"，又发起来了。

这时，范蠡年岁也大了，就把家业交给自己仨儿子打理。结果有一次，他的二儿子到楚国做生意，跟人家口角，一时不慎把人杀了，触犯了人家的国法，被囚禁在了楚国。

消息传到家来，范蠡就一皱眉呀："唉！"叹了口气，"俗话说得好，'杀人偿命，欠债还钱'。即使我的孩子在外地把人杀了。人家要杀他也是本该如此。但是，身价千金的人不该死于大庭广众之下，再者说那个人又是误伤，虽说我这孩子被囚禁在楚国，能不能法外开恩不让他死在大庭广众之下呢？甚至说能不能走走后门儿把他给救出来呢？"这位说陶朱公范蠡这不是要违法吗？为人父母要救自己的孩子也是人之常情。

于是，范蠡准备好了一牛车的黄金。其实，那时的黄金就是黄铜，并不是现在所说的黄金。但在当时就是最值钱的东西了。交给自己最小的三儿子，让他前去楚国打点。

三儿子正想登程上路，范蠡的大儿子不干了。

范老大来到范蠡面前："爹呀，我是家里的长子啊，这事儿该由我来办，你不应该派三弟去呀。我向爹爹您请命，让我去救我二弟！"

范蠡摇摇头："不行，你不能去，家里的生意还很忙，离不开你打点。

我意已决，就让你三弟去。"

范老大请一遍命，范蠡不同意，请两遍命，范蠡摇头，坚决不同意长子去。最后，范老大生气了，说："爹呀，您这是怎么了？我是家中的长子啊！现在我弟弟有罪，您不派我去，派我三弟去，您这是什么意思呢？这要传出去，让外人怎么看我啊？是不是我不成材啊？是不是我不如我三弟呀？我怎么了？我哪点不如他呀？爹爹，您要是说不出来，要是不让我去，我就没脸活在咱们家了！干脆，我自己上吊死了得了！我不活了！我还有什么脸活着呢，啊？要是这样一来，以后这个家谁还听我的呢？大家非笑话我不可！您要是不派我去，我就……我就自杀！"说着要拔剑自刎。

范蠡的夫人一听，赶紧帮着劝："哎呀，我说老头子，咱大儿子所说的也不无道理。你派老三去也未必能够救回老二。他才多大啊？他那边救不回老二，大儿再因此自杀。没救回二儿子先失去长子，怎么可以这样呢，嗯？老大是家中长子，有事儿他得顶着。平常您那么多事务，不都是老大帮您料理么？您不还经常夸他么？这回，你就派他去不就得了吗？你何必那么拧呢？"夫人劝了好多次，长子不依不饶，又以自杀来威胁。

最后，范蠡不得已把脚一跺："唉！好吧，那我就派他去吧！"范蠡就把长子叫到了自己跟前，说："我决定了，就派你去救你的弟弟。不过，你得按照我所说的方法到楚国办事，知道吗？"

"哎！我一定谨从父命。您说吧，什么方法？"

"你到楚国之后，这一牛车的黄金都要进献给楚国的重臣庄生，听任他从事，千千万万不要与庄生争吵，你明白了吗？"

"明白！您放心吧！"

就这样，虽然陶朱公范蠡不放心长子出去，但是也没办法，眼睁睁看着长子带着一牛车的黄金直奔楚国去了。

哪知道，范老大有自己的主意——这可是一牛车的黄金哪！我要不说，庄生怎么知道有多少呢？再说了，我不能把鸡蛋搁在一个筐里，我得准备一些钱打点楚国的那些达官贵人，这样，才能救出我二弟啊。我干脆藏点儿吧。他在路上偷偷地留下了一部分金子。

范老大到了楚国之后，还真按照父亲的嘱咐把范蠡写给庄生的信，还有黄金都交给了庄生。

庄生看过信后，知道怎么回事儿，然后点头应允。庄生告诫范老大说："你赶快离开楚国，这件事交给我就得了，您放心吧！千千万万你别停留，等到你弟弟出来之后见到了你，你也甭问是怎么回事儿，知道吗？"

"哎！知道了，知道了。"范老大连连说知道了，其实他没搞明白为什么这样。这样，庄生就把范蠡的长子给送出府外，吩咐长子赶快离开。

可这位范老大却没有听从庄生的话，他一看，庄生衣着打扮非常朴素，家里寒酸破败，不像是个能人，"他能不能帮我救出我的兄弟呢？嘶……不行，我得加双保险，我得再找熟人。"你看，这就犯忌讳了。一事不烦二主嘛！你既然托人家庄生了，人家办了办不了，那得等一会儿呀，办不了再托其他人。现在人家庄生还没办呢，这位范老大自以为是，就把他在路上私藏的那些金子分送给楚国的其他贵族。范老大认为这些人或许也能帮上我的忙，他就在楚国忙开了。

再说庄生，确实像范老大所看到的那样衣着很朴素。为什么？庄生家很贫穷，虽然当了大官儿，但是艰苦朴素的作风没有落下，所以庄生在楚国一直以廉直而闻名于国内。从上到下，从楚王到臣民，对待庄生都像对待老师那样尊敬。可能有人疑问了，那他为什么还接受范蠡给的黄金呢？其实庄生这个人非常讲信义，和范蠡的私交不错，他对于范蠡进献的黄金根本没往心里去。觉得现在不拿人家的东西，人家好像觉得自己不给办事儿似的，为了打消人心中的疑虑，干脆我先把这些黄金收下来，然后我把事情给他办成之后，再把黄金还给他。你看，人家庄生可是好意，但是范老大并不知其

意啊。

庄生收了黄金之后，就立刻来到宫殿面见楚王：“君上，臣夜观天象，发现有凶星袭击楚国方位。这表明咱楚国会有灾害啊。”

“啊？！”楚王闻听吓了一跳，因为当时那些人对于天文星象素来非常迷信，再加上楚王平常信任庄生，一听庄生这么一说，能不害怕？“哎呀，爱卿，既然如此，怎么样才能解决呢？”

庄生说，“要想解决也不难，其实大王你只要躬行仁义，德配四方，自然可以消除。”

“哦？那怎么来德配四方呢？”

“这很简单啊。大王，你可以立刻下令赦免天下的罪犯，这样就能消除灾祸。”

“哎，对对对对！哎呀，爱卿，你这个主意不错！可不是吗？把罪犯一放，就等于我积德行善了。上天自然是知道了，哎呀，太好啦，太好啦！”

楚王立刻颁了一道旨意，大赦天下。甭管什么罪一律无罪释放。这样一来，自然庄生就把范蠡的二儿子给救了。

楚国那些得了范蠡大儿子钱财的贵族人士得到消息之后，赶紧地通报给了范老大。范老大一听：什么？哦，我弟弟马上就可以获得赦免了，这是楚王要大赦天下，哎呀，谢天谢地，也是我弟弟命不当绝呀，楚王犯了什么神经了要大赦天下？哎呀，太好了，太好了！这一次我弟弟可保住性命啦。但是……范老大又一想：这件事儿是楚王办的，我却把那一牛车黄金送给了庄生，那不是白送了吗？不浪费了吗？既然庄生没有帮什么忙，干吗要我们家的金子呀？得了，我让他吐出来吧。于是，范老大又重返庄生家，要见庄生。

庄生一见范老大：“哎呀！”非常吃惊！因为庄生嘱咐了好几次，让这范老大赶紧离开楚国，“你怎么还没走啊？”

“哼！”范老大一听，“啊，嗯……是啊，我没走。为什么没走呢？因为我听说楚王要赦免我的弟弟，所以我特地来告知你一声。另外，向您辞行的。”

“哦，”庄生一听明白了，“呵呵！”庄生心说话，这是跟我要金子来了。好吧，哼！范蠡呀范蠡，你聪明一世，怎么生出这么不懂人情的孩子啊？我想要你的金子吗？我不想要你的金子呀！我想把你孩子救出之后，让你孩子带着你的金子回家，我是个讲信义之人，我不是见钱眼开之辈！你这个孩子这样来跟我要金子，这什么意思啊？你也太不地道了！不是来要金子的吗？“啊，这样吧，你自己进屋内去取吧！你的金子原封不动全在那里了。”

您说范老大多不会办事儿吧，还真得到了人家庄生的屋子里把那些金子全部给带走了。手里有钱了，范老大就在楚国的国都之内大肆挥霍，独自欢庆，等待着二弟被赦，带着二弟回家。他想得倒好，他哪知道一言兴邦一言丧邦，人家庄生既然能够用一句话让楚王把你弟弟放了，人家庄生也能够用一句话让楚王把你弟弟杀了。

果然，这一下子庄生认为自己受到了侮辱：好你个范蠡，世上的人都说你聪明，你可聪明得有点儿过火了，你这样做太不地道了！你想救走你的二儿子，先给我一个甜枣儿吃，等到你的二儿子被我救出来了，你卸磨杀驴。这要是传扬出去，我庄生成什么人了？如果说我庄生真看中了你那些黄金，你给我骗走了，也算我庄生自作自受。可是我根本就没成心要你的金子，你竟然给我玩了这么一个花活，这不是耍我吗？好，好，好！范蠡呀，既然如此，对不住，你以为现在你二儿子就已经脱离虎口了吗？那楚王的命令还没有下达到监狱里去，我让你的儿子活不成！

庄生立刻下了命令：“来呀，给我备辇！”干什么呢？“我要进宫会见大王。”就这样，庄生坐着车又来到楚宫见到了楚王。

庄生一见到楚王就说："哎哟，大王，可了不得啦，出事儿啦！"

楚王一看："嘶！哎呀，爱卿，出了什么事儿啦？"

"大王啊，也都怪我呀，你看，您本想以德行消除灾祸，不是颁了一道旨意让大赦天下吗？"

"啊，不错呀。"

"嗨！就是因为这件事出乱子啦。"

"出什么乱子啦？"

"大王您不知道，这个命令刚一颁布下去，还没有执行呢，咱们都城的老百姓这风言风语就传扬开来了。"

"哦？有什么风言风语传扬开来了？"

"大王啊，我听这些老百姓一个一个地在那儿嘀咕，我仔细地打探了一下，闹了半天这些老百姓都在传谣言哪！"

"什么谣言哪？"

"他说大王您大赦天下，并不是因为体恤楚国而进行的大赦，而是为了朱公之子啊！"

"嗯？"楚王一听，"什么朱公之子啊？"

"朱公者，陶朱公范蠡也！就是越王勾践当年手下的那位大夫啊！现在人家跑到了鲁国一带，在那里成为天下之富商，定居在陶，称为陶朱公啊，难道你不知道吗？"

"哦！我知道，我知道，寡人听说了。那怎么和他的儿子牵连上了？"

"嗨！大王有所不知，这个陶朱公范蠡的二儿子在咱们楚国犯了人命案，杀死了咱们楚国人，被囚禁在咱们国都。这些路人都说大王你之所以大赦天下，都是因为范蠡为了救他儿子，用重金贿赂了大王，所以大王您是看在范蠡金子的份儿上才饶了范蠡的儿子。怎么饶呢？大赦天下，掩人耳目。老百姓都这么说。"

“啊？”楚王一听，顿时勃然大怒，“哎呀，真真得气煞了寡人。寡人虽然不德，怎么会是因为这朱公范蠡之子就特别照顾呢？哦，我堂堂楚国的大王就那么没见过金子？为了那一些蝇头小利，我把我楚国的王法都不放在眼里了？这，这，这真是岂有此理！”

“是啊，可不说呢。那些百姓他们不知道大王赦免天下，其实就是为了体恤楚国的百姓啊。但是现在风言风语已经传遍了，都说大王是因为朱公之子才赦免了天下。”

“嘶！哎，这，这些百姓是谁传的谣言哪！把他给我抓起来杀了！”

“大王啊，杀一个传谣言的人好杀，但是堵不住天下老百姓的嘴，大家都这么传，众口铄金哪！还是没有办法从根本上消除谣言。”

“那爱卿您有什么良策可以消除谣言吗？”

庄生就等着楚王这句话呢。“当然有了。大王，其实很简单，你就下令先杀掉朱公之子，明日再下特赦令大赦天下。这样一来既能够消除灾祸，又能够使大家明了你不是因为这个朱公之子才大赦天下的，谣言即不攻自破。”

“哎，对！哎呀，还是爱卿想得周到！好，就依爱卿所言，先杀朱公之子，明日再大赦天下！”

一言兴邦一言丧邦，庄生一句话就能让犯了死罪的范蠡的儿子得以逃生，庄生又是一句话，本来已经能够逃生的范蠡之子再次蒙难。这一下子那还等什么呢？范蠡的二儿子就被楚王下令给杀了。杀了之后，第二天楚王下了特赦令，大赦天下。

范老大到第二天还等着弟弟出来呢，结果等到的是弟弟的死讯。“哎呀！”范老大是痛不欲生啊。收拾了弟弟的死尸，拉着，带上那一牛车的黄金又回到了家中。

范蠡二儿子的死讯传到了家中，范蠡的夫人和家人都十分悲痛。大家接连出门去，扶棺而哭。尤其是范蠡的夫人，能不难过吗？二儿子死了，那是心头肉哇！“儿哎，儿哎！”趴在棺材上放声大哭，痛不欲生。

她哭着哭着，就听见旁边有人嘿嘿冷笑，“嘿嘿嘿嘿……哈哈哈哈……”

“嘶！嗯？”范蠡的夫人一听，“谁呀？”往旁边一看，哎哟，可把夫人吓坏了。怎么呢？就见范蠡在旁边绰着双手是独自仰天大笑。哎呀！范夫人赶紧过去：“老爷，您没事儿吧，您节哀顺变。您，您这是干什么呢？要是难过，您像我们这一样也哭出来，您别笑哇，您笑得瘆人！”范夫人马上吩咐大儿子：“快，快去请大夫，赶快给你爹看病，你爹这是悲伤过度。他，他肯定是魔怔啦！快去！”

“哎，哎！”范蠡的大儿子不敢怠慢，叽里咕噜地请大夫去了。

范蠡等到大儿子走了，把笑声止住，看了看夫人。“夫人哪，你以为我魔怔了吗？其实我清醒得很，老二之死早在我的预料之内！”

“啊？老爷，您这是说胡话吧？”

“我怎么会说胡话呢？我现在实话告诉你，自从老大带了牛车黄金去了楚国，我就一直在家盼着他弟弟的死讯。”

“什么？老头子，你，你怎么知道老二被杀呢？老头子，你这可不能怨你大儿子，那是他亲弟弟，他肯定尽了力了。他能不爱他弟弟吗？您别误会，肯定是那可恨的楚国人不肯放老二。老大肯定是尽了力了。”

“呵呵！”范蠡一摇手，“夫人啊，我知道，老大和他弟弟的骨肉之情那是谁也分不开的。他不是不爱他弟弟，是有所不能舍呀！就因为他不能舍得，所以他才会失去他的弟弟。”

“嘶！”范蠡的夫人一听不明白了，“老爷，这，这话从何说起呀？”

“哎，夫人哪，知子莫若父哇，老大这个人你还不知道吗？他从小和咱们在一起历经磨难，咱们家最困难那几年他都在跟着咱们受苦，一直等到咱们来到齐国。那个时候一文不名，也是老大和我一起在齐国的海畔上辛苦劳作，最后才搏得一份家产。所以老大从小就知道家境的不容易，为生的艰难。于是，老大从小就养成了一个勤俭持家的习惯。他懂得财产来之不易，所以，他在花钱的时候，不大方。而咱们那个三儿子生下来时，咱们家道就已经很富裕了。从小可以说是衣来伸手，饭来张口，娇生惯养，他根本就不知道什么叫苦，根本就不知道财富的来源。所以，这个孩子从小花钱如流水，在他手中视钱财如粪土一般，根本不爱惜。我事先决定派老三去，就是因为老三能舍得钱财。他到了楚国，他就一个目的——救老二！救他哥哥！至于多少钱，在他心里根本就没概念。我给他多少，他能给我花多少。我让他把一车黄金送给庄生，他恨不能连车带牛都给人家，他根本就不在乎那些钱。所以，如果派他去，老二现在就回来了。但是老大他不会呀，他是能省点儿就省点儿，能少花就少花，能少花钱办大事儿，他就少花钱办大事儿。但是，他不知道应该怎么办事儿，所以最后钱省下来了，他弟弟死了。这也就是为什么当初我极力反对老大去拿黄金救他弟弟的原因所在啊。所以，老大一走，我就知道我二儿子完了，我二儿子被杀那是情理中的事儿。如此，有什么悲伤的？无足悲哀！我这些天已经悲哀过了，我这些天日夜都在等着他的丧讯传来呀！”

“啊！”范蠡说到这儿，范蠡的夫人恍然大悟。这个就是商人的老鼻祖范蠡告诫后世的商人经商做贾一定要舍得，没有舍，哪来的得？

范蠡苦笑一声：“我早说了，财富不能长久地保留在一个人手里，持财久了不吉啊。咱们家聚财聚得太多了，这是老天要损耗我们呢。干脆，把咱们家的财富再分散给那些贫穷的百姓去吧！”这就是范蠡的三散！

范蠡每到一处都能够成名于天下，这位古人在名利的面前始终保持着清醒的头脑而进退自如，以保全自身为根本，功名富贵的舍得就在这先散后聚中让我们有所体会。

因为范蠡是个淡泊名利的杰出政治家，本来就受到后人的崇拜，再加上范蠡是个天生的商人，天生就善于发财，而且发完财后乐于施财，这一点更是为人们所喜爱，所以被后世尊奉为文财神。

当然，还有种说法——文财神是纣王的王叔比干。为什么是比干呢？因为比干刚直不阿，得罪了纣王。他整天在纣王面前直谏，说："大王你不要天天的奢侈淫逸，这样不好。怎么呢？你要以老百姓的疾苦为根本，你不要宠幸妲己，你不要建立什么酒池肉林，你不要这你不要那……"最后把纣王给惹恼了。"好好好……王叔啊，你是圣人，我是昏君，行吗？但是，我听说这圣人都有七孔玲珑心，我不知道是真的假的？我今天就看看你是真圣人还是假圣人，有没有七孔玲珑心。来呀，把比干拖下去，给我开膛破肚掏心！"好家伙，一句话，把他亲叔叔拖下去"咔嚓"一刀把前胸剖开，把心掏出来了。是七孔玲珑心吗？没七孔。几孔啊？四孔。怎么四孔呢？左心室、右心室、左心房、右心房，这不四孔吗？哪儿来的什么七孔啊？比干就这么着为国而死。死后魂灵上天，被封了一个"文财神"。为什么是文财神呢？第一，因为比干本身是一国的丞相，文官；第二，你别忘了，比干没心哪，没心之人才能做财神呢。怎么？老百姓都盼望着财神给人间每一户每一个人的钱财都能够平均。只有没心之人才能够做到心不偏——不偏心眼儿。本来就没心眼儿嘛。没心眼儿，何来的什么偏心眼儿呢？所以老百姓就尊比干为文财神。

"武财神"关老爷

什么是武生意呢？不是说掌柜的会练武，做的就是武生意。而是指做的这个生意有后台，上头有人罩着，有老大，有厉害的合伙人，垄断的，这就叫武生意。如，有黑社会性质的买卖，看场子的、看家护院、黑道的、绿林的、响马强盗、县官小舅子开的铺子、镖行、漕运、盐运……像做这些生意的都称为武生意。作武生意拜财神要拜武财神。不仅如此，还有当武官的，做武将的，甚至一些港台地区的警察部门，他们也供武财神。

武财神是谁呀？不是别人，正是那位大家都熟知的关羽关云长、关公关老爷！

提起对关公的崇拜，在中国十分盛行，关帝庙遍布各地，关羽也几乎成了一个无所不管的大神了，“司财”只是其神职之一。或许不少的朋友都有疑问：关羽关云长生前乃是一位威风凛凛的大将，温酒斩华雄、斩颜良诛文丑、过五关斩六将、水淹七军……可以说是名震天下，最后走麦城死了。但甭管怎么样，关公应该说一生之中都在驰骋沙场，和财富好像并无关系呀，将他奉为财神是为什么呢？这一点完全是因为国人对关公极其崇拜，才把关老爷树立成了一个全能的大神，什么都管。又据传说，关云长曾经管过兵马站，善于算数，发明过“日清薄”（账簿），据说算盘也是关羽发明的，所以，大家就把关羽敬为财神了。更为主要的还是因为关公忠义，也就是当代我们提倡的诚信，以忠义诚信之人为财神，也是在警示世人君子爱财，取之有道！把关羽的像往店铺里一放，旁边一副对联，上联是：夜观春秋文夫子；下联配：单刀赴会武圣人。横批：取财有道。再看那关羽，眯缝着丹凤眼，手捻五绺须髯，那意思：谁要是不诚信，发黑心财，挣昧心钱，不够哥们义气，小心俺关云长的青龙偃月刀！

不仅百姓崇拜关羽，封建帝王更是如此，其实关羽的神更多的也是一些封建帝王所封的。关羽以忠义闻名，这一直是以儒治国的帝王们尊崇的典范，这种风气自宋代以来越演越烈。宋徽宗崇宁元年（1102 年），就封关羽为“忠惠公”；宣和五年（1123 年），又封关羽为“义勇武安王”。到了元代这个称号就更长了，封关羽为“显灵义勇武安英济王”。到了明代封关羽为“关壮缪公”，与民族英雄岳飞同祀，所以当时全国各地的武神庙宇都叫作关岳庙。到了万历三十三年（1605 年），封关公为“三界伏魔大帝”“神威远震天尊”“关圣帝君”等等等等。到了清代初年，明朝旧臣刻意强化关帝的忠义，民间又有秘密会党组织，什么八卦教、白莲教、天地会……这些当时的所谓的一些民间组织，更以关帝之忠义作为结党的精神纽带，锋芒直指当时的清政府。为了收拢人心，清代顺治元年就册封关帝为“忠义神武关圣大帝”。到了康熙五年（1666 年），又加封关羽为“忠义神武灵佑仁勇威显关圣大帝”，而且敕碑于洛阳关林。同时清王朝刻意淡化了关帝的原始内涵，在民间通过文化引导，逐步有意识地把关羽关云长转化成了一个武神了，转化成财神了，转化成正义之神了，让关帝什么都管。如司命禄科举、祛（除）灾除疾、驱邪避恶、诛罚叛逆、巡察冥司、庇护商贾、通畅财源、决断疑难等等。总而言之，没有关云长不管的事儿，最后就把关羽定格为了“武财神”。也就是说关羽迷了吧嘟地当成财神了。

财神为政治服务

从渊源上看，无论是赵公明正财神，还是关羽武财神，还是什么比干文财神，其实这些人生平都与财富没有什么瓜葛。他们成为财神的原因除了“话本”小说文学强大的传播功能以外，其实中国古代封建统治者意识形态的动因尤为重要。您看，无论关帝，还是封神演义中的助纣为虐的赵公明，或者是比干，他都是以将领，或者是以文臣的身份殉职的。甭管他是正义的，或者是不正义的，但是对于封建王朝来说他们都是“忠臣”，他们都忠诚，那是统治阶层最为重要的“纲常之道”。

相反的来说，另外的那位财神范蠡，虽然说“居家则至千金，居官则至卿相”，但是这个范蠡一生之中视功名如粪土、视钱财如无物，作为帝王的股肱之臣，大业初成即“挂帆远去”，把自己的国君给炒了。作为富甲一方的富商巨贾来说，挣那么多钱，却数次散尽千金，普度天下穷人，俨然是第二个救世主！哦，好人都让你当了，名声全让你落了，老百姓都说你范蠡好，那我们做君主的呢？跟你一比，我们成什么了？这一切绝非帝王所求。因此作为文财神的范蠡往往被历代帝王刻意淡化，而消失在人们的眼界之外。

编外财神——准财神

前文书给大家介绍了很多的财神——正财神、偏财神、文财神、武财神。这些财神好歹还是编制内的。有编外财神吗？有哇！这种财神叫“准财神”。

准财神是谁呢？准财神据说很多。观世音菩萨身边不是有那么一位善财童子吗？据说这个善财就是一个准财神。那么最著名的准财神，就是大家熟知的那位刘海了，也叫刘海蟾。

据说刘海蟾是我国五代时候的人，祖籍燕山，也就是说刘海是北京人。曾经做过辽国的进士，后来又做到了丞相，辅佐燕主刘守光。刘海此人素习“黄老之学”，后来被吕洞宾点化成仙。

因为刘海蟾道号里面有个“蟾”，所以老百姓又给他编了个传说——刘海戏金蟾。

大家都见过“刘海戏金蟾”，是一个小娃娃，额头前面留得那么一小撮撮儿，那叫什么呢？那就叫“刘海儿”。敢情就是刘海当时留下的一种发型。他头上梳着日月双抓髻，手舞足蹈，喜笑颜开，手里面还提溜着一串钱，下面有一只三足的大金蟾，叼着钱串儿的另一端，做跳跃状，充满了喜庆，充满了吉祥，充满了财气。当然，刘海所戏的金蟾可不是一般的蟾蜍，而是一只三足的大蟾蜍，举世罕见。蟾蜍被古人认为是一种灵物，古人认为得蟾蜍可以致富。传说刘海用计收服了修行多年的金蟾，得道成仙。刘海戏金蟾，金蟾吐金钱。刘海走到哪里，就把钱撒到哪里，救济了不少穷人，人们尊敬他，感谢他，称他为“活神仙”。甚至老百姓还给这刘海建了刘海庙，把刘海的故事编成戏剧，到处吟唱。就这样，刘海以戏金蟾的传说被抬上了财神的宝座。因为刘海当财神的时候，财神的编制已经满了，所以刘海没得到正位，得了一个候补，就叫“准财神”了。

关于财神爷的传说在民间太多了，在这里咱们就不一一描述了。总而言之，财神是咱们中国老百姓们非常爱见的、非常想见的、非常敬仰的一个吉祥的神仙。其实，要想使财神进自己的家门有几个要素。什么要素呢？你必须勤劳、善良、守信、诚实、智慧，有了这几个要素，财神自然而然会到您的家中，您的家自然而然地会富裕。所以，在我国不少财神庙的门外面都贴着一幅有趣的对联儿

上联写：就这一点金钱，你来求，他来求，给谁是好？

下联配：不做半件好事，朝也拜，晚也拜，叫我为难。

横批是：乐善好施。

您看，这副对联多么有意思，多么有哲理啊。

第十章 大年初六

——穷神在哪里啊穷神在哪里？

寻找“穷神”送走他，扫把星再次出现，厕所也有主管神，彝族初六“祭土主”，清水岩祖师与铁观音……

大年初六要送穷。什么是送穷呢？“送穷”是我国古代民间一种很有特色的岁时风俗，意思就是祭送穷鬼。

穷鬼又称穷子。这一天家中的主妇要把节日积存的垃圾给扔出去，谓之送穷鬼。门上的挂笺儿也可以摘下来同时扔出去，叫作送穷神。过去，这一天最受欢迎的是当年年满十二岁的男孩子，为什么呢？十二是六的二倍，所以称为六六大顺。正值本命年的男孩子，都以准财神刘海儿打扮，背着五个用白纸或彩纸剪成的小人儿上街。干什么呢？让人家抢。谁抢到这个孩子背的那个小人儿，谁就等于抢到财神了。那么这个小孩儿背的小人儿要是被人家抢走了呢？就等于这个小孩儿扔掉了穷鬼了。您说这也不知是谁瞎琢磨的，那背的到底是财神还是穷鬼呀？还有两种角色。可能有人说了：“如果两个都是十二岁的小孩儿，都上街了，都背着小人儿，碰到一起怎么办呢？”怎么办？抢！谁先抢到对方背后的小人儿谁吉利。这就跟现在流行的“撕名牌”似的。

初六这天还要占马。因为是马日，所以家中应该给这个扔穷的孩子买“驴打滚”吃。为什么呢？据说纪念马。那你纪念马就纪念马呗，吃什么驴打滚儿啊？哎，风俗嘛。

“穷神”是哪派的神仙啊？甭说咱们今天说不清楚，好像从古到今都没有说清楚过。这“穷神”究竟是属于神仙？还是菩萨、罗汉？是道教的？是佛教的？他什么教派也不是，也不属于魔鬼一流。大文豪钱锺书先生在他的《管锥编》里考证过，说从唐代我国民间就开始盛行送“穷鬼”了，但当时就叫“穷鬼”，不叫“穷神”。等到明清之后，“穷鬼”才被尊为“穷神”。

唐代文学家李邕的《金谷园记》和宋朝的陈元靓的《岁时广记》中都有这么一个记载，尤其陈元靓的《岁时广记》引《文宗备问》上有详细的记载说：“颛顼高辛时，宫中生一子，不着完衣，宫中号穷子。其后正月晦死，宫中葬之，相谓曰‘今日送却穷子’。”什么意思呢？其实，咱们在讲年除夕那天都已经讲过了。说颛顼有个孩子叫作穷善，又叫作穷子。邋里邋遢，死在除夕夜，所以大家要大扫除，把这穷鬼给扫出去。陈元靓也说，颛顼生了个儿子，长的身材矮小，瘦骨嶙峋，黄病八叉，看那意思一阵风都能给吹到火星上去。你说你长得不好，就穿点好衣服呗。不！这位就喜欢穿破衣烂衫，可能也算一种行为艺术吧。反正，从小这位的衣服就没有穿齐整过。穿了上衣，不穿下衣，盖上屁股，露着膀子。很多人看不惯啊，你怎么说那也是帝子——帝王的儿子，哪能穿得这样呢？有人就送给他新衣服——也为你老爸长长面子。给他好衣服，人家不穿，怎么？太新！那怎么办？让我穿也成。他把这些新衣服扯破喽，要不用火烧出窟窿，就穿这个，玩的就是这个非主流。大家一看，也没辙了，这就是个挨穷的人啊！因此“宫中号为穷子”。就这位非主流行为艺术家的穷子，由于不穿好衣服，大冷的天没挨过去，在那年的正月就死在宫里头了。

颛顼一看，儿子死了，拉出去埋了吧。有人就把这穷子成殓起来，拉到外面埋葬。路上碰到熟人了，“哎，你们这干吗呢？大过年的，拉得什么东西？”“唉！这……这……”这位心说：我怎么说呢？大过年的埋死人？不好听啊。灵机一动，“噢，我们今天送穷！”从那之后，过年期间送穷的民俗就流传下来了，穷子也就成了人人害怕的穷鬼了。

但是，穷善到底在哪天死的呢？有人说就是在大年初一或除夕那天给饿死的，有人就说是在正月初六这天给饿死的，老百姓一合计，得了，除夕那天我们大扫除一下，到了初六这天我们再正正规规地把他送出去！所以，初六送穷的风俗在我国的唐代就已经相当的盛行了。

大文学家韩愈就曾经写过一篇《送穷文》，文中说老百姓家里的主人到送穷日那天要“三揖穷鬼而告之曰：‘闻子行有日矣，我有资送之恩，子等有意于行乎？’”就是说，我听说你要走有好几天了，我这里有给你送行的钱，您想不想走啊？问一下。

唐诗人姚合还写过《晦日送穷三首》，其中第一首云：

年年到此日，
沥酒拜街中。
万户千门看，
无人不送穷。

从最后两句我们可以窥见送穷的风俗在我国的唐代已经是相当的普遍了。

到了宋代以后，送穷的风俗依然流行。清朝人俞曲园在他的《茶香室三钞》上有《送穷鬼》篇，录了一些前朝人的词，上面就有一句：“奉劝郎君小娘子，空去送穷鬼。”

上文也说了，像其他风俗一样，关于送穷到底在哪一天也有几种说法。《岁时广记》上引《岁时杂记》中说是在人日的头一天。人日是哪一天呢？人日就是正月初七，正月初七的头一天就是正月初六；但是，这本书同时又引《图经》上的记载，说：“池阳风俗，以正月二十九日为穷九日，扫除屋室尘秽，投之水中，谓之送穷。”还有一说是在晦日，晦日是什么时候呢？就是正月的最后一天，因据《文宗备问》上说，“穷鬼”本死于正月晦日；在清朝顾禄写的《清嘉录》上有个《远平志》，上面写正月初三是送穷日；在民国的一些县志上还记载正月初五为送穷日；还有的地方把除夕作为“送穷日”……不一而足。但是，虽然日子有所不同，有一点是共同的，就是无论什么时候送穷，都是安排在正月新春进行。没有说到八月十五送穷的。因为要在一年的开头把家里的穷神全送出去，把财神接进来，这样才能保证一

家一年不受穷。

送穷又有什么风俗，又有什么仪式呢？《岁时杂记》中记载：“人日前一日扫聚粪帚，人未行时，以煎饼七枚覆其上，弃之通衢，以送穷。”就是说到了初六送穷这一天，要把家里打扫得干干净净，什么粪便、垃圾等乱七八糟的东西都得打扫出来。再烙七个煎饼把这些乱七八糟的都覆盖上，然后扔了，这就算送穷了。韩愈《送穷文》中说，要为这个穷鬼“结柳作车，引帆上墙”。就是说在那个时候送穷还要为这个穷鬼准备好象征性的车船，还要给穷鬼带上干粮，甚至有些地方还有“以芭蕉船送穷”的做法。看来，各地送穷各有各的办法，各有各的风俗。民间广泛流传的送穷习惯也反映了我国人民普遍希望辞旧迎新，送走旧日贫穷苦难，迎接新一年的美好生活的传统心理。

另一个“穷神”和“吊钱”

民间传说中，还有一个“穷神”——姜子牙的老婆，就是那个扫把星，倒霉神。这位说：“她怎么那么厉害，身兼多职？”啊，这人能闹啊。问玉皇大帝要官，“我要当穷神，你给不给？不给，我就赖在凌霄宝殿，我跟你闹！”玉皇大帝惹不起她，不就是个穷神么？别人还不爱当呢，给你吧。她就成穷神了。不过，玉皇大帝跟她约法三章，说：“你这个人，太任性，说打就落，乱上别人家，给人家带来晦气，这不行。以后你成穷神了，我规定你只许上富贵人家，给这些家破点财，不算什么。他们能抗啊。那些穷苦人家，你就不能去了。本来人家就穷，你再过去，人家穷上加穷，活不下去，上吊跳河，这就是人命啊。所以，穷苦人家，看见人家门脸破败的，就不准你进去。”

扫把星一听，“行！事儿还不少！谁乐意到穷人家去啊？去就去富人家！”她扭搭扭搭准备大年初一下界去了。

哎哟，这消息被“小报记者”知道了，传到民间来了，可把老百姓吓坏了。这好！往年扫把星下界到谁家谁家倒霉，现在更厉害了，到谁家不光倒霉，还要受一年的穷，这受得了受不了！怎么办，想法别让她来啊。有什么办法？哎，对了，她不是看到谁家门脸破就不到谁家么？干脆！我们在门上挂破布帘子得了，这叫“迷彩装”！都知道姜子牙老婆眼睛不咋地，高度近视。于是，老百姓纷纷把家里的破布烂麻翻腾出来全挂门上了，干吗？看看吧，我家破成这样了，你穷神别来了。阻拦穷神进宅。

穷神扫把星到下界一看，哎呀！是不是闹经济危机了？怎么家家这么穷啊？得了，都穷成这样了，我也别进去了，她走了。

后来大家一看，这一招还真灵，不过，这大过年的，门上挂着破布，太不雅观了。换换吧，人们就用整块布、整张纸剪成穗子来代替破布，以后便慢慢发展成更加精美的门笺。

门笺，不同的地方有不同称呼，有叫挂钱儿的，有叫吊钱儿的，有叫门吊、门花、吊千儿等等。现在，一般都用红纸或彩纸剪刻而成一个长方形，镂空的背，饰有方孔钱纹、万字纹、水波纹等，有的上面还吉语题额，吉祥图案、福禄寿喜等等，下面还有多种多样变化的穗。春节期间往门楣上一贴，干吗？阻止穷神走进家门。等到大年初六，把这挂钱儿摘下来扔了，这就送走了穷神，意味着一年贫穷就再也不上门了。

初六祭厕神

我国的一些地方，初六这天，人们还要祭厕神。厕神就是主管厕所的神仙。为什么要祭厕神呢？厕所多臭啊。

您别忘了，咱们祖先有一句谚语，叫“庄稼一枝花，全靠粪当家”。过去的中国是一个农业大国，那年头也没有化肥，所以老百姓对农家肥格外依赖，自然对于主管厕所的神灵更加崇拜。新年开始，又一轮的种植要开始了，老百姓当然要对厕神祭祀一番，保佑今年肥壮、粮食大丰收。

厕神是谁啊？传说中，厕所神叫紫姑。对于紫姑神的来历，主要有三种说法。

最早的关于紫姑的记载，见于南朝刘敬叔的《异苑》卷五，说紫姑神早已有之，她原是一户人家的婢妾，因被主妇所嫉恨，总让她干脏活加以折磨。紫姑不堪虐待，于正月十五那天激愤而死。所以，很多地方也有在正月十五元宵节这天“迎紫姑”的。

在《显异录》上记载：“紫姑，莱阳人，姓何名楣，字丽卿。寿阳李景纳为妾。其妻妒之，正月十五阴杀于厕中。天帝悯之，命为厕神。故世人作其形，夜于厕间迎祀，以占众事。俗呼为三姑。”

还有种说法来源于《封神演义》。小说里有一段书叫“大破黄河阵”，说的是赵公明助纣为虐被陆压道人施法术给杀死。他的妹妹云霄、琼霄、紫霄三位仙姑要为兄报仇怒摆黄河阵，用混元金斗这件法宝，把元始天尊十二弟子的大部分打进了黄河阵。后来元始天尊和老子大施法力，破了黄河阵，三位仙姑丧命。姜子牙封神，三位仙姑就成了坑三姑娘。她们的混元金斗就是子孙桶，也就是马桶，这坑三姑娘就成了厕神，据说这就是紫姑。

甭管紫姑是谁，反正老百姓相信紫姑能问休咎祸福，就说紫姑神前知五百年、后知五百年，遇到什么疑难的事儿，向她问卦，她都能预测未来。什么事儿都可以么？当然！过去小到农耕桑织、建房造屋、生儿育女、商贾贸易，大到国事征战、科举仕途、功名利禄等，紫姑都能预测，而且必有灵验。

五代陈纂在他的《葆光录》中就记载了一个祭祀厕神显灵获报的故事。书中说，在天台有户王姓的人家，经常祭祀厕神。有一天，他又去祭祀了，突然面前出现了一位黄衣女子，没等王某反应过来，这位黄衣女子就对他说了：“别害怕，我就是厕神，感谢你经常祭祀。我问你，你听到过蝼蚁说话吗？”王某一听，谁没事儿听蝼蚁说话啊，把头一摇：“没有。”“那好！”厕神说着话从怀中取出了个小盒子，打开一看，里面是一些膏状的东西。就见厕神用手指蘸了点里面的膏状物，以指点了一下里面像口脂一样的膏，涂在了王某右耳下，“好了，现在你就能听懂蝼蚁的对话了，再见到蝼蚁群聚，你就过去侧耳听之，必有所得。”“哎！”王某半信半疑啊。黄衣女子一晃不见了。到了第二天，王某发现在柱子下有一群蚂蚁，他想起了昨天厕神的祝福，于是凑过前去，侧耳聆听，果真听到了蚂蚁在谈话，就听它们说：“唉！哥哥兄弟，咱别在这儿了。”“怎么？”“这你都不知道啊。在这根柱子底下有宝物，咱们住在这里不安宁，万一哪天被人发现，拿铁锹一掘，咱们的窝还不给刨了啊。我看，咱们还是移穴到暖处去吧。”“对对！你说的对！快！大家赶紧搬家！”嚯，这些蚂蚁就开始搬家啊，搬了好久，终于全部搬完了。王某赶紧拿铁锹来，在这个地方一挖，果然挖得十锭白金。你说厕神灵不灵吧。

有关厕神显灵的事迹，宋人亦多有记载。沈括在《梦溪笔谈》记载说，宋仁宗景佑年间，太常博士王伦祭祀紫姑，结果就有神仙附在了他闺女身上，王小姐张口就说：“我乃上帝后宫仙女。”从此，王小姐文章写得清丽自然，还出版了专著叫《女仙集》。而且王小姐自打被神仙附体之后，书法写得特别的好，尤其篆隶写得是非常有笔力。更神乎其神的是，她家里的人时常见到王小姐一半的身子，而且上半截只是仙女的模样，下半截呢？下半截都是仙云缭绕啊。这种紫姑神显灵附体的事，宋代并不鲜见，苏轼《子姑神记》亦有类似记载，足见人们对紫姑灵应是深信不疑的。

宋代大诗人陆游还就曾经迎过紫姑做过占卜，他写了一首《箕卜》诗说：

孟春百草灵，
古俗迎紫姑。
厨中取竹箕，
冒以妇裙襦。

竖子夹扶持，

插笔祝其书。

俄若有物凭，

对答不须臾。

岂必考中否，

一笑聊相娱。

看来，陆游对紫姑的占卜并不完全信任，权当娱乐而已，一笑了之。但是，这首诗却反映出南宋时期民间迎紫姑已蔚然成风了。

旧时迎祀紫姑神，还要做一个代表紫姑的人偶。明朝刘侗、于奕正在《帝京景物略》记载，当时的妇女们要在这一天扎个草人，再用纸给她糊个假脸儿，而且给她穿上衣衫裙子，再佩戴上首帕，整个紫姑版芭比娃娃！这就是当时用束草做偶的紫姑。另外，也有人以扫帚来穿衣扮紫姑的，也有以饭箕来代替扫帚的，比如清朝吴友如在他的《迎紫姑神》画中，有两个女子抬着托盘，上面放着饭箕，而且还给它戴帕插花。《紫姑》图则表现女子迎祭紫姑神情形："云间俗例每年于元宵，儿女辈焚香燃烛，设茶果于桌上，以兜套作妇人形，用饭篓抬之，或赴厕间，或于墙角迎紫姑神。"清代山东潍县年画《拜紫姑神》中紫姑神形也是用饭箕簪花代替。

过去迎祀紫姑神的大多是女子，就如同前面我们说的有些地方祭灶的习俗一样。元宵节里的一项主要活动，是乡村女子迎祀紫姑神以卜将来蚕桑，城中女子则占卜众事，或卜何时喜结良缘，何时添丁生子等。迎祀之前，都要把厕所、猪栏等地打扫干净，然后虔诚迎祀紫姑，请她多加保佑，赐福降祥。

怎么迎祀紫姑呢？从唐宋以来，基本上是拿来一只饭箕，给它打扮上钗环、花朵，再插上筷子作口，两人抬着来到厕所，那里早已安排了一张香案，上摆着沙盘或灰盘，把饭箕供在香案上，焚香燃烛，对之礼拜。这时，扶箕的女子把箕口对着沙盘，就在沙盘上写字以卜凶吉。说到这里，您能明白了吧，“扶箕”其实就是扶乩，也就是问卜，求神降示，回答卜问，又叫扶鸾、飞鸾。扶乩伴随紫姑信仰产生于唐代，到宋元明清就变得十分盛行。《游宦纪闻》说，唐人虞世南幼时曾看见亲戚朋友请紫姑神，用筷子插在筲箕上，桌上布一层灰，两人手扶箕在上面画字。宋代流行扶箕，宋人郭彖《睽车志》载，岳飞死后，临安西溪寨军士将领请紫姑神，神自称岳飞降临，大书其名，众人惊愕不已，请其签名，则沙盘里露出的笔迹，宛然平日真迹也。又书写一绝句。大奸臣秦桧知道后恼羞成怒，下令捉拿惩治那些请紫姑神的人，众人吓得四处逃散。看来，神仙也斗不过奸臣。

像上述紫姑神显灵情形不胜枚举。明清悬箕扶鸾之风格外盛行，请的神多是紫姑神，各地区各时期的方法大同小异，大多为学子以乩仙示题，或扶乩问前程。清代还出现扶乩世家，以扶乩为业，这与早期的紫姑神信仰已相去甚远了。

总体来说，初六祭厕神的民俗体现了传统的中国人对生活中“吃喝拉撒”这种看似小事其为大事的一视同仁的注重。

九天玄女的生日

传说，九天玄女的生日也是正月初六。

说起这个九天玄女，那可是个传奇神仙。九天玄女，又叫九天娘娘、九天圣母、九天玄女娘娘，简称玄女。她本来是中国古代神话传说中的女神，后来为道教所信奉，成为女仙中著名的一位。为什么叫“九天玄女”呢？所谓九天者，指的是东、南、西、北、东南、东北、西南、西北、中央这九个方向。所以九天就是四面八方的意思。换句话说，玄女就是天地间唯一的神女。

九天玄女到底是个什么样的神仙啊？和很多神仙一样，关于九天玄女的身世说法也多种多样。

一个说法，说这九天玄女的原始形象就是个“玄鸟”。《诗经·商颂·玄鸟》篇说：“天命玄鸟，降而生商，宅殷土芒芒，古帝命武汤，正域彼四方。”这是殷商后代祭祀祖先的诗歌。原来，传说殷商的祖先叫殷契（音若歇），殷契的母亲叫作简狄，乃是有娀（音若松）氏之女，为帝喾的次妃。有一次，她和帝喾还有帝喾的正妃，三个人在外边洗澡。突然来了一只玄鸟，飞着飞着“噗！”下了一个蛋。你说巧不巧，正好落在了简狄手里。简狄估计当时也饿了，直接把这鸟蛋给吞了。结果，回家，就怀孕了。后来生下一个孩子，这就是契。契长大后，辅佐大禹治水有功。被封于商地，赐姓子氏。商就是现在的河南商丘南。所以，那个时候的商族就觉得自己和玄鸟有血缘关系，就用玄鸟作了自己的图腾。说这个玄鸟就是九天玄女，长得什么样？太难看了，人头鸟身子，整个一怪物。

还有一种说法，说这九天玄女是由“天女魃（音若拔）”衍化而来的。在《山海经·大荒北经》中记载了这么一个故事。说当年轩辕黄帝和蚩尤白帝打仗，双方打得难解难分。黄帝派大将应龙攻打到了冀州之野。蚩尤一看应龙来了，他这儿也有能人，就请来了风伯、雨师，您听这名字，一个管刮风，一个管下雨，俩人就纵起了大风雨了。黄帝一看，这仗没法打了，刮风下雨的怎么行军啊？这才从天上请下了天女魃。天女魃一来，施展仙术，立刻风停雨止。黄帝趁此机会，催动大兵打败了蚩尤。说这个天女魃就是九天玄女的原形。

到后来《云笈七签》和《墉城集仙录》又作了演绎，九天玄女就成了轩辕黄帝的师父了。这怎么回事儿呢？

说上古时期，黄帝与蚩尤大战于涿鹿之野。两军处于相持阶段。

蚩尤不好打，兵精粮足，而且还使用了妖术邪法。一下子，涿鹿这一带下起大雾了，军士都看不见天日，分辨不出东西南北。黄帝打了几次，都大败而归，兵退太山之阿。

黄帝夜里睡不着觉，发愁啊，他就在这儿虔诚祈祷，最后感动了一位神仙——西灵圣母。

西灵圣母派使者先授给了黄帝一道真符，佩戴身上。然后，西灵圣母又命弟子九天玄女降临，帮助黄帝。

九天玄女骑着凤凰，驾着彩云，穿着九色彩翠华服，下界成了黄帝的老师兼军师了，传授给黄帝三宫五意阴阳之略，太乙遁甲六壬步斗之术，阴符之机，灵宝五符五胜之文，以及兵符印剑。不仅如此，九天玄女还给黄帝特制打造了八十面夔（音若奎）牛鼓。夔牛可是上古时代的神兽。据《山海经·大荒东经》记载，夔牛生活在东海流波山里，其状如牛，白颜色，没有犄角，就有一只脚走路，出水入水都带着风雨，两只眼睛闪闪发光如同日月一样。尤其，它的声音最为洪亮，其声如雷。你别看这么厉害，让黄帝派人给逮了，剥了它的皮，做成大鼓。这鼓可了不得。《黄帝内经》上说这种鼓："一震五百里，连震三千八百里。"从中国敲夔牛鼓，美国自由女神都得跟着跳迪斯科，就传那么远。但有一样，敲这个鼓，用一般的鼓槌不行，必须用夔牛的骨头做鼓槌才能敲这么响。那这不现成的么？皮之不存，骨头也难逃啊。

八十面夔牛大鼓做得了。这下，黄帝声威大振。黄帝摆下了一座奇门遁甲大阵，即令军士以擂夔牛巨鼓，向蚩尤挑战。这鼓声一敲起来，震天动地啊，只见整个战场地动山摇，天旋地转，喊杀声直冲霄汉。把蚩尤兵卒震得神魂颠倒。黄帝趁机冲杀，蚩尤大败。这位说，不是有雾么？现在黄帝已经造出了指南车了，乘着指南车，就能辨清方向，所以大雾也没用了。一下子打败了蚩尤，平定了四方。

因为有这个典故，所以唐朝文学家王勃在他的《乾元殿颂》里说："帝座闻鼙（音若频），玄女荐龙庭之策。”至此，这九天玄女已完全脱离了动物的痕迹，成了一位扶助应命英雄，专门传授“天书神策”的上界女仙了。

所以你看，历代传说中的各种玄理奇术的“天书”，大都与这个九天玄女有关。比如战国时期，孙膑从鬼谷子那里得了天书三卷，这鬼谷子从哪儿得的天书啊？从白猿手里得的。白猿从哪儿得的？白猿就是袁公嘛，帮着九天玄女守天书洞的。找到根了吧？还有唐朝的那个薛礼薛仁贵，也是从九天玄女那儿得来的白虎鞭、水火袍、震天弓、穿云箭、无字天书五件宝物，这才东征大捷；《水浒传》中的宋江更是得到了九天玄女的三卷天书，才可以替天行道；传说明朝的刘伯温出山前，在处州罗山山洞中，也得天书四卷，后凭天书才辅佐朱元璋打下了天下。

历史上关于九天圣母的传说玄之又玄，她给中国善男信女蒙上一道神秘的光环。在北京，就有三座祭祀九天圣母的庙宇，其庙宇遍及全国各地，成为历代香火不断，万民参拜祈求平安纳福的女神。而她的生日就是大年初六！

清水岩祖师的生日

正月初六不仅是九天玄女的生日，还有个神人也今天过生日。那就是咱们闽台一带同胞所崇信的清水岩祖师的生日。在这一天，各祖师庙都要张灯结彩准备牲礼或演戏来祭祀。

清水岩祖师，又称麻章上人、蓬莱祖师、乌面祖师、落鼻祖师、清水真人和昭应大师，名称很多。说他俗家姓陈，名应，也有说他叫陈昭或叫陈昭应的，法名“普足”，宋仁宗庆历四年正月初六诞生于福建省永春县小姑乡。也有说他是庆历七年正月初六生的。

陈应自幼在大云院出家，后来又到高太山，在这儿结茅筑庵，闭关静坐。在这里，遇到一位圣僧大德——大静山明松禅师，经禅师指点，陈应参读佛典三年，终于悟道。明松禅师授他衣钵，并告诫他：“我佛最大功德，就是行仁，所以你要舍弃万缘，以利物济世为职责。”“谨遵师命！”于是，陈应便在麻章这一带，施医济药，普救贫病，深受老百姓爱戴，所以麻章都尊他为“麻章上人”。

到了宋神宗元丰六年。清溪（今福建安溪）、永春一带遇到了大旱，旱得地皮龟裂、河流干枯，老百姓苦坏了，于是纷纷找陈应，请他祈雨救旱。陈应答应了，马上设坛求雨。您说奇怪不？这一求，立刻甘霖普降，旱情马上解决了。

老百姓高兴坏了，怎么感谢上人呢？大家一商议，就在蓬莱山石室修建了一处精舍，名叫“清水岩”，把陈应请来居住。从这儿开始，他就被大家尊称为“清水岩祖师”，又叫“清水祖师”，民间俗称“祖师公”。

清水祖师在这里修行十九年，独力募化，修桥铺路，人人称颂，所以漳州、汀州一带的人都十分崇信他。就成为这一带的“守护神”了。据说清水祖师还有奇异功能。什么呢？就是每逢天灾巨变之前，就会有灰尘落到清水祖师鼻子上，这叫“落鼻示警”。清水祖师就会立刻告诉百姓，让百姓做好抗旱防涝的准备，因此，大家又给他送个尊称叫“落鼻祖师”。

宋徽宗靖国九年，五月十三日，清水祖师圆寂。地方百姓都感念其德泽，奉报朝廷，敕赐“昭应大师”封号。

但是，台湾三峡祖师庙对这有不同的记载。那里说，清水祖师是北宋京都开封府祥符县人，也就是现在的开封人，曾追随宋丞相文天祥义举勤王，英勇抵抗元兵，转战大江南北，是抗元扶宋的民族英雄。清水祖师生前曾隐居于福建清水岩，死后明太祖追念他功在国家，敕封为“护国公”，昭命于福建省安溪县清水岩建立祠堂崇祀，因此福建安溪人称他为“祖师公”，其庙宇称为“祖师庙”。

但甭管那种传说，对清水祖师的信仰在闽南、台湾地区非常盛行。他与妈祖、保生大帝并称为“雨神”“海神”“药神”，成为闽台三大民间信仰。每年都有数以万计的台湾同胞回到大陆，前来清水岩祖殿朝拜，清水祖师为沟通闽台人民、推动闽台的经济文化交流，进而推动地方社会经济发展，作出了不可磨灭的功绩。可以说是“一尊清水祖师，牵动两岸情缘”。

第十一章 大年初七

——Happy birthday to all human beings

“全人类”的生日，青春美丽真人秀，舌尖上的人胜日，跟着古人算算卦，火神节里说火神……

正月初七在古代被称为“人日”，也叫“人庆日”“人胜日”“七元日”“人七日”“人胜节”。传说今天是整个人类的诞辰日。

在古时候，正月初七这一天的“人日”可是个大节，至少有两千年以上的历史。人日是怎么来的呢？其实，一千多年前有个皇帝也提出了一样的问题。这个皇帝就是东魏的孝静帝元善见。

有一次，过“人日”，孝静帝也不明白，就问文武大臣这个问题。满朝文武都被问住了，只有史学家魏收答得出来，而且人家引经据典，说：“陛下，这个在晋人董勋的《答问礼俗》中有描述。书中说：‘正月一日为鸡，二日为狗，三日为猪，四日为羊，五日为牛，六日为马，七日为人。正旦画鸡于门，七日贴人于帐。’汉朝东方朔在他的《占书》上也说：‘岁正月一日占鸡、二日占狗、三日占猪、四日占羊、五日占牛、六日占马、七日占人’。按照道家解释‘，天地先生鸡、次狗、次猪、次羊、次牛、次马，始生人’。所以，人们才将正月初七这天称为‘人日’”。

“噢……”孝静帝听完……没明白，什么乱七八糟的，你讲清楚行不行？什么一二三四，鸡狗猪羊的？

其实，要讲清楚，就得谈到中国神话的“创世纪”，中国的“造人说”了：盘古开天辟地，女娲娘娘造人嘛。

女娲娘娘造人

提起女娲娘娘，可了不得，那是中国历史神话传说中的一位女神，也是中华民族伟大的母亲，是被民间广泛而又长久崇拜的创世神和始祖神。

据说女娲娘娘姓“凤”，也有说姓“风”的，名字叫“凤里牺”或“风里希”，生于成纪，就是现在的甘肃秦安县。如今您到当地看看，还有风台、风茔、风尾村这些地名呢，据说这都和女娲有关。

女娲娘娘长得非常漂亮端庄，但是有一点，她是人头蛇身，也有说人首龙尾的，反正都差不多，上身子是人形，下身子是带鳞甲的蛇形。

话说，盘古开天辟地，双目化成日月，毛孔化成了星辰，毛发化成了森林，筋脉化成了河流，肌肉化成了大地山丘，这个世界算是给造出来了。这时，女娲娘娘就来了，她一看山清水秀，林茂花香，世界挺美丽，但是少一些东西。少一些有生命、有朝气的生灵。这多没意思。干脆，我来造点东西吧。

于是，女娲来到了一个水塘，用水和着黄泥，开始捏东西。初一这天，女娲就造出了鸡。造鸡干吗？司晨啊，每天早晨打鸣报晓；初二造出了狗，这叫造犬看门；初三造出了羊；初四造出了猪，这叫羊猪供食；初五初六造牛造马，犁田拉车。这六天造出了“六畜”。可是一看鸡飞狗跳的牲畜，智力低下，谁来主宰它们呢？女娲还不满意，我得创造出比这些动物都要有灵气的生命，这样世界也就不会寂寞和荒凉了。

女娲说做就做，她低头看看水塘里自己美丽的影子，哎！对，我就照着自己的模样来造一种生命。不过，我这龙尾巴不是太方便，我要造出来的生命不能有尾巴，那怎么走路呢？给他们安上两条腿。哎，对，如果说这个生命有了腿，就按照他的形状给他们取个名字叫作“人”。

女娲娘娘一边盘算，一边就开始捏泥人了，捏出来一个，朝着小泥人“噗”吹口仙气儿，“咕噜”小泥人打个滚，活了，能站能走，还能开口说话。女娲娘娘这个仙气有两种，对着泥人吹口“阳气”，这是一种自然界的好斗的雄性激素气体，这小泥人得到阳气“咕噜”就变成了男人；对着泥人吹口“阴气”，这是一种自然界的柔顺的雌性激素气体，这小泥人得到阴气“咕噜”就变成了女人。女娲捏出来一个活一个，捏出来一个活一个。一上午的功夫，捏出来上百个。这些男男女女有了生命，都围着跳跃、欢呼，喊娘，喊妈，顿时间，大地出现了无限生机。女娲高兴坏了。

可是，老这么捏，她累啊，到了下午，女娲膀子累得酸疼，这……这也太费事了，再说做的也慢啊。怎么办啊？哎！女娲抬头一看，身边有一颗大柳树，枝繁叶茂，长长的柳枝往下垂着。女娲站起来，伸手撅了一根柳枝，然后把它放进自己和泥的泥坑中，沾沾泥水，提起来，口中念动真言，手腕一使劲“啪！”的一甩，溅出了很多的泥点子。你说怪不怪，这些泥点子落到地上“咕噜”就变成一个人，落多少个泥点子就变多少个人，男女数量还一样。这下省事了，那就甩呗，哪一次不得溅出个百八十号的人啊，三甩两甩，成千上万啊。就这样，女娲创造的人布满了大地。

由于女娲造人的方式不同。过去，在奴隶社会、封建社会，那些统治阶级就借题发挥。说人为什么有贵有贱呢？这是由你的根基出身而定的。你的老祖先如果是女娲娘娘捏出来的泥人变的，那你就是“贵人”。你的老祖先要是被女娲娘娘用柳条子溅出来的，那你就是“贱人”，溅出来的人么，就是贱人。这哪跟哪儿啊？谁能考证老祖先怎么出来的啊？这无非是统治阶级编造的宿命论来欺骗麻痹老百姓要安于清贫，不要造反。

但甭管怎么说，老百姓都认为人是女娲娘娘用黄土造出来的，有根据么？有哇。说一个人甭管洗得再干净，也能从身上搓出泥来，这就证明人是黄泥捏的，泥人泥人么，要么身上老出泥呢？是这样么？嗨！神话嘛。

就这样，女娲在第七天造出来了人。为什么非得要在第七天造人呢？这和古老的哲学观有关系。在中国上古社会的动物象征谱系中，鸡、狗、羊、猪分别象征着东西南北四方与春夏秋冬四时，牛和马象征着地和天，也就是下方和上方。所以，女娲创世神话中讲的前六天所造的六种动物合在一起，那就是前后左右上下“六合”啊，恰恰是三维度的立体宇宙构成的一种隐喻，再加上中间，这就是七个数了，已经到了极限，“七”就成了宇宙数字，循环极限的数字。这在咱们东方哲学体系上有很多的体现，比如中医最早的就发现了“七日节律”，就说人生病的病情发展都是以七的倍数增加的。这种“七日节律”到近代才逐渐被西方医学所认知。要不说咱们中国人聪明啊。不过，古人对空间的认识是先由东西，再向南北，而牛马的出现又较其他四畜晚一些，所以从鸡到人的创世神话所造动物是有先后顺序的，空间数字“七”又转换为时间的循环变化，七日象征着时间的极限。所以，女娲把“七”这个神圣的位置留给了人，就成为人的纪念日。故此，正月初七称之为“人日”。

为了使人类绵延不绝，不用劳烦女娲再造人了，所以女娲又为人类建立了婚姻制度，让男女互相配合，生儿育女，这才使人类能繁衍至今。

可是，天有不测风云。人在天底下过得挺好，天上的俩神仙打起来了——水神共工和火神祝融打起来了，水火不容么。俩神仙打架，直打得天昏地暗，日月无光，飞沙走石，烟雾冥冥。最后，水神共工没干过祝融，被祝融擂了一顿，打败了。按说，败了就败了，怨咱经师不到，学艺不精，回去修炼，君子报仇十年不晚啊。可这共工不行，你别看他是水神，火爆脾气，打败仗了，觉得脸上无光，生气。气大了，他还自虐，拿头往山上撞。你撞别的山也可以啊，不，他专拣最高的山撞，一看西方有座高山，直冲云霄，高不见顶，撞这个过瘾，跑过去一脑袋撞在了这座山上。撞上之后，他脑袋没事儿，再看这座山晃三晃，摇三摇，“轰……”一下子塌了。山塌了，共工气消了，回家睡觉去了。他可不知道，这下真的惹下了“塌天大祸”喽。你也不看看你撞的是什么山？这座山叫“不周山”，乃是当年盘古开天辟地，四肢化成了四个擎天柱，其中西边的擎天柱就是这座不周山。天就靠着这四根柱子顶着呢，没这四根柱子，天“晃啷！”就得塌下来。这下好，四根柱子让共工撞倒了一根，顿时，这西边的天“轰隆！”也塌了一块。抬头你再看天，坏喽，出来了一个大窟窿。不仅天塌了，地也陷了，大地被震荡得多处破裂，裂口中爆发出的火焰把地上的人、动物、植物给烧了不少。洪水漫过两岸，地下的水流也从其他隙缝中喷涌出来，淹没了大地，人们生活的地方变成了一片汪洋大海。是天倾西北、地陷东南，从此您看这河流，都是从西往东流，为啥？西边抬起来了，东边陷下去了。

这下整个世界都陷入灾难之中，人们陷入了水深火热之内。很多人都跑到女娲娘娘面前哭求：“娘娘，救救我们吧，救救我们吧。”女娲娘娘一看自己的这些孩子们缺胳膊断腿，好不凄惨。女娲心疼坏了，抬头看看天，西边烂了一个大窟窿，要拯救孩子，首先就要把这个窟窿堵上。女娲决定要独自补天裂。

于是，女娲来到黄河边，在这里采集了很多五彩缤纷的石头，把它们放在熔炉里熔化，再用这些熔化了的液体把天上的洞补起来。女娲不停地补呀补呀，九天九夜没停歇，最后，天空终于被补好了。这下，气候正常了，大地放晴了，天边出现了五色云霞。您看，现在雨过天晴后都会出现彩霞吧，哎，就是当年女娲用五彩石炼成的。

天补好了，天空比以前更灿烂绚丽了，女娲娘娘欣慰地笑了。可是，她还是不放心，又从东海捉来一只万年的巨龟，斩下它的四足，把它们用作擎天柱，分别竖在大地的四角，支撑住了天地的四方。接着，这位仁慈伟大的母亲，又把大量的芦苇烧成了灰，填平了地上洪水泛流的沟壑。就这样，人类终于摆脱了灾难，又能够安居乐业了，大地上又出现了祥和欢乐的气氛，人们更加幸福地生活着。

女娲创造了人类，又救助了人类，因而被人们称为人类始祖，她的名字被后人铭刻在心上。

为了纪念女娲娘娘造人造物，所以，从大年初一到初七，每天用女娲娘娘造出的生命作命名：那就是“鸡日、狗日、猪日、羊日、牛日、马日、人日”。

新春占物的民俗来源

到了汉朝，有个名人叫东方朔，写了一本书叫《占书》，书上说：“岁正月一日占鸡，二日占狗，三日占猪，四日占羊，五日占牛，六日占马，七日占人，八日占谷。”因此在民间就有许多说法了。比如到了正月初一这一天，一看，嚯！这天不错，大晴天。好了，那这一年你看吧，家家户户养的这个鸡，肯定是繁育昌盛。如果正月初一看天，阴天，下雨，下雪，得了，怎么？这一年，这养鸡的不是闹鸡瘟，就是得禽流感，总而言之，鸡肯定不旺。那初二呢？一样啊，初二一看天晴了。今年养狗的肯定发了。一看今天天阴了，得了，今年别养狗，谁养谁赔呀。怎么？阴天了嘛！初二占狗，天一阴，今年这狗肯定得病。初三也是，初三天晴，猪好，初三天阴，这一年别养猪。以此类推，那么到了初七呢？初七占人那，如果说初七这天天气晴朗，说明这一年人类都安康，世界也和平了，人们也平安了，出入也顺利了，生丁也繁衍了，总而言之，这一年对人来说，大好年。要是说正月初七一看，天阴了，天下雨了，得了，今年人那可能要得流行感冒，今年世界上可能恐怖分子要实施恐怖活动。这准吗？嗨！这都是古代人瞎琢磨的。其实天的阴晴雾雨都是自然现象，你不能光说晴天好，好家伙，连续五个多月不下一点儿雨，你就算正月初七它天气晴朗，这一年我估摸着这人也好过不到哪儿去。所以这些都是古代的一种迷信，也可以说是一种风俗吧。没有那么多人在乎这个，反正有一点确定，正月初七在古代那是人的生日——人节，这在中国至少有两千年的历史了。

人日的传统习俗

人日节俗始于汉朝，到了魏晋以后开始重视，在古代的时候，到了人日这天有戴人胜的习俗。人胜是一种头饰，又叫作彩胜、华胜。从晋朝开始，就有剪彩为花，剪彩为人，或镂金箔为人，来贴屏风，也有戴在头发上的。此外，还有登高赋诗的习俗。

到了唐代之后，就更重视这个节日了。每到人日这一天，皇帝都得给群臣发些福利。什么福利呢？赐给群臣彩礼人胜，然后皇帝搭上高台登高来大宴群臣。

在清代的北京城，到了正月初七这天有测阴晴的活动，还要吃一种“春饼卷盒子菜”。怎么做的呢？春饼就是一种双层的荷叶饼，盒子菜就是酱肘子、小肚儿等这些熟肉菜。不仅要吃春饼卷盒子菜，而且要煎饼于庭院，谓之“熏天”。咱也搞不明白，为什么要熏天呢？这个习俗对人有什么好处呢？这个谁也不清楚，也可能正是因为谁也不清楚，这种习俗后来大家觉得还挺麻烦的。怎么办呢？干脆，免了吧。于是，这种习俗流传的范围是越来越小。到了清末民初的时候，这种熏天的习俗已经被淘汰了。所以，到了现在即便是问老北京人，他也未必知道正月初七熏天的习俗。

正月初七既然是人的生日，“人之后生，是人为尊”，所以，在古代的时候，到了正月初七这天是非常民主的，没有什么尊卑长贵之分了。人日嘛，要尊敬每一个人，就连当时的官府在正月初七这一天也不能处决罪犯，做家长的更不能在这一天教训孩子。这一天，当年满十六岁以上的青年都可以自由地上街去玩耍。尤其在明清时期，那个时候的封建礼教非常严重。小小子，小男孩儿无所谓，大姑娘，一般的来说，过了四五岁以后，就不能整天在外面跑了。到了十来岁那更不能抛头露面，要讲究大门不出二门不迈，入在闺阁，以待出嫁。所以一年到头小姑娘们基本上都出不了门儿。那么到这一天可以例外，只要你年满十六岁，甭管你是男孩子，女孩子，都可以自由地上街玩耍。所以在当时，北京街头上就出现了一种情景，叫“鸡不啼，狗不咬，十八岁的大姑娘满大街跑”，表现的就是当时北京城的正月初七，满大街上都是青年男女的景象。

同时，京城各处庙会也在这一天掀起了客流高潮，游人明显要比初一到初六多，为什么？咱说了，原来初一到初六就只有那小伙子会来赶个庙会，或者是那些出了阁的，已经当了大妈、大嫂子的，那些中年妇女、老年妇女也可能会出来。正月初七不同了，十六岁以上的少女们都能够出来了，您想想，那庙会能不人多吗？尤其是小伙子，到这一天，嗬！要着意地打扮。

哪个小伙子不想在姑娘面前表现表现？一早晨起来，梳洗打扮，衣着整齐，嗬！那可以说，一个个都是靓哥儿、酷哥儿、帅哥儿！充分地展示自己的青春朝气。少女们也打扮。一年四季春夏秋冬，都难得出去一次。再说女孩子天性就爱打扮，在这一天能够出门了，更要把自己捯饬捯饬了，要自制人胜嘛。所以早晨四更天就起来了。怎么起那么早啊？女孩子要打扮嘛。咱们都知道，这女人一打扮起来，起码来说得上小时的。你要是想赶天亮出门，起码来说，你得四更天起来打扮。要不然你这边打扮好了，人家庙会也散了。少女们不仅自己打扮啊，而且把自己平常在闺阁之中绣的花儿、做的荷包等手工艺品都带在身上。然后出门碰见自己的一些朋友、姐妹，互相馈赠，显示自己手工技巧。在那个时候，正月初七可以说是一个展示青春美的日子。

不光是少男少女。这一天，家庭主妇也要出来。为什么？家庭主妇这两天非常忙啊，非常累了，您想想，从三十儿到初一，好家伙，这些天给忙活的，过节比不过节还累。正月初七正可以歇一歇，上街游一游，玩儿一玩儿，逛一逛，转一转，瞧一瞧，看一看。买东西呢？不是买东西。看什么，瞧什么呢？瞧女婿，看儿媳妇儿。什么意思？给自己的儿子、女儿挑选配偶。咱不是说了吗，这一天年满十六岁的少男少女全部上街，您想想，什么时候有这个日子啊？这不是单身聚会的日子吗？要么那少男少女卖那么大力气，一早晨起来什么活儿都不干，先打扮啊？都是有目的的。不是说光爱美，那是要到街上去瞧一瞧，看一看，有没有合意自己的心上人，去挑相公，去挑夫人。家长们自然也得上街上去挑儿媳妇，去挑女婿了。所以这一天大街之上太忙活了，看什么的都有，有看物品的、有看人的、有挑女婿的、有挑人的，看中了怎么办呢？正月十五以后托媒人上门提亲。

年过十岁、未满十六岁的小男孩儿在这一天一般的都会去哪吒庙。因为哪吒是北京的保护神，北京又叫八臂哪吒城嘛，而且哪吒还是青春神。小男孩们去拜一拜哪吒，能够使自己像哪吒那样茁壮成长，长得像哪吒那样粉嘟嘟的帅气、可爱。

这一天大人们还要去祭拜“喜神”。北京的喜神在哪里呢？有的人说北京的喜神就在妙峰山。有的说喜神就是月下老，给人牵姻缘，栓红绳的。但更多的人认为喜神没有一个具体的位置，也没有一个具体的形象。你看，福神、禄神、财神长什么模样，都有画好的，人家一看，哎哟，大脑门儿，寿星！哎，托着元宝呢，财神！嗬！手里抱着个小孩儿，乐呵呵的，福神！从来没有人说哪一个是喜神的。为什么呢？因为喜神是个精神的神，他是无处不在的，那就看谁能遇到了。说白了，这个喜神是可遇不可求的。他看你顺眼了，看你有喜相了，他就附在你的身上，给你带来快乐和吉祥。看你不顺眼，看你没喜相，有苦相，这喜神扭头就走。所以拜喜神是可遇不可求的事儿。这是北京在旧时候过人日的一些风俗。

在南方，过法又有不同。

如，广州也过人日。广州把正月初七俗称为众人生日。过去这天早饭的时候，广州人要吃芹菜、芥菜、菠菜、青葱、大蒜等七种菜。然后制成七宝羹和董天饼。董天饼是什么呀？董天饼和北京露天煎煎饼一样，北京不是到这一天煎煎饼要熏天吗？人家南方也一样，要露天做董天饼，然后吃着董天饼，喝着七宝羹过人日。而且，人们还要用五彩丝织品剪成人形，或者是用金箔刻成人形，挂在屏风或帐子之上。妇女们要将刻的小小的人形戴在鬓发上，说这样一来吉祥，算是一个装饰品，既吉祥又有装饰性，其实就是戴人胜。在民国以前，人日这天青年男女要结伴到郊外游玩，游玩不白游玩哪，要选美！选什么美呢？要选一个“人日皇后”，中选者主持这一天的活动。年长的人要登上观音山，或白云山饮酒吟诗作赋。观音山就是现在广州的越秀山。女子要去神庙参神，男子要到花地（今芳村区）赏花，或者拜黄大仙庙。

潮汕地区，这一天和广州有着同样的习俗，也是要吃七种菜煮成的一种菜肴。正月初七一早儿，家里的老人、主妇们都赶紧上菜市场选菜备料。这七样菜一般取萝卜、厚合菜、葱、大蒜、韭菜、芹菜、春菜，把这七种蔬菜放在锅里一起煮，也称七样羹。为什么要选这七种菜呢？因为潮汕人也喜欢用谐音艺术，取其好意头。七种菜有七种吉祥的谐音，比如萝卜，取其清白之意；韭菜，潮汕话音同久菜，取其长长久久之意；春菜，春哪；葱，聪明啊；芹菜，勤劳；厚合、大蒜，加起来那就是诸事合算。总而言之，中国人吃什么都有谐音，吃什么都是对的。在吃七样菜前，家里的长辈都会说些祝词，比如说，祝合家“清清白白、新年回春、聪明勤劳、诸事合算”等等，然后对新年寄予美好的愿望。也有的老人家会说吃了这七样菜，这一年就可以捡金拾银、财运登门。

福建、台湾地区闽南人的“七样菜”选的材料又有所不同。他们多选用菠菜、芹菜、葱、蒜、韭菜、芥菜、荠菜、白菜等。为什么吃菠菜啊？因为闽南人俗称菠菜为“飞龙”，吃菠菜寓意生龙活虎、身体强壮；吃芥菜呢？表示长寿；吃荠菜，能够驱除凶灾；而吃白菜则寓意明明白白。至于芹菜、葱、蒜、韭菜，其寓意与客家七样菜相同。

台湾客家人的“七样菜”大多在大年初七这天涮火锅吃，人家的“七样菜”跟上边说的都不一样，有荤有素。有芹菜、大蒜、香葱、芫荽、韭菜、鱼、肉，分别寓意着“勤快”“会算”“聪明”“人缘好”“长久幸福”“年年有余”“富足”。

在永隆、洞头、中村、珠兰、西江、会昌、于都这些赣南地区的县城，也都有吃“七宝粥”的习俗，选材、做法也各不相同，咱就不一一介绍了。虽然选材做法不相同，但人们吃“七样菜”祈愿幸福的心情是一样的。

可能有朋友说了，怎么都是“素菜”啊？过节了，都不能吃点荤腥么？荤腥有哇。人日这天还有个民俗就是要吃鱼。不过，吃鱼是吃鱼，但不能吃熟鱼，要吃生鱼，叫作“捞鱼生”，意思是从江河里捞起生鱼蘸上佐料吃，类似于现在的吃刺身、生鱼片一样。这叫捞得新一年风生水起、年年有余。

“鱼生”的花样很多，最普遍的就是潮州鱼生和广东鱼生。两种鱼生做法、佐料，吃起来各有特点，各有风味。调制鱼生的时候，要把新鲜的鱼肉切成一片一片的，配上黄瓜丝、水果、其他的素菜，还有一些配料，再倒入酱料。但要注意，在这些菜里面，不能有菠菜。怎么？因为菠菜的谐音像“破财”，吃了不吉利。您看，刚才说闽南人作“七样菜”，专门得选菠菜，因为菠菜叫“飞龙”，吉利，到这儿又不吉利了。可见，吉利不吉利都是人们想出来的，你想它吉利它就能吉利。闲言少叙，把这些调料、配菜都弄好了，连同生鱼片一块倒进大盘子里就能吃了。吃的时候还有讲究呢，大家要站起来挥动筷子，从盘子里捞这鱼，一边捞，嘴里还要不断地喊：“捞啊！捞啊！发啊！发啊！”而且要越捞筷子举得越高，这叫“步步高升”。

说就没有不是生的荤菜么？有哇！您可以到广州、福建、香港那一带去吃他的“及第粥”。所谓及第，就是希望在科考场中取得状元，人日吃“及第粥”就是取其好兆头。这是用猪肝、猪肠、肉丸、鸡蛋等一起煮的一种粥。猪肝在当地叫作猪润，有富润的意思；猪肠的肠又和长久的“长”同音，所以，吃“及第粥”就能够长生富贵。

说光喝粥也吃不饱啊，就没什么地方吃主食？有啊。您可以去胶东。到正月初七，那里家家户户都要吃面条，叫作“栓小人”。据说吃着正月初七的面，这一年就没有小人害你了。

正月初七“火神节”

正月初七除了是“人日”外，在山东、河南一带，在这天还要送火神、拜火神、祭火神。因为据说正月初七是火神爷的生日，所以，有些地方也把正月初七称为“火神节”。

这一天，家家户户都不能动火，到了晚上，各家的男孩们就会找根棍儿，再弄些稻草，扎成草把，点着了，把这火把送出家去，送出村去，这就等于送走了火神了，这样，一年就不会发生火灾了。这是送火神。

拜火神呢？那是在天刚蒙蒙亮的时候，在家的大门口，画一个大圈儿，在这圈里设摆香案，供奉果品。这都是给火神爷上的供。然后再给火神点上香，面朝南，趴在地上磕头，一边磕，嘴里还得念叨："火神老爷从南来，反穿棉袄倒穿鞋。"这是啥意思？有啥作用？不得而知，反正是一辈传一辈就这么传下来的。这就等于拜火神了，同样，一年内这家就不会发生火灾了。

祭火神就更隆重了。在河南商丘有一座"火神台"，又称"阏（音若饿）伯台"。每年农历正月初七期间，苏、鲁、豫、皖、冀等省周边数百里的群众都来此朝台——祭火神。

火神就是民间所说的那位"火德真君"，他可是人们信奉的诸神中资格最老的神祇之一。但提起火神是谁？又有着不同的说法，或者说和财神一样，有好几个火神。各民族还都有各民族的火神形象，都有本民族的火神的来历。相关的信仰民俗也有不少区别，甚至在火神崇拜缘何而起这一关键问题上，专家学者们的观点也互有分歧，相争不下，至今没有一个统一的说法。

上古时期传说中的火神就有好几位。其中一位就是燧人氏。这大家都知道，远古时代没有火，大家都吃生食，所以老得病。后来，出了一个燧人氏，教大家钻木取火，人类这才告别了生食时代，以后就以熟食为主了。所以，人们为了纪念他，都尊称他为"火神"。

还有一个火神，就是咱们上面给大家讲到的那个和水神共工干仗的火神祝融了。相传，祝融是上古五帝之一的颛顼的孙子赤帝，是他教会了老百姓用火，并且诛杀过作孽的火龙。所以，祝融被尊为"火神"得到普遍认可。

您看，过去失了火，很多人称为“犯了祝融了”，那意思就是说这家得罪了火神爷了。

另外还有个火神叫回禄，这个火神的身世就不能清晰地考证了。他作为火神，更多的是与火灾联系在一起的，历史上人们也常称火灾为“回禄”或“回禄之灾”，那意思和“犯了祝融了”一样。

正月初七的这个火神是谁啊？一般认为，今天祭拜的这个火神是火神阏伯。阏伯，咱们在说九天玄女的时候提过。他不是别人，正是那位吞了玄鸟蛋的简狄生下的儿子，也就是帝喾高辛氏的儿子，轩辕氏黄帝的四世孙。有人说上次不是说这个人叫作契么？是啊，阏伯就名契啊，就是以后商朝的始祖。由于她母亲是吃了玄鸟蛋才生下了这个孩子，于是，至今在河南、山东一带还有个风俗，就是谁家生了孩子，亲友邻居就送鸡蛋表示祝贺，而且还要把这鸡蛋染红了分给孩子们去吃。据说，谁吃了红鸡蛋就能生下一个有作为的儿子。吃红鸡蛋的风俗就源于这个阏伯。

他怎么成了火神了呢？还有个传说。

古时候人们都吃生食，后来由于打雷闪电和刮风等自然原因，就形成天然火，把树籽和来不及逃走的野兽等物烧熟了。等雷雨过后，人就把这些烧熟了的动物拣了吃。嗯！发现这熟食要比生食好吃得多。于是，人们就慢慢学会把食物放到火上烤烤吃。但是，那时候没有现成的取火工具啊，偶尔因为雷电把森林点着了，起了火，人们采集回来就如获至宝，千方百计想办法保存火种。

有这么一次，帝喾带着他的儿子阏伯出外巡察臣民，来到了一个地方。一看，嗯？这里的人们还拿着生肉啃呢，再看看大家面黄肌瘦，身体虚弱，有很多都生了寄生虫了。帝喾十分可怜他们，就问大家：“你们，为什么不吃熟食啊。”

“嗨！”老百姓说：“陛下，我们没火啊，怎么能吃熟的呢？”

帝喾又问了："你们为什么不到别的地方找一找火种呢？"

"嗨！找啦，找了好多次了。找来的火种，不是因为柴草供不上，就是因为洪水泛滥，都灭了。"

"噢……"帝喾四处看了看，果然发现有被泛滥的河水浸灭火后的灰烬。

"唉！"他不禁长叹一声，心里想：这些子民真是可怜啊。怎么能够想个办法让火不灭呢？"嗯……"他想了一会，转身看看身边的儿子阏伯，语重心长地对他说："你看，眼下怎么能帮助这里的臣民引来火种，并把火管理好，不让它灭，是关系着这里的臣民生死存亡的大事情啊。你是我最有能力的儿子，我想让你办这件事，你看如何？"

阏伯是个忠诚、听话的人，当时就接受了这个艰巨的任务。从此，阏伯就成了这里的"火正"了。什么是"火正"，这是古时候的一个官职。那时候有弓正、木正、火正、水正、刨正等等，各管一摊事务。火正就是掌管火的官儿，有两大任务：一是管理火种，以便人们能随时取到火，吃上熟食；二是祭祀火星并观测火星的运行，及时告知人防灾避祸，并适时的播种收割。您看，这阏伯还是个天文学家呢。

就这样，阏伯就做了火正了。这片地方也就成了帝喾给阏伯的封地，封号为"商"。

阏伯被封到这里后，终日为火事操劳，忙得饭也顾不上吃，觉也睡不好。他先带领百姓从很远的地方引来火种，并想办法堆成一个土丘，把火种放在丘上，上面再搭上一个遮雨的蓬子，这样，天上下雨不能把火浇灭，河水泛滥也不能把火浸灭。然后，他又亲自带领人们四处寻找柴草，保证随时有续火之物。

由于阏伯的聪明智慧和辛勤劳动，逐渐"商"的百姓们不但可以到处生火，而且还能让火经久不息。大家非常感激阏伯，都说他是天上的神仙下凡，给百姓造福来了。人民感念他的功德，尊他为“火神”。

咱说了，这阏伯还是个天文学家，在管火的同时曾筑台观察星辰，以此为依据测定一年的自然变化和年成的好坏，为我国古老的天文学作出了贡献。

据说阏伯死后，就变成了火神，继续为黎民百姓谋幸福，惩恶扬善。他要是看到世上那些贪官污吏、奸商强盗，他就生气，一生气，就给这些人家来把火，把他们的不义之财付之一炬。所以，在他的庙宇门口有一副对联，

上联是：举起天上刚正火；

下联配：烧绝世间不良人。

阏伯死后就被葬在了封地。由于阏伯封号为“商”，所以他的墓冢也被称为“商丘”。今天河南“商丘”的地名也由此而来。另外，他的墓冢还被叫作阏伯台、火神台。后来，大家就在火神台上修建了火神庙，供奉阏伯神像。

据说，阏伯的生日就是正月初七，所以，每年到了这天，四周百姓都要来火神台“朝台”，久而久之，就形成了盛大的地方性庙会。大家都到这里来祭拜火神，祈求今年无灾无难，平安吉祥！

第十二章 大年初八

——要想今年顺就得今天顺

谷子今天过生日，今天你顺了没有，今日可放生，风流八仙节……

初八——谷神节

民间正月初八要“占谷”，因为这天是谷子的生日，也就是谷神的生日，叫“谷神节”。过去也看这天的阴晴，来预测一年五谷的收成。

有些地区的百姓在这天要去后土庙祭祖拜神。在太阳出山之时，大家还会在五谷杂粮中各取一份，在田间地头，对着太阳把这些五谷杂粮扬撒出去，据说这样，今年就能五谷丰登。有的地方这两天还不能做饭，要用杂粮充饥。

谷神是谁？有一种说法，说谷神是“汉帝老爷”。“汉帝老爷”就是汉高祖刘邦。当然，还有种说法，说这谷神其实就是太岁。什么是太岁？在我国春秋时代，古人曾以“木星”的运行规律来进行纪年。由于木星 11.86 年运行一周天，接近于十二年，所以，古人就将周天划分为十二次。木星每年行经一次，都有特定的名称。所以，人们就把木星称为岁星。

等到后来，我国道教发展后，受“岁星纪年”的影响，就认为每年都有一个值岁的神灵，这个神灵职权很大，称为太岁。这些太岁以十二地支为序，每十二年循环一次，每次都有特定的方位。古代人迷信，说太岁某一年在某一方，这一方就不能动土搞建筑，否则就会触犯了太岁，就会招来灾祸。这就是所谓的“太岁头上不能动土”的来历。这样，就等于太岁把土地给占了，成了土地的主人了。既然他是土地的主人，当然也就是农业丰歉的主宰了。所以，每逢谷日，正月初八，大家都要祭祀谷神。这种活动也叫“祭星”，还有个名称叫“顺星”。

初八顺星

古代依照道教和星象家的说法，每人每年都有一位值年星宿，也叫作流年照命星宿。那不是有九星轮流值年照命之说嘛。九星即日、月、金、木、水、火、土、罗候、计都九颗星星，这九颗星星轮流值年照命。人的一年命运如何，完全操在这几位值年星宿手中，所以，这几位值年星宿对人来说那是至关重要的。这位说了，它重要它重要去呗，和正月初八有什么关系呢？不仅有关系而且有大关系。因为每年的正月初八传说为诸星君聚会之期。就是说天上的星宿星君老爷们每年到了正月初八这天要聚餐，要聚会，要联谊，要开 Party。总而言之，这一天乃诸星下界之日，故此，在这一天要祭祀星君。祭祀星君就叫作顺星。也就是把这些星君老爷们给顺顺，给拍拍，给溜溜。这样一来使他们心顺了，你就有可能获得星君的垂佑。因此，在过去到了正月初八这一天，人们纷纷到一些道观之中、神殿之内，尤其是到星神殿里去烧香顺星。

星神殿又名元辰殿，俗称星宿殿或顺星殿。在北京当时的白云观内就有星神殿，在白云观的西路。在这星神殿中塑有六十年花甲子的六十位星宿神像。凡是到这里顺星的人，不能进殿就瞎拜，万一拜错了呢。首先，进殿来先要找到自己本命的星宿。比如说，如果你是甲子年生辰，那你就到甲子太岁金辨大将军的塑像前面烧香、磕头、布施。然后再找到今年当值星宿。比方说，如果今年是癸亥年，那你就到癸亥太岁卢程大将军塑像前烧香、磕头、布施。这样一来，可保佑你一年的顺利。也就是说，到了初八这一天，您到元辰殿里拜星神的时候，既要拜自己本命星，又要拜今年当班儿的星。如此，既不得罪你的本命星君，又不得罪今年当值的。这样一来，就可以保佑你一年的顺顺利利。这位说我要是有事儿进不到庙里去，我办事儿去了，怎么办呢？其实，不论你是否去庙里敬香，这是小事儿，最重要的事儿是晚上的仪式。

到了初八的晚上，等到天上的星斗都出齐了，各家都要举行一个顺星的祭祀仪式。既然是仪式，就必然需要很多的东西、物品。比如，顺星的时候要用星神码。星神码一共两张，头一张印着星科、朱雀、玄武等名目，并分别列出其所属的星宿名。中间为八卦，上面写着“乾三连，坤六断，离中虚，坎中满”等等，里面印着天干地支的字样，外面围绕着十二属相的图案，就像那个罗盘似的。后一张是本命延年寿星君，放在星神码的后面，只露上端的名号。两张同时夹在一个神纸夹子上，放在正厅天地桌的后边正中，这样就算放好了。星神码前面摆上用黄、白两色灯花儿纸捻成的灯花儿，这个灯花儿被称作为“金银灯儿”。那能捻成吗？能啊！你得用香油泡捻。这灯花儿共一百〇八盏，也有用四十九盏的，也有根据所谓的《玉匣记》上记载，点本命星灯之数的。就是说今年你多大了，你就点几盏灯。今年我二十，你点二十盏；今年我一百了，你点一百盏。总而言之，点多少盏，好像老百姓对这个也是迷了吧嘟。反正，就得点。通常都放在一个大型金属盘子里，用小铜钱儿给压好喽，祭祀的时候要全部点燃。还要供奉供品。什么供品呢？以三至五碗的熟元宵、清茶一杯为供品。每碗放五个元宵，放好喽，前设香炉、蜡扦等供器。蜡扦下面分别压着黄钱、千张、元宝等等敬神的钱粮。都准备好了，就开始祭祀了。

祭祀的时候，要先由长辈主持。家里谁最年长谁来主持。燃烛上香，全宅老幼按尊卑长幼次序行三跪拜礼。磕头完毕之后，大家肃立十分钟左右，等到香烛快燃尽了，大家再依次三叩首。然后再“请香根”——把那些燃尽的香给拔出来。然后，再把那些星神码、钱粮，都给划拉划拉。划拉干净之后，把所有的这些都放到院子里事先准备好的钱粮盆中，与松木枝、芝麻秸等等一起焚化，并同时燃放鞭炮。

在祭星的时候不仅要做这些，还要在案头、灶台、门槛、锅台等处各放一盏金灯。金灯并不是金子做的灯，而是一点燃后是黄色灯花儿的灯。把金灯点燃，谓之散灯花儿，有辟除不祥之意。祭星仪式结束后，全家老少还要聚在一起吃一顿元宵。这样一来，整个仪式才算完成。所以在《燕京岁时记》中记载：“初八日，黄昏之后，以纸蘸油，燃灯一百〇八盏，焚香而祀之，谓之顺星。”

初八放生

正月初八在民间“放生”的习俗也流行很长时间了。明代的刘侗、于奕正在《帝京景物略》中记载说：“正月八日，石磴巷放生，笼禽雀、盆鱼虾、筐螺蚌，罗堂前，僧做梵语，数千相向，纵羽空飞，孽着落屋上，移时乃去，水之类投皇城金水河中网罟笋饵所希至。”就是说那时候的人已经开始在正月初八进行“放生”活动了。鸟用笼子盛了，鱼虾用盆盛了，螺蛳河蚌用筐盛了，先放在那儿，请和尚念完经后，把鸟放飞，把鱼虾螺蚌投到河里去。

初八放生，不仅体现了古人尊重自然万物、和谐相处的品德，也表达了新春之始，企盼世间各种生物兴旺发达的美好愿望。

八仙节

民间传说，正月初八是八仙之一的那位纯阳真人吕洞宾的生日。也有说是八仙过海的纪念日。当然，还有人说民间老百姓正是取八字的读音，才把正月初八日演变成了“敬八仙节”，因为八仙在人们心目中都是吉神啊。您看有用八仙作门神的，有用八仙作窗花的，吉神嘛。再者八仙中的铁拐李、汉钟离、张果老、何仙姑、蓝采和、吕洞宾、韩湘子、曹国舅包含了人间的

“男女老少、富贵贫贱”，他们八个还都是由凡人修炼成的神仙。成仙之后，人家八位不像别的神仙那样，架子很大，只坐在庙宇里和神龛中。人家不畏强权，藐视富贵，经常深入民间，解危济困，深受劳动人民喜欢。大家一看，这八位也没个什么节纪念纪念。哎，反正大年初八这天事儿也少，又有个“八”，干脆咱们大家就把这天定成“八仙节”吧，在这天咱们纪念纪念这八个仙人，也让八位仙人给咱们送送福。由此，正月初八在民间的“八仙节”就生成了。

到了这一天，人们就备好佳肴水果祭祀八仙。有的地方早晨还要食素，不吃荤腥，午饭要做八仙菜。有的地方，比如山西大同一带，到了这天还得“游八仙”。一到正月初八，当地的老百姓都会扶老携幼，聚集在寺庙和道观里，祈求来年的健康和平安。这叫“游八仙，去百病”。

第十三章 大年初九

——老天爷的档案

玉皇大帝的诞辰，玉皇大帝就是黄帝吗，申公豹的“乱入”，玉皇大帝的故事，为什么天下各地都有小偷……

初九天日节——玉皇大帝诞辰

大年初九这天算什么日子呢？从今天的角度上来说，好像这一天没有什么特别的，大家都开班了，都工作了，好像初九这天已经不属于春节范畴了。但在过去，初九这天也是一个十分重要的节日——“天日节”或叫“天公节”，俗称“天公生”。天公就指的那位玉皇大帝、老天爷。天公生，顾名思义，就说这天是天界之上最高的神袛玉皇大帝的诞辰，老天爷的生日。您想想这初九在过去对老百姓是多么的重要吧。谁敢得罪老天爷呀？所以，过去，人们在大年初九这天都会举行一些祭奠仪式，以表示庆贺。从什么时候开始呢？没有确切的时间，只要是天亮之前，零时过后，都可以举行祭奠仪式。所以当时从午夜零时，一直到当天的凌晨四点，您都可以听到不断的鞭炮之声，那就是老百姓们祭奠天公放的鞭炮。祭拜天公的仪式在当时那是相当的隆重。就是在今天，咱们国家还有不少地方的老百姓到了初九这天仍然祭拜天公。

祭拜天公的仪式非常隆重。首先说，要在正厅设下一个“天公炉”，然后在炉下摆设祭坛。一般都是找几条长板凳，或者几个矮凳子，在这些凳子上先放些金纸，然后在金纸之上再叠一个高八仙桌，叫作顶桌。顶桌之上要盖上桌围，顶桌前要围上桌围，桌围之上当然画着的都是吉祥的图案。然后在桌围下边另设下桌。顶桌上边还得供奉着用彩色纸制成的神座。神座嘛，顾名思义，象征的是天公的宝座。在顶桌前面中央部分，是香炉。炉前放着清茶三杯，炉旁边为烛台，后面供奉着五果，就是五种水果，什么水果呀？

有柑、橘、苹果、香蕉、甘蔗等等，不一而足，各个地方的水果不同。还要供奉六斋，什么金针菇啊、木耳啊、香菇啊、菜心啊、豌豆、绿豆等等，这些东西都是祭祀玉皇大帝用的。下桌供奉着五牲，有鸡，有鸭，有鱼，有鸡蛋，有猪肉，或者是猪肚子或猪肝等等。还要有些甜料，什么花生仁儿啊，米枣儿啊，糕点啊等等。在南方的一些地方，人们还会供奉一种叫作红龟话粿的食品，长得像龟形似的，外边儿染着红色，打着龟甲印，象征人们长寿之意。这些东西都是用来祭奠玉皇大帝的从神的。敢情，玉皇大帝的从神吃的比玉皇大帝还好呢！

每个地方到天日节这天祭奠的方式都不同，有些地方要妇女们准备好一些清香花烛、斋供的盘碗儿摆在天井巷口露天的地方膜拜苍天，以求天公赐福。在祭拜天公之前，全家大小、男女老少都得斋戒沐浴，到大年初九当天，禁止人家洗晒衣物，尤其是在过去，什么女裤，女人用的内衣，这些都禁止暴露于光天化日之下，其实，这是旧社会对妇女们的一种歧视。到现在不同了，管你什么初九初十的，我什么时候洗衣服，什么时候晒衣服，晒什么衣服，我爱晒什么晒什么。所以，现在人没那么多讲究。但在过去那是十分地讲究啊。在天日节这天还不能倒垃圾，表示对玉皇大帝的尊敬。不仅如此，就连上供用的祭品，比如咱刚才说的“供奉五牲”，这五牲里面有鸡、鸭、鱼什么的，这鸡一定要用公鸡，不能用母鸡。若是要还愿的时候，必须用全羊、全猪，用这些东西以表示自己对玉皇大帝的尊敬。有一些虔诚的家庭，认为在家里祭拜还不够，还对玉皇大帝不够尊敬。就连夜赶往各地的天公庙啊，玉皇顶啊，玉皇庙啊，这些地方进行顶礼膜拜。所以在过去，每一年的农历初八，你看这些地方，都已经开始灯火通明，热闹非凡了。到了初九，四面八方的香客可以说是蜂拥而至。来这玉皇庙啊，玉皇殿啊，烧香点火，顶礼膜拜。

为什么初八就开始了呢？人排队呀，俗称“烧头支香”嘛。谁来得早，谁烧的香早，预示着玉皇大帝接受谁的信息早，明年玉皇大帝就对那家赐福得比较早，赐福得比较好。另外，这些人到玉皇殿里、玉皇庙里，也不仅仅是祭拜玉皇大帝，因为天公生、天宫日这天，有些地方还有安太岁的仪式。按照神秘学来说，每年都会有一个太岁，十二个属相里面的某一个属相可能会冲今年的太岁。冲了太岁，今年就倒霉。为了使自己不倒霉，当年生肖冲犯太岁的人，就在这一天，到玉皇殿里写上自己的名字、年岁，当然，还要捐一点香油钱，委托庙里的庙祝们负责给自己供奉。这样一来，有玉皇大帝在这儿镇着，太岁哪还敢找自己的麻烦呀。还有一个安太岁的方法，就是年初时，在家里用平日盛米的米筒或者是米缸，在上面围上红色的纸片作为香炉，写上“太岁星君到此”，然后每日供奉，这一年你就能够把那个太岁给安稳住了。这就是天公日的一些习俗。

当然，也有的地方说天公生和玉皇大帝诞辰没有关系，子虚乌有。什么地方呢？厦门。厦门农历正月初九那天家家户户也会烧香挂灯，设案摆供，诚心诚意地祭奠天公。但是厦门的人说了，我们虽然在这天祭拜天公，但和玉皇大帝没有关系。那这个节日怎么形成的呢？说起来，里面还有一段儿比较有趣的故事。

话说在三百多年前，清军进攻闽南。在势力单薄的情况下，国姓爷郑成功放弃了金、厦两岛，退守台湾。据说那年的十二月，清政府下了两道命令，一道是全国的老百姓在正月初一要家家户户张灯结彩，另一道就是发了一道“留头不留发，留发不留头”的“剃头令”，要老百姓改变留全发的习惯。当时，全国的老百姓都不愿意改变留全发的习惯，认为剪头发那就是叛国不孝的表现，“皮肤毛发受之父母，损之，为不孝”，何况把它剃了呢？所以，一场反剃发的斗争就迅速展开了。由于老百姓的极力反对，正月初一张灯结彩的命令没一个人执行。清政府一看，只好在正月初八宣布取消“剃头令”。厦门和邻近的各县老百姓一听见这个消息非常高兴啊，不约而同地在正月初九这天杀猪宰羊，张灯结彩，烧香放炮，庆祝反“剃头令”斗争的胜利。他们这么一庆祝，清朝官员知道了，心说这是干吗呢？老百姓兴高采烈地点灯放炮，杀猪宰羊，张灯结彩，干吗呢？查问查问今天什么节日，为什么这么庆祝啊？于是乎派人去查问。但老百姓比较聪明，说：“今天啊，哎，这个这个……今天是玉皇大帝的生日，天公的生日，所以我们才张灯结彩，杀猪宰羊，年年如此啊。”“哦！”这官员一听既然年年庆祝，那咱也庆吧。哎，从此之后，在厦门这一带天公生、天公节就诞生了。

当然，在我国大部分地区，还是说初九这天是纪念老天爷、玉皇大帝的生日的。

其实，你别看大家这么纪念。各位，我问大家一个问题，谁能告诉我这玉皇大帝究竟是谁呀？叫什么呢？长什么模样儿？爱吃咸爱吃酸？爱喝酒爱抽烟？住在北住在南？每月工资多少钱？谁知道啊，估计大家都不清楚。敢情，到现在，人都没有弄清楚这玉皇大帝是谁。你说这不瞎纪念吗？

玉皇大帝就是黄帝？

有人说玉皇大帝就是黄帝，是宋真宗赵恒封的。您看，玉皇大帝由人间皇帝封，人间皇帝还自称是天子，简直逻辑大乱套了。怎么回事儿呢？这还得从一部书说起。什么书？《尚书》。

传说汉代孔子第十一代后裔叫孔安国，孔安国这个人对孔子的名著《尚书》曾经进行过伪造。在伪造的序言里，就把黄帝出生地写成了山东的寿丘，就是当时的曲阜县，也就是现在的曲阜，孔子的故里。孔安国为了增强他老祖宗孔子的威信度，把轩辕黄帝愣给拉到山东来了，写在了《尚书》序言中。这本来是一种伪造，后世之人读《尚书》应该有所辨别呀，不然，随后晋人皇甫谧和唐人张守节，这两个人都是后世著名的历史学家，在引用孔安国的《尚书》的时候，也不做考究，认为孔安国是孔子的后裔，所说的都没错，就生搬硬套，延续了这种错误的说法。这就叫作以讹传讹啊。结果后世人就信以为真了，也没有异议，将错就错，就错下去了。

话说就到了北宋年间，年幼的宋真宗赵恒登上了皇帝宝座，就到山东曲阜来祭孔来了。

这个时候，曲阜的县令就向宋真宗汇报了："陛下，曲阜可是个好地方，曲阜之于中国那就相当于西方的耶路撒冷啊，那是一个出圣贤的地方。黄帝、孔子都出生在这里。"

"哦，是吗？"宋真宗一听，"有这等事儿啊？"

"哎！当然了！"曲阜县令马上就把事先准备好的奏折拿出来了。奏折上请求真宗皇帝把曲阜县改为先源县，意思是这里是咱们中国的老祖先起源的地方。

年幼的真宗皇帝根本就没有深思熟虑，大笔一挥，准许把曲阜改为先源县。宋真宗还说了："轩辕黄帝在世管人，死后升天，可以让他统管万神，可称他为玉皇大帝。"从此，就有了玉皇大帝之说。所以，有人说这玉皇大帝就是轩辕黄帝。

玉皇大帝是姜太公封的

在唐代有个诗人叫韦应物，他有一首《学仙》诗，诗中就提到了这个统御十方三界四生六道的老天爷。诗曰：

昔有道士求神仙，
灵真下试心确然。
千钧巨石一发悬，
卧之石下十三年。

存道亡身一试过，

名奏玉皇乃升天。

云气冉冉渐不见，

留语弟子但精坚。

在这首诗中所说的玉帝就是中国人心目中至高无上的天上的皇帝——玉皇大帝，玉皇上帝，简称玉皇、玉帝等等。也就是说这玉皇大帝在唐朝就有了，不是在宋朝才有的。这是怎么回事儿呢？

有人说其实很简单，玉皇大帝不是宋真宗封的。是谁封的呢？敢情是那位太公姜尚姜子牙封的。子牙封神嘛！不有那么一段书叫《封神榜》，姜太公姜子牙大封天上诸神。敢情这玉皇大帝也是姜子牙封的呀？是真的吗？是真的不是真的我也不知道。不过，还真就有这么一个故事。

说这姜子牙在天庭封神的时候，“啪啪啪，啪啪啪！”所有的神仙都已经封了，有管雷的，管雨的，管风的，管电的，东岳大帝，南岳大帝，北岳大帝，西岳大帝，中岳大帝，五方揭谛，六丁六甲，四大天王，六大天师等等，全封了。唯有玉皇大帝之位空着，没有封。为什么呢？没有一个人的功劳堪配帝位。但光有神仙没有领导也不行啊，没有人领着这群神仙，那天空不乱套了吗？这个神仙要下雨，那个神仙要打雷，看不住的那瘟神下界，就行瘟疫，给人间弄个“非典”，弄个禽流感什么的，那还了得呀？必须有个领导者！谁能够坐这玉皇大帝之位呢？其实大家心里面早有人选了。谁呀？姜子牙。谁的功劳都没他大，姜子牙辅周灭纣立下不世之功。而且，所有的神都是姜子牙封的。人家姜子牙手中还握着一杆打神鞭。哪个神仙不听话“啪！”就揍趴下呀。论能耐有能耐，论道行有道行，论管理有管理，论才华有才华，论品德有品德，论资格有资格，谁也没姜子牙这个份儿大。所以说，众神商议要拜姜子牙为上天的玉皇大帝，大家一合计，没有异议，举手表决，最后百分之百投票通过。众神躬身下拜，山呼万岁，请姜子牙姜大帝。姜大帝？啊，姜子牙大帝，即位登基。姜子牙也推脱不过，迈步就想登上凌霄宝殿的龙椅。

他刚一迈步，就见从大雄宝殿的龙椅上方“唰！”飞身飘下一人，“叭！”正坐在龙椅之上，而且往那儿一坐，架子一端，他喊了一嗓子：“张大帝在此，尔等还不跪拜！”

哎哟，这一嗓子，姜子牙愣了，众神仙也愣了。大家不约而同地甩目往座上一看，哎呀，就见这个人，相貌好不神威啊：方正大脸，面如润玉，眉分八彩，目若朗星，细眉朗目，鼻正口方。大耳垂肩，头上戴着冕旒冠，身上披着衮龙袍，腰间扎着玉带，五绺须髯飘洒在胸前，脑后神环光彩耀人。往那儿一坐，无限的威仪。

“嘶！这个人是谁呀？”大家没见过呀，万仙阵上阵亡的？当时死的神仙不少啊，好几万个神仙全死那儿了。因为死的神仙太多了，大家互相很多都很陌生，难道这位也是那好几万个神仙之一吗？那也不行啊，再好几万，他死后也魂归封神台了呀。在封神台上这么多天，我们怎么都没见过这个人啊？都不认的。

书中暗表，此人姓张，叫张谋任。他不是封神台上的神仙。那他怎么来的呢？在这里，咱说一说张谋任的身世。

张谋任的祖上非常有能耐，为张谋任创下了很多的财产。可以说，张谋任出生后就生活在一个衣来伸手、饭来张口的环境之下，成了公子哥儿了。所以，张谋任养成了一个终日游手好闲，无所事事的毛病。

话说有这么一天，张谋任又独自出去闲逛，来到了野外。正在那里观看风景。突然，就见野外的道上慌慌张张跑来一个道人。张谋任一看，嚯！这个道人，狼狈劲儿就甭提了，衣着的道袍是破烂不堪，满脸的灰尘，左眼睛也不知是被谁打成了乌眼青，鼻子往下还滴答血。可能这位跑得太快了，也没留神，还把脚给崴了，一瘸一拐。不仅如此，张谋任还发现，这个人是倒着跑过来的。自己看上半截儿是他的脸，再往下半截一看，是他的背！嘶！敢情这位的脖子不知道怎么回事儿，脑袋冲后长着。“嘶！这，这怎么回事儿啊？”张谋任正在纳闷儿的时候，这个道士已经来到近前。就见这位道士“叽里咕噜……”怎么了？可能没站稳，一下子躺那儿了，摔了个嘴啃泥呀！这位说：躺那儿了，应该摔个仰马叉呀。哎，不！咱说了，这位脑袋冲后长着，他一躺那儿，正好摔个嘴啃泥，“吧唧”一下。

张谋任一看，赶紧双手把他给搀起来了：“哎哟，这位道爷，您小心点儿，您小心点儿。您赶快起来，您这是怎么了呀，啊？您赶快起来。”把这道士给扶起来了。张谋任还挺好心眼儿：“哎，我，我把你的脑袋给你扭过来吧，是不是这个脑袋扭着了？别着了？我给你掰过来。”

“别别别别！”这位道士赶快拦着，“哎，别别，山人脑袋就这样，就是冲后长着，我这是练功练的。”

“啊，啊？啊！”张谋任心想：我对道学，对练气士，也是非常向往的，也曾经见过不少练功的，没见过把脑袋练脖子后边儿去的！“嗨！这位道爷，你因何如此慌张啊？”

“啊，啊，哎哟，这……是这样的，我本来在山中练功，不料，我得罪了山里的几个山猫野兽。这几个山猫野兽已经成了精了。我和他们斗法，他们斗不过我。斗不过我，我就跑这儿来了。”

张谋任心想：他们斗不过你，你怎么跑这儿来了呀？“你应该把他们打跑啊？”

“啊，对呀，可说来着。哎，我本来是能把他们打跑，可是啊，他们人多势众，我老哥儿一个，双拳难敌四手，英雄架不住人多，好虎还难敌一群狼呢。我就是虎，他们是狼。所以呀，我忍一时之气，待我功力完满之后，再找他们报仇不迟！”

哦，也有这么一说。张谋任心想，“那行吧！道爷，那就此告辞啊！你走你的吧！”

“哎，别别别！”这位道士拉住张谋任：“哎，

我说这位道友啊，能不能施舍贫道一顿斋饭呢？”

“哦！”张谋任心说，这可以呀，我们家大家大户的，施舍你一顿斋饭，小意思。“那您就到我们家去吧！”

“好！哎，那，那我就叨扰了！”这道士还挺不客气，就跟着张谋任回家了，两个人算结识了。

张谋任打听：“您叫什么名字啊？您道号怎么称呼？”

这个老道一报道号，张谋任就认识了。原来这个老道姓申啊，叫申公豹。提起申公豹来，大家可能不陌生吧？对了，就是那位姜尚姜子牙的亲师弟。你别看是同门师兄弟，但是申公豹这个人和姜子牙两个人的品行道行截然不同。申公豹就不满意老师元始天尊，心说话：干吗呀？什么好事儿都交给姜子牙去做呀？那姜子牙有什么呀？论道行比我差得远，论法术那更不如我呀？为什么什么好事儿你都先交给姜子牙去做呀？哦，给姜子牙一个封神榜，让姜子牙斩将封神？成就他的美名！那我呢？我和姜子牙都是您老的徒弟呀？我们都拜在您老的门下呀！我们交的学费一样多呀！那为何你不向着我，向着姜子牙呢？申公豹心里很是不平衡，所以偷偷下山，处处跟姜子牙为仇作对。姜子牙往东，他往西；姜子牙打狗，他撵鸡，反正就跟姜子牙对着干。姜子牙不是助周灭纣吗？申公豹就助纣为虐。你姜子牙手下不是能人多吗？我认识的朋友也不少！申公豹这通忙活，什么天上地下，四洲九岛，上至三十三层天外天，下至十八层地狱，只要是有朋友的地方，他就过去请啊。到处搬弄是非，给姜子牙请来了许多的仇敌，就是跟姜子牙唱对台戏。这一次，又请来了几个朋友，跟姜子牙一打，被姜子牙那边的神仙给打败了。申公豹是落荒而逃，好几天没吃饭了，被人家西周的那些神仙追的。好容易今天把那些跟踪自己的神仙给甩掉，正好在这野外碰到了张谋任。好几

天没吃饭了，申公豹腹中饥饿，向张谋任讨饭吃。

张谋任非常豪爽，也没问申公豹你从哪里来，是干吗的，就把申公豹领到了自己家中，好酒好菜款待。申公豹还挺不客气，往席子上一坐，嗬！甩开腮帮子，颠起大槽牙，这顿吃啊，顺着嘴角儿往下流油儿。

张谋任就在旁边看着，一看哪：这个道士练功练得太苦了呀。这，这是多少年没吃东西了？一个劲地说："您慢点儿！您慢点儿！我那儿还有呢！"

"啊，啊！好！嗯，再拿点儿酒！"好嘛，当自己家了。

申公豹在这里大吃大喝一通。吃喝完毕，与张谋任席坐而谈。这么一谈，哎，两个人话挺投机。申公豹就说了："我说兄弟，"这就兄弟了，"哎，兄弟呀，咱俩人，这是相见恨晚。要是早见些日子，我就把我这一身道术传给你了。我看你也挺爱道学的。打今天起，咱就是朋友了，你说对不对？"

张谋任说："对呀！打今天起咱们就是朋友了嘛！"

"哎，是朋友，咱们就不见外了，对不对？"

"对呀！是朋友就不见外了！"

"是朋友，你的就是我的，我的就是你的，你家就是我家，对不对？"

"是啊！我的家就是你的家嘛！"

"哎，够意思。那我在你家多住几日，这，这不过分吧？"

"啊，不过分哪！哎，随便你住！"

"那我就住下了。"

您看，这申公豹没脸没皮，打这儿以后，他就在张谋任家住下了。张谋任还真够意思，每日好酒好菜款待。申公豹在人家家天天是饮酒作乐。吃着人家张谋任，这申公豹的心可没闲着，一直还是在寻思如何对付姜尚姜子牙。通过几日和张谋任的接触，申公豹发现这个张谋任对道学，对道家，对道术，非常的喜爱，也有心加入道士行列之中。嘶！申公豹一想，好！我就拿你开刀！

有一天，申公豹和张谋任两个人对坐，吃喝完毕，申公豹把嘴一擦：“贤弟呀，你觉得你现在生活得怎么样啊？”

张谋任一听：“哈，道兄，你也看见了，虽说不能和那些大官贵族们相比。但是，在这一方我们家也数得着。我也是吃喝不尽，享用不完啊。”

“啊，那你对你的家还挺满意呀？”

“哎，可以这么说。”

“嘿！贤弟啊，我认为不然啊！”

“哦？道兄，此言何意呀？”

“贤弟，你虽有家财万贯，但也终归有那么一天财产用光之时。哎，即便是财产在你这一辈子用不光，但是，你这阳寿总归有限吧，啊？数十年之后你撒手归去，魂飞魄散，肉身化作粪土，哎嗨！何其悲哉！”说完话呀，申公豹拿手捻着自己的狗油胡儿直晃脑袋。

张谋任这几天通过跟申公豹的交谈，发现申公豹是个有道行的大士。而且这申公豹本身就爱显摆，就爱显示自己的道学、自己的法术，多么多么奇妙。他要不显摆，他脑袋还不歪呢。那不就是跟姜子牙显摆吗？说我把脑袋砍下来在天空转仨圈儿，还能长上。姜子牙不信，说：“你砍他，我看看。”“那好吧！”“噗！”申公豹一宝剑把脑袋真砍下来了。“滴溜！”在天上转仨圈儿，没下来。怎么没下来呀？南极老寿星派仙鹤童子把那脑袋给叼住了。后来，还是姜子牙苦苦哀求，老寿星这才把脑袋给他丢下来。丢下来没丢正，脑袋冲后了。落下个后遗症。他到人家张谋任家也整天显摆自己会什么法术——点石成金，撒豆成兵，让公鸡下蛋，让母鸡打鸣，没少在这张谋任面前显摆。张谋任一看这个人了不得呀，会法术哇！所以这些天对申公豹毕恭毕敬。而且可以说，对申公豹非常崇敬。他想跟申公豹学习一些成仙之术。今天听申公豹这么一说，张谋任认为这是申公豹在点化自己，赶紧地“扑通”一下子跪倒在地，双手一抱：“道兄，道兄所言甚是有理呀。

但不知如何才能够长生不老呢？我也想练一个长生不死之方啊！”

“哎，快起来，快起来！”申公豹赶紧地把张谋任给扶起来了，“我说贤弟，不要着急。贫道我倒是有个不死之法啊！不知道贤弟有没有这个诚意，愿不愿试试呢？”

张谋任一听就高兴了：“哎呀，道兄这话从何说来呀？只要是能够求成一个不死之身，我张谋任纵受千般灾难，万种的磨劫，也是在所不辞啊！您说吧，还有什么愿试不愿试的？我都能试。”

申公豹一听，暗自高兴，“啊，贤弟言重了。俗话说得好，舍得舍得，有舍才有得。贤弟要想得一个长生不老之方，应当先舍家业，舍弃妻室，舍弃儿女，脱离世俗，方能入道，不知贤弟可能行否？”

张谋任一听，眉毛一皱，沉思不语。片刻之后，张谋任说：“道兄啊，这……哎呀，你让我舍弃家业，舍弃妻儿。把这些全舍弃了，我要长生有何用啊？哦，我自己一个人活他一千年、一万年？这……嗨呀！还有什么意思啊？”

“哎，糊涂了不是？贤弟呀，这点道理你还不懂吗？只要是你能够成仙得道，何愁以后无业无妻呀？你的妻儿老小不跟着你也成仙了吗？我所说的正为此也，你先舍后才能得呀！”

“哦……”张谋任一听，“道长言之有理。那一切遵道兄之意。”

“嗯……”申公豹点点头，“好，百忍成精！欲先舍，必先忍，而后方有所得，故此，我看贤弟应该先改名字。”

张谋任一听：好家伙，长生不老还得改名字。“改什么名字呀？”

“我刚才说了呀，百忍成精嘛。所以，贤弟应该易名为张百忍。”

“张百忍？哦，谨遵道兄之意，我以后就叫张百忍了。”

“张百忍啊，你是不知道，你这个人有很大的道行，以后你要成为上天之主玉皇大帝呀！”

张百忍一听："什么？哦，我还能成为玉帝？"

"那是自然啊，我给你算好啦，你得道那天就是姜子牙封神之时。到那个时候，老道我要助贤弟一臂之力，夺得玉帝之位。如此，方随我意，也得贤弟之所愿，岂不妙哉，岂不美哉？"

张百忍一听，心花怒放：哦，我还能得玉帝！"好好好好，我就改名字，我得修炼了。"从此以后就开始修炼。

什么叫百忍呢？简而言之，就是忍痛割爱，把自己所喜欢的东西，所喜欢的人，所喜欢的物，所喜欢的财产，不惜舍与他人。申公豹说了："我助你锻炼，你把你的东西全舍给我吧！把你的财产，把你的房契，把你的一切东西都舍给我，这样锻炼你。"这张百忍还真听话，把财产、房契全给申公豹了。而且凡事以忍为先。都忍到什么程度了呢？据说有一次，这申公豹看见张百忍的儿媳妇了，一看长得太好了，申公豹就起了花花肠子，入其房中强行好事。被这张百忍的儿子知道了，就告诉了张百忍，说："爹呀，你说的那个仙长他调戏你家儿媳妇，你管不管哪？"张百忍说："啊，要忍！忍而为道啊！你这个孩子不明世故，你忍忍吧，等你爹成了仙，你和你的媳妇那不都成了神仙了吗？你爹当了玉帝，你不是太子吗？你那老婆不太子妃吗？哎，忍了吧！""啊？啊，这都忍啦？"张百忍的儿子也没办法，回去了。当然，这张百忍也做了不少的好事。那不能都施舍给申公豹，施舍米粮，广散财产，全部捐献给广大的灾民了。因为当时是大交战的时代，灾民难民非常多。所以在民众之中，大家都知道这张百忍是个大善人！大家都交口称赞。

就这样，没用几年，在以姜子牙为首，众人神的共同努力之下，终于推翻了商纣王朝。杀死了那个没有人性、残害忠良的狐狸精妲己。纣王也自焚在摘星楼上。然后，大家拥立周武王姬发登上了王位，建立了周王朝。姜子牙得以顺利完成师命，功成名就。率领着哪吒、李靖、二郎神等这些神仙上得天庭，要建立天朝，大封群臣。

申公豹也得知消息了。探知天朝成立之时，申公豹就急匆匆地找到了张百忍，腾云驾雾把他给拽天上去了。申公豹把张百忍就藏在了凌霄宝殿的宝座之上的横梁上。申公豹呢？申公豹被抓了。申公豹也得封神啊！申公豹由于罪恶滔天、搬弄是非给抓起来了，那大殿之上就剩下张百忍了。

张百忍在大殿之上眯了一晚上，到了第二天一早，众神拥立姜子牙要登上凌霄宝殿宝座的时候，张百忍“欻”的一下子从这梁上跳下来了。这都是申公豹教给他的。“砰！”正好落在那宝座之上。

姜子牙当时正好往上迈步呢，这众神一看姜子牙往上迈步了，赶紧地全跪倒在地正要山呼“万岁”呢，就等着姜子牙那屁股往龙座上一坐，这马上就喊了。哪知道张百忍已经到了龙座之上，接受了礼仪，姜子牙愣那儿了。但是礼仪已毕，姜子牙知道天数难违，干脆顺水推舟，就封了张百忍成了天地之主玉皇大帝了。

姜子牙封了玉皇大帝，一看，天上的神仙全满了，本来这天上重要的神位就剩下玉皇大帝这一个神位了，那是给自己留的。好家伙，现在玉皇大帝的神位被张百忍给窃取了，自己上哪儿去呀？那不能说自己去当个弼马温吧？看桃园去？那是孙猴儿干的事儿啊！我堂堂的封神太公姜子牙去看桃园，去看马？不行啊。那天上实在是没有神位儿了，怎么办呢？姜子牙最后给自己找了个地儿，哪儿呢？每个老百姓家的屋脊之上，大家留意一下，尤其是农村，现在可能屋脊之上还有呢，正中央有那么一个竖起来的砖，有的是竖起来一个小牌楼，也有的是一个竖起来的一个石阁、石亭子。为什么在正中央竖那个东西呢？哎，那个东西就是姜太公之位。就是说姜子牙他的神庙，在每人家的屋顶上。所以有那么句话“太公在此，诸神退位”。只要姜太公那个神龛往家里屋脊上那么一蹲，任何的歪门邪道，鬼呀、怪呀，都不敢进家门。那这位说有太公了，那还用得着贴门神吗？用得着啊，双保险嘛！这是闲话了。

玉皇大帝是太白金星选的

但是，根据欧阳飞所编著的《诸神传奇》上说，玉皇大帝生前不是什么财主，不是什么富家子弟，也不叫张谋任。叫什么呢？叫张友仁，又叫作张百忍。

说是在盘古开天辟地以后，天地间是一片祥和，和谐社会。可是后来由于没人管束，有一些神仙之间产生了矛盾，后来就干起仗来了。尤其是水神共工和火神祝融，这两个神打起来了，共工战败怒而头触不周山，天塌地陷，这才有女娲娘娘采五彩之石补天。这天是补好了，可诸神的斗争更加厉害，而且不仅神仙争斗，连着也开始荒淫无度了，可谓天地人三界大乱。最后，这些正直的神仙在一起一合计，不行啊，人无头不走，鸟无头不飞，神仙也得有个头儿啊，没有头各自为政，没人管束，那是不行。怎么办呢？大家一合计，就让太白金星作为代表，下凡界寻找一个才德兼备之人，来做三界的大帝——玉皇大帝。

后来，太白金星化身成为乞丐四处找寻，找到了一个地方，这个地方叫张家湾。张家湾敢情是个大寨子，寨子治理得非常和睦，男耕女织，尊老爱幼。太白金星一打听，张家湾的寨主就是张百忍张友仁。太白金星一看，这个人了不得呀，能够把寨子治理得如此和睦，如果此人做了玉皇大帝，三界神仙肯定也会和和气气的。行了，就把他带走吧。就这样，把张百忍张友仁带到了天庭。然后，太白金星帮着张百忍拉选票，后来三界众神仙纷纷陈请，共同推崇张百忍为终身天帝，共称玉帝。又因为玉皇是三界的总皇帝，因此加称为玉皇大帝，或者是玉皇上帝。

这是《诸神传奇》中关于玉帝的记载。

玉皇大帝的发展史

其实关于老天爷的信仰，在我国的殷商时期就开始了。那时候，叫上帝，这可不是基督教那个上帝呀，咱们中国的上帝。

在殷商人的信仰中，上帝是统御所有神灵，支配日月风雨等一切自然现象和人间福祸生死、夭寿凶吉的最高天神。到了我国的西周之后，上帝的信仰广泛流行。对上帝的称谓也不同了，有很多的称谓。有的称上帝，有的称黄天，有的称上天，有的称昊天，有称天帝的，有称黄天上帝的，有称昊天上帝的……都是尊称。

到了西周之后，朝廷的帝王更是把自己的王位与这位上帝联系起来了。说自己是“天子”——上帝的儿子，受天命下界为王称帝，这就是遵循了天意，代表了上帝来下界教化万民来了。这样一来，王权天授，神化了自己的帝位和统治权。特别是周朝的统治者们在当时大肆鼓吹“天意天命”。他们曾经说过：“上天为了保佑万民才任命国君，帮助上帝来治理天下。判民有罪，或判民无罪，都不是我们判的，都是按照上帝的意志行事的，我们做国君的是不敢超越上帝的意志的。”到了后来，兴起的儒家也主张顺应天意和天命。孔子说：“不知命，无以为君子。”就是要求人们要围着那些知天命的君子转，“死生有命，富贵在天”也道出了当时所谓的天命不可抗拒，人的穷通福祸早在冥冥之中就有了安排。这种说法一直流传了两千多年，从奴隶社会到封建社会，到了我们现在的社会主义社会，仍然有其广泛的影响。

到了东汉时期，道教创立以后，为了树立道教的权威性，就把这位颇有影响力的上帝天神给纳入了道教诸神体系之中。

为什么叫玉帝呢？因为古人相信吃玉食玉可以长生，又因为玉晶莹剔透，是纯洁清净的象征。所以，道教凡称神仙多用玉字。比如什么玉童、玉女、玉清、玉京、玉楼、玉阙、玉兔、玉蟾、玉树、玉芝等等等等，都是取这尊贵之意。所以，用玉皇、玉帝、玉皇大帝来称谓这位民间信仰中的上帝天帝，就说明了玉帝是道教诸神中十分尊贵的天神。

有关玉皇、玉帝的称谓最早见之于南朝齐梁著名道士陶弘景撰写的《真灵位业图》中，上面说玉清三元宫上第一位右十一叫玉帝道君，右十九叫高上玉帝，但是因为道教所尊奉的最高天神是三清，所以《真灵位业图》将玉帝道君放在了元始天尊的下边，说这个玉帝道君是元始天尊的属下之神。

到了唐代，李唐皇室就姓李嘛，尊奉与己同姓的老子李聃为宗祖，使道教在唐朝时期得到了空前的发展。随着道教的发展，玉帝的信仰也因此普遍流行。所以，您看全唐诗的时候，能够发现在唐朝许多诗人的咏颂之中，就出现过大量的玉帝的称谓。如，李白在《赠别舍人弟台卿之江南》中有诗云："入洞过天地，登真朝玉皇。"白居易在《梦仙》中说："仰谒玉皇帝，稽首前致诚。"从这些诗句中，侧面可以反映出在唐代对玉帝的信仰已经很盛行了。从这些诗句中也看得出唐朝时候的玉皇、玉帝，已经不是那位《真灵位业图》中的两位尊神了，而是人们对最高天神的两种不同的称呼。而且那个时候，玉帝与民间信仰的天帝也合二为一了。在人们的心目中，玉帝、玉皇是同一个最高的天神，就是天帝，就是老天爷。

到了宋朝。宋皇赵氏仿效李唐王朝尊崇道教，宋徽宗不是叫"道君天子"吗？非常尊崇道教。把道教和民间信仰的玉帝正式地列入了国家祭天大典，并且给玉皇大帝加上了尊号叫"太上开天执符御历含真体道玉皇大天帝"。宋徽宗觉得还不过瘾，他又加了个圣号，叫"太上开天执符御历含真体道昊天玉皇上帝"。这要是肺活量不够的话得憋死，太长了。为什么要加这些尊号呢？哎，这就是在称谓上和国家祭祀中把道教的玉皇和传统奉祭的昊天上帝合为一体。到此为止，国家、道教、民间三方面的信仰正式合流，而这种合流又进一步促进了玉帝信仰的普遍化。

这样一来，玉皇大帝就成了人间封建皇帝在天神体系中的象征了。蒲松龄有言："天上有玉帝，地下有皇帝。"在民间信仰和传统的神学观念中玉皇大帝也好像个人间的帝王：也是登朝理事，也是文东武西，也是八班朝臣，也有天条天规，和人间布置大体一样，就是人间是人，天上是神。其实玉皇大帝就是人间皇帝在天空中的表现。

但是，这样一来，道教原有的那种吸纳古代上帝信仰并尊其为玉帝后又使他位列三清之下的安排，显然有悖于朝廷祀典和民间的信仰。怎么办呢？为了改变这种不协调、不适应的状况，道教不得不调整玉皇大帝在道界诸神中的位置。不得不把《真灵位业图》重新编排。所以，宋代的张君房在《云笈七签》中给了玉皇大帝重新地安排，上面说："三代天尊者，过去元始天尊，现在太上玉皇天尊，未来金阙玉晨天尊。然太上即元始天尊弟子，从上皇半劫以来，元始天尊神位三代天尊，亦有十号：一曰自然、二曰无极、三曰大道、四曰至真、五曰太上、六曰道君、七曰高皇、八曰天尊、九曰玉帝、十曰陛下。"您看，他把这个玉皇大帝提拔了。提拔成了三清中的第二位了，或者成为天尊的十号之一了。但即便如此，仍然没有得到民众的承认，广大民众依旧按照传统信仰观念奉玉帝为至高无上的天神。并且把佛界、道界、俗界，通通地都归之于玉帝手下，受其管辖，受其统御。在这个形式上，三清是道教最高天神，好像这个玉皇大帝始终没有能够取而代之。但是，为了顺应民间对玉皇大帝的信仰，扩大道教的影响。道教在舆论方面，在媒体方面，在公关方面，还是做了大量的工作，宣传了他们这位玉帝。比如，说这玉皇大帝"是穹苍主，浩劫之尊，妙见妙知，无等无伦，湛寂真净，杳亡杳存，上圣上灵，大神通，光明藏，大丈夫，开化人天，教导无穷，大慈大悲，流焕法轮，为度群生，是号'玉皇'；帝修德无量，功成不毁，位至尊，名最胜。统无天，包三教，御三千大千，历劫自如"。好家伙，能耐得不能再能耐了。除此之外，为了迎合民间最高神的观念，道家说了：我们这个玉帝，其实，各家学派都有。我们所说的这个玉帝，对于你们儒家来说，就是你们儒家称的那个上帝；对于你们佛家来说，就是你们佛家所说的那个燃灯古佛，如来佛的师父，道号玄主，尊贵无伦！您看，这道教多会往自己脸上贴金吧，把玉皇大帝拉过来了。为了吸引信仰者，为了打击外教，古代的道教又专门给玉皇大帝又编撰了一个神变化生的故事。这个故事就叫《高上玉皇本形集经》，把这个古代历来不明的上帝说了个有根有据，有板有眼。

说玉皇大帝怎么来的呢？在很久很久以前，有一个国家叫光严化乐国，国王叫净德，王后叫宝月光。两口子很多年没有一个孩子，为此，这国王、王后是郁郁寡欢，闷闷不乐。有一天，净德国王又想起这一档子事儿来了。国王想，我现在眼见得一天老过一天，一天不如一天，我老而无子，身体随时都可能死亡，如果我百年之后，这天下社稷我又托付于何人呢？国王想到这儿，马上召集群臣道众，就开始祭天求子。盛服斋坛，肃建道场，广陈供养，行香演道，跪在地下祈求上天——能够赐我一子吧！就这样着，祈祷了半年有余，未见灵验，没戏！净德王着急上火，满嘴是泡。

话说这天晚上，净德王虔诚祈祷完之后，回到宫中了，和王后一同安寝。王后宝月光睡着了，她就做了一个梦，梦见太上老君坐着车过来了，旁边都是神仙陪着。而且，太上老君怀抱着一个婴儿，安然坐在龙舆之上。就见这个婴儿周身毛孔发出了百亿祥妙之光，把整个王宫诸殿都给照耀得亮如白昼似的。

王后见此情景，心生欢喜，赶紧恭敬迎接，“扑通”一下子跪倒在太上老君面前，求太上老君：“老君哪老君，现在我家陛下无嗣，我愿乞此子为天下之主，望道君大慈大悲，哀怜王之无嗣，许臣之请，赐降此子为后啊！”

“嗯……”太上老君点点头，“我正是为此而来，这个婴儿就赐予你啦！”

“多谢老君！”

宝月光皇后可高兴了，这一高兴“嘣噔”地一蹬腿儿，醒了！哎，你说怪不怪，醒后有孕了！怀胎一年，于丙午年正月初九午时生了个太子。

这个太子生下来时聪颖过人，长大后是仁慈善良，为天下苍生做了许许多多的好事儿。有一天，净德王驾崩，太子即位，有感于人生在世有如天上浮云，便诏告天下，推位舍国，进香严山修道，功成超度。往后又过了八百劫，在这八百劫里面，他经常托生为太子度化众生。后来又经过八百劫，广行方便，启诸道藏，演说灵草，恢弘正化，敷布神功，助国救民。再历八百劫，舍己肉血，亡身殒命。这样反复修行了三千二百劫，始证金仙，号曰清净自然觉王如来。又经亿劫，始证玉帝。

什么是劫呀？道教以天地从生到灭，一成一败，一生一死，一个周期为一劫。劫有大劫，有小劫，大小劫之间又有转轮劫。小劫为一万零八百年，转轮劫为十二万零九千六百年，劫劫相延积到万数乃成为大劫。这位玉皇大帝修行了三千二百劫后又经一劫始证玉帝。该是多少年，多少代？您算去吧，恐怕就是现在最先进的电子计算机也难以准确地计算出来。这就是道教之中记载玉皇大帝来历的故事。

有的听众说了：你说这一段故事说得太简单了，为什么不详详细细地给我们说说呢？这太子怎么舍的王位，太子怎么修炼的？给我们讲讲啊。

这个，大家可以参照前面的文字，前面咱们说腊八粥的来历，里面讲了释迦牟尼佛的来历，他的修炼经过是不是跟这玉皇大帝如出一辙呀？也是个王子，也是厌倦人间，也是要寻找真谛，也是去修炼，最后也成了正果……对了，这玉皇大帝的来历本来就是道家模仿佛家给杜撰出来的，所以大同小异，咱就不必细说了。

据说，玉皇大帝的法力和职能就是管辖天神、地祇、人鬼，统御三界。什么叫三界呢？三界的概念多了。如果按时间而言，三界讲的是无极界、太极界、现世界；如果按空间来说，三界分为天界、地界、水界；按道境而言，三界分为欲界、色界、无色界。而且，玉皇大帝不仅统御三界，还统御十方、四生。什么叫十方呢？东、南、西、北、东南、东北、西南、西北、上、下，十方。四生呢？四生其实是佛家的概念，也被道家借用了，分为胎生、卵生、湿生、化生。胎生就是由母体怀胎而生的，比如人、哺乳类动物，这就是胎生；卵生呢？禽、鸟，像这些在蛋壳里孵出来的动物叫卵生；湿生呢？鱼、虫，以湿气受形而生的叫湿生；化生呢？无所依持，由无而化有者称为化生。十方、四生、三界都管了，而且还管六道。这六道也是佛家概念，包括地狱道、鬼道、畜生道、阿修罗道、人道、天道。六道轮回，就是说的这六道。这就是玉皇大帝管理的职能范围。

天下有贼

在民间，关于张百忍怎么成为玉皇大帝的，还有一个有趣的传说故事。

说自盘古开天辟地之后，天上、人间、地狱三界都缺少一个领导者，让谁当呢？天下老百姓共同推举，共同民主选举，最后选出了四个圣人。这四个圣人，让其中哪一个去管理天下都绰绰有余，都可以给老百姓带来幸福。哪四个呢？这四个那可了不得。头一个，西方的如来佛祖，就是释迦牟尼佛、佛陀。第二个，道教的鼻祖——老子，老聃！第三个，就是儒家学派的创始人——孔子。第四个，就叫张坚张百忍，就是未来的玉皇大帝、张玉皇。当然现在不能称张玉皇了，那也是个圣人。把这四个圣人推选出来了。但是，民无二主，天无二日，那不能让四个人轮流做玉帝吧。必须在四人当中再选出那么一位出类拔萃的人来统管天下。到底选谁呢？大家为此争论纷纷。

后来，老百姓把这四个圣人找在了一起，推在了一块儿，老百姓说了：“你们自己商量去吧，我们不管了。你们自己觉得谁应该管理天下，商量好了，我们老百姓双手赞同，我们绝无异议。你们自己商量吧。”人老百姓不管了。

张百忍、佛陀、孔子、老子四个圣人在这里，你看我，我看你，怎么办呢？谁当玉皇大帝呀？这四个人都是圣人，那跟一般的人不一样，一般的人要遇到这好事儿，“哎哟，这好事儿，我来我来！”“哎哟，不行，我来，我来！”打起来了，人家四人不那样，人家圣人嘛，互相地推辞。“哎呀，不行，不行！我这个学术啊太浅了。”“哎哟，我道行太薄了。”“哎呀，我年纪太轻了。”“哎哟，我不会管理国家呀。”“还是你来。”“还是你来。”互相地推辞。结果这四人推了好几日，也没得出一个结果来。

最后，还是智慧的佛陀出了个主意。佛陀说：“这样吧，大家别互相谦让了，要照这样谦让下去，再有几天、几十天也没个结果。人间老百姓还等待着一个明君的出现呢。这样吧，我出个主意，咱们听天由命，让天决定咱们谁当这三界之主，不知各位道兄意下如何呀？”

头一个赞同的是太上老君，“道兄啊，我同意！你就说吧，你肯定能出一个很好的主意。我没意见。”

孔子也说了：“只要是规则平等，大家一视同仁，公平、公正、公开，我也没有意见。你就说吧。”

佛陀又看了看张坚张百忍，“张道兄，你认为怎么样呢？”

“我……行啊。”张百忍说，“既然大家都同意，我也没有什么异议。那，那你就说说吧，划道儿吧，划出道儿来，咱们大家走呗，那还能怎么着呢？就这样办吧。”他好像有点不太乐意，但最终还是赞同了。

“好！那大家随我来吧。”

佛陀在前面带路，带着老子、孔子、张坚就来到了一棵大菩提树下。嚯！这棵大菩提树长得是枝叶繁盛，就像一个大雨伞似的遮天蔽日，在下面形成了一大片阴凉地带。佛陀一指阴凉地带，“大家随我手指观看。”佛陀一指，在地上立刻出现了四个蒲团。佛陀说了：“我这个主意是这样的，这有四个蒲团，大家围坐在蒲团之上闭目养神，咱们听天由命。怎么听天由命呢？菩提树总归得往下落叶子。落在别处就不管了，什么时候叶子落在咱们四个人其中哪个人的身上，那这个人就为三界之主。也就是说，谁的身上最早粘到落下的菩提树叶，谁就为三界之主。不知我这个主意大家以为如何呀？”

老子说：“可以呀。哎呀，僧兄啊，你这个主意太棒了，我看可以。”

孔子也没异议。

张坚一看大家都没异议了：“那行吧，那就这样吧，坐吧那就。”

大家就围着团团而坐。怎么坐的呢？佛陀的右边是老子，老子的右边是张坚，张坚的右边是孔子，孔子的右边是佛陀。也就是佛陀和张坚相对，孔子和老子相对。

虽然坐下了，但，四个人是四种不同的坐姿。佛陀是趺坐而坐，您见过练瑜伽的吗？就那么盘膝而坐，叫趺坐而坐。五心朝天，微闭二目，似睁非睁，似闭非闭。你看庙里的佛像，大家老是以为佛爷在那儿闭着眼。不对，其实不是闭着眼，那叫微闭双目，似闭非闭。老子，双腿盘交，然后把右手放在左手指上，两个大拇指往中间一扣，形成个太极图，往丹田上一放，把眼一闭，修炼内丹。也坐好了；孔子是正襟危坐，长坐而坐，跪那儿了。然后这屁股蛋儿正好坐在脚心之上，把眼睛一闭，闭目养神。

唯独张坚张百忍，没个正经姿势，一会儿是一屁股坐那儿；一会儿又起来像孔子那样跪那儿坐；一会儿不行，像佛陀那样打盘吧；一会儿干脆往那儿一坐，两手抠着俩脚的脚心，在那儿窜脚气！怎么坐不住啊？原来张坚他想当玉皇大帝，但是不好意思说。四个人互相推辞，自己拿过来了，多不好意思呀。其实内心他想做，着急呀。他一看这三个人都挺平静的，往那儿一坐把眼都闭上了，呼吸均匀。似乎争夺玉皇大帝之位这件事儿对他们三个人没有什么吸引力。多新鲜啊！人家这三个人都是圣贤啊！

佛陀，人家讲究四大皆空，“世间一切相皆是虚妄，若见诸相非相，即见如来”嘛。人世间的任何的“相”都是空的，“色即是空，空即是色，受享行识亦复如是”，那何况什么权力、地位呀？这些都是空虚的，不实在的，人心不必要为这些功名利禄而产生什么苦恼，什么着急，什么颠倒梦想，没那个必要。所以，人家佛陀根本地对这个位置不看重。

老子是道家，讲究清净无为，讲究不争不夺。不争是争，不夺是夺。人家道家根本就不愿意要这个位置，人家想达到一个“小国寡民”的境界，达到一个“老死不相往来”的社会，这是人家的所愿。所以，人家对玉皇大帝这个位置，也不是那么的关注。太上老君往那儿一坐，眼睛一闭，挺好！

张坚再看看孔子。孔子那是正统的儒家，讲究“仁”，要作为君子，“君子坦荡荡，小人长戚戚”。作为君子必须坦坦荡荡的。既然人家佛陀已经把法则都制定好了，那我就闭上眼睛静静等着吧。如果叶子落在我头上，那我当仁不让。如果叶子落在别人头上，我衷心地祝贺。我何必为叶子落在谁的头上，为玉皇大帝之位到底归谁，而着急上火呢？儒家对君子是有要求的，讲究“泰山崩于前而面不改色”“沾衣不乱步”。就是说，你在大街上走着走着，“轰隆”的一下子，泰山塌了，你的眼皮儿都不能眨，脸色都不能改，你要吓得蹦起来了，吓得哆嗦了，那都不是君子之道。说你在街上走着走着，“哗”下雨了。下雨了，你也不能跑，仍然要四平八稳地往前走，不急不躁，不紧不慢，稳稳当当，稳如泰山。说下的是小雨呀，哎，中雨也一样。别说中雨了，大雨，暴雨，就是下雹子……那就得跑了！怎么了？不跑，脑袋成漏勺了，那玩意儿顶不住。总之，儒家对这君子是有规范的。不能够因为一些小事儿而坏了你内心的道。所以，人家孔子坐在那里也是闭目养神，内心丝毫不紧张。

四个人当中就这张坚张百忍坐不住，左看右看，抓耳挠腮，“哎呀，怎么还不落叶子呀？”他就等着那落叶呢。他一看，这菩提树虽说很大，但是落叶很少。偶尔有那么一两片落叶，还都落在别处了。哎呀，急得张百忍百爪挠心！

就在这个时候，张百忍突然间发现在自己右上方有一片叶子“吧”地一动，“啊！”张百忍当时眼睛就瞪大了，看着这叶子，果然就发现这叶子“嘎嘣儿”掉了！就见这个叶子在空中“悠悠悠悠悠”往下落。奔哪儿落呀？张百忍旁边是孔子，奔着孔子的脑袋落上去了。哎呀，把这张百忍给急的：“你怎么跑他那儿了？你给我……‘嘶！嘶……’”怎么回事儿？张百忍拿嘴往自己这边儿吸。这位说费那事干吗？你施个法术把它给点过来不就行了吗？那哪儿行啊？你看在座的是谁啊？老子、佛陀。好家伙，他们的法力、道行，那不比这张百忍高得多得多？你在这里还没施法术呢，人家都感知到了。不能施法术！只能用原始的吸“嘶！嘶！嘶！”那能有多大力呀？再加上还不敢用大力气出声，万一让人家佛陀、老子听见了，把眼睛睁开，那自己不闹笑话了吗？还得往自己这边儿吸，还不能够出声音，“嘶！嘶！”那能吸过来吗？就见这个叶子呀“吧嗒！”正落在孔子脑袋之上。

“哎哟！”张百忍这个骂呀，“老天啊老天，你落谁脑袋上不行啊，你偏偏落这么一个酸书生的脑袋上。他懂什么呀，他会什么呀？他除了念书以外，他会治理天下吗？它怎么不落我头上呢？”张百忍着急，着急没用啊，已经落在孔子头上了。

但是，张百忍发现，落是落了，可这孔子没发现，也可能因为这片树叶太轻了，孔子似乎没有感觉到。“哎呀！”张百忍一看有机会啊。他看了看老子，闭着眼呢。看看佛陀，也闭着眼呢。都没发觉。好机会！张百忍心中窃喜，他慢慢地抬起自己的右胳膊，慢慢地慢慢地抬过头顶，慢慢地慢慢地朝孔子的方向探了过去。“叭！”伸出俩手指头把那枚菩提叶给捏住了，慢慢地又缩回来往自己头上一放，“叭！”落自己头上了！“哎哟，我的妈呀！”张百忍长出一口气呀。

他等了片时，不敢等太长时间，万一再落一个呢。等了片刻，他把眼睛睁开了。“咳咳……哎哟，各位，各位！”

他这么一说话，孔子、老子、佛陀全部把眼睛睁开了。“啊，怎么回事儿？”“怎么回事儿？”

“啊哈，是我说话呢。”

“怎么了？”

“嗯，刚才呀，我在这里闭目养神的时候，我就觉得好像什么东西落在了我的脑袋之上了。我看不见啊，还烦劳三位，你们给我看看，我脑袋上落的是什么呀？”

“哦？”这三位听完甩目往张百忍脑袋上一看。第一个说话的是孔子，“哎呀！恭喜张兄，贺喜张兄啊！”

这张百忍还假装不知道呢。“嗨，我喜从何来呀？”

“张兄啊，这菩提树叶落你脑袋上了，你从此之后就为三界之主了！”

“是吗？哎哟，不能吧？怎么会落我脑袋上？”

“哎，不信你摸摸呀！”

“我，我摸摸？这不会吧？”张百忍还装呢，他拿手往自己脑袋上一胡噜，把叶子胡噜过来了，拿手里一看，“哎哟，这……怎么会落在我头上呢？你看看，你说这事儿，啊……这事儿闹的，这个……我这个……哎呀，我论学识啊，论道行啊，都没三位高啊，这……这……肯定落错了，我不配呀！哎，孔子，孔子，给你吧！”

“不行，不行，君子不夺人之爱啊！”

“老君给你吧，你当吧！”

“哎呀，我来不了，我来不了！”

“佛陀，您德高望重，您来！”

“别别……”佛陀把张百忍给拦住了，“行了，行了，行了。张百忍啊，咱们说了，这是天意呀。既然树叶落在你的头上了，你从此之后就为三界之主。”

“哎呀，你看这合适吗？”

“合适，合适啊。”佛陀说，“张百忍啊，你比我们三个都适合啊，因为你了解人性，了解百姓。你做三界之主肯定能够风调雨顺，国泰民安。但是，从此之后你记住，这人间有一点你是再也杜绝不了了。”

“哦？”张百忍说，“佛陀啊，哪一点我再也杜绝不了啊？”

“呵呵！”佛陀一乐呀，“张玉皇，从此之后，这人间的小偷你是再也杜绝不了啦！”

“啊？”张坚一听，哦，我拿树叶的事儿他们都看见啦。

所以，古今中外，无论什么样的社会、什么样的国家，都杜绝不了小偷。为什么？这就是因为上梁不正，下梁才歪。

第十四章 大年初十

——对着石头磕个头

石头也过生日，初十老鼠也嫁女，子婿日不是迎婿日……

地日石头节

正月初十在过去被称作是“地日”，传说这天是石头的生日，被称为石头节，俗称“十指”。

为什么石头的生日在初十呢？有人考证认为这应该是从初十的“十”音化来的。因为“十”“石”同音，正月初十又是一年第一个初十，所以干脆，就把这天作为石头的生日吧，这天就成为石头节了。

这一天，在民间忌动石器。只要是石器，都不能搬动，也不能搬石头。就是说这一天凡是什么磨、碾、碌子等石制工具都不能动。这位说：“我要砸个蒜，用个石头臼子，行不行？”不行！“那我砸韭菜花儿呢？”您非得在这一天吃什么砸东西吗？您干脆不吃得了。总而言之，这一天有“石不动”或“十不动”的说法。有的说是“石不动”就是不动石；有的说是“十不动”，就是有十种东西不能动。总而言之，过去在这一天是不能动石器的。因为除夕是贴春联，贴福字的时候，在这些石器之上也要贴上春联，贴上福字，贴上道酉，尤其像磨盘、碾子，在过去正月初十以前是禁止使用的。过了正月初十，则可以开封使用，就没什么讲究了。

在正月初十这一天不仅不能动石头，甚至还要设祭来享祭石头。因为石器里面很多（如石碾）都是碾粮食的，不要到后来伤害庄稼，要祭奠祭奠。还要习惯性地祭祀一些神仙，什么神仙？什么没神呢？碾有碾神，磨有磨神，臼有臼神，蒜臼子也有神……最有名的石头神就是那位泰山石敢当了。咱说了，中国老百姓心目中的神仙太多了，到处都有神啊。所以说，到这一天大家要祭一祭这些石头神，甚至有些地方家家还要向石头焚香致敬来过石头节。

石头节据考证应该与原始人类对于大山和石头的崇拜有着流源关系。在过石头节这一天吃午饭必食馍饼。认为吃饼，一年之内便会财运亨通。有的地方在这一天还有抬石头神的风俗。在初九的晚上人们要把一个瓦罐儿冻结在一块平滑的大石头上。初十的早晨用绳子拴上瓦罐儿的罐儿鼻，由十个小伙子轮流抬着瓦罐儿走，石头如果不落地，则预示着当年五谷丰登。

初十的老鼠嫁女

因为在旧社会很多的墙基都是用石头垒砌的，下面是石头，上面是土，所以家家户户除了养人以外，还养了许多耗子，也就是老鼠，都生活在人家里的墙角窟窿里。虽然“老鼠过街人人喊打”说得好，但是毕竟老鼠和人经常在一个房间住，所以，老百姓一看得了，怎么着这过年也得给老鼠过过呀。老百姓一合计就把正月初十这天定为老鼠娶媳妇的日子。也有的说初十这天为老鼠娶亲日，也有的说初十这天为老鼠嫁女日，总之，初十这天那是老鼠的大好日子。在山西平遥县初十这天，老百姓们要把面饼放在墙根中，要给家里的老鼠嫁女儿随那么一点份子。

在我国的湖南宁远，那里认为老鼠嫁女不在正月初十，在哪天呢？在正月十七，说在这一天忌讳开启箱柜，因为怕惊动了老鼠。头一天晚上，儿童要把糖果、花生放到阴暗处、墙角内，并且要敲打什么锅盖啊，簸箕等等，大敲大打，那就是为老鼠催嫁妆呢。第二天早晨，再把家里的鼠穴封塞，什么意思呢？就是说老鼠你不是嫁女儿吗？嫁走吧，就别再回来了，认为从此之后就可以永远绝迹。还有的地区在初十老鼠嫁女之日，人们很早就要上炕睡觉了，为的就是不打扰人家老鼠。人家老鼠也不容易，一年过那么一个洞房花烛夜，就让人家好好地过，咱们也别打扰人家，也别惊扰人家。俗话说得好，“你扰它一天，它扰你一年”啊。其实你不扰它，它也扰你一年。

在晋东南地区，老百姓习惯用谷面做蒸食，称为十字团。到了晚上也放在墙角土穴之处供老鼠食用。晋南地区也是在墙根放置面饼以庆祝老鼠娶媳妇。

在忻州地区，正月初十有个习俗，要吃莜面鱼鱼或高粱面鱼鱼。妇女们搓鱼鱼一手五根，两手要同时动作，在面板上搓动这十几根细长的面鱼儿，故把这一天又称为“十指”。搓面鱼儿的时候要捏一些花轿同时蒸熟，放置于墙角瓮底等处，干什么呢？也是为老鼠娶亲准备的。

你看，好像在我国不少的地方都有“老鼠娶亲”的传说。于是，在我国许多地方，初十这天晚上，人们都要在屋角内，墙角，还有水瓮那里点灯、焚香、敬纸，以对老鼠娶亲表示祝贺。但是这种风俗也有所不同。

在晋北的一些地方，晚上不能点灯，不能说话，怕说话点灯惊扰了老鼠，惊扰了人家娶亲。惊扰了老鼠那是小事儿，更要命的是怕惊吓了“鼠神”。老鼠也有神？啊，咱不说了吗？什么都有神。所以，到这一天，不要说话，不要点灯。大人好说，可有些小孩子不明事理，他要说话，要点灯怎么办？大人就跟他说：“不要点灯，别说话，别吵吵，告诉你，今天晚上这老鼠娶媳妇。”小孩子一听：“哎，老鼠娶媳妇，真有趣儿啊！”小孩子好奇啊，往往信以为真，更不睡觉了，要看个明白。那怎么办呢？这个时候有一个祖传的传说可以对付小孩儿。大人们一看小孩子如果是闹着不睡觉，就对孩子说：“哎，你要是想看老鼠娶亲也容易，但是你这样看，看不见，你听也听不见锣声、鼓声。怎么才能看见呢？要‘嘴里含着驴粪蛋蛋儿，耳朵里塞上羊屎蛋蛋儿，眼皮儿上贴着鸡屎片片儿’，在满天星星的时候趴在磨眼儿里才能看到老鼠娶亲的热闹场面，才能听到鼓乐声。你干不干？”孩子一听，什么？哦，嘴里含着驴粪，耳朵里塞上羊屎，眼上贴上鸡屎？哎哟，那我看他干吗呀？多脏呀！孩子们当然不干了。不干怎么办呢？大人们一乐，拿巴掌“啪！”往孩子小屁股上拍一巴掌：“不干啊？不干给我睡觉！”孩子没办法，只好睡觉了。所以，这个民俗充分反映了历史上的民间既对鼠害厌恶，又对鼠害害怕的传统心理。

正是因为这样的心理，在初十这天，民间除了要对老鼠进行畏惧性的祈祷以外，还有许多希冀明年粮丰的活动。

如在晋南地区，老百姓们要用面食捏成农作物禾穗的形状，象征着农业丰收，并把此日称为“埋子日”。

晋东南地区习惯用谷面捏成十二个灯盏，象征十二个月。如果这年闰月呢？那就捏十三盏。按照顺序摆在笼屉里，蒸熟后，仔细观察灯盏内是否有水，哪一盏里有水就表明哪一个月有雨水。水多则雨涝，无水则干旱。也有的地方，不是在初十这天进行这个活动。有的地方在正月十五元宵节的时候进行这种活动，有的地方在二月二龙抬头青龙节的时候蒸灯以测旱涝丰歉。但是有一点，什么时候进行这种活动，什么时候都没灵验过。怎么？它不可能灵验，那只不过是老百姓一个对未来的希冀的活动罢了。

初十还是“子婿日”

正月初十在古时候除了是石头节以外，这一天还被称作为“子婿日”，就是说这一天是岳父宴请子婿们的日子，和初二差不多。只不过是初二那天是女婿们去拜见岳父，初十这天是岳父们来宴请女婿。为什么在这一天还要宴请女婿呢？因为初九那天是天公生，天公生给老天爷供的供品又多又好吃，吃不完啊。老天爷真吃啊？嗨，不是有那句话吗——“敬神神知，上供人吃”嘛。老天爷哪能真的过来吃东西啊，还是人吃得多。所以，初十吃不完，剩下很多，在过去，吃不完就浪费了呀，又没冰箱，怎么办呢？娘家不必再破费，就利用这些剩下的美食，把女儿女婿再招来吃一顿。所以，初十这天又称为“子婿日”。

第十五章 元宵节前几天

——床公、床婆保您肾好睡眠好

都来炸龙炮，重口味的“漏屎”日，床神保护性和谐，祭祭蝗神无虫害……

过了初十以后，一直到正月十五，其中这几天，各地的风俗就更不相同了。但是，这些天基本上已经没有了大的活动。

正月十一有的地方要过“炮龙节”，广西宾阳一带，有舞炮龙的习俗，已经传承了三百多年了，每年炮龙节都会吸引数以万计的游客慕名而来。可以说，对于广西宾阳人来说，正月十一炮龙节这一天甚至比除夕夜还要热闹，人们都出来“炸炮龙”，来祈求新年的好运。

正月十二在过去叫“漏屎”，就是漏粪便的意思。怎么叫这个名字呀？说人们自除夕开始一直到今天，每天都是吃一些油腻的东西，到了十二这天基本上都吃坏肚子了，春节综合征吧。所以，这一天要漏屎。

也有的地方到了正月十二这天要祭两个神仙——床公、床婆。就是说咱们睡的那床也有神仙管着，必须祭一祭，拜一拜，不然的话，明年你失眠去吧。祭拜床公、床婆就是希望来年睡觉的时候能够安安稳稳，不致招来一些不祥之物惊扰好梦。另外也寄希望夫妻和合、鱼水之乐美满，只有这样才能多子多孙嘛。

但是，大多数的地方从正月十二开始人们就开始准备庆祝元宵佳节了。从这天开始人们开始选购灯笼，开始盖灯棚搭蔽笞。在过去有童谣唱得好：

十一嚷喳喳，

十二搭灯棚，

十三人开灯，

十四灯正明，

十五行月半，

十六人完灯。

到了正月十三，十三人开灯嘛，就是试灯的日子，而且十三这天，还要祭蝗神。蝗神就是蝗虫神。因为在古代，自然灾害对人们伤害最大，什么洪灾、蝗灾、瘟疫等等，人无法避免，无法预料。怎么办？人们只能去祭奠瘟神，祭奠蝗神，祭奠火神，祭奠水神，以此来祈求来年不要有火灾、蝗灾、瘟灾、旱灾等这些灾害。所以，正月十三这天还要祭蝗神。

当然，跟祭蝗神相比，还是试灯比较重要，因为元宵节要用的灯必须在今天试点，点上之后就不能熄灭，一直要点到正月十七，而这五天就是中国传统的“灯节”。接下来我们就要正式进入新春佳节里的另外一个高潮——正月十五“元宵节”。

第十六章 正月十五元宵节

——中国的狂欢节和情人节

“平吕”平出的元宵节，玉皇大帝又要烧人间，东方朔和宫女的瓜葛，袁世凯因何腻歪元宵，孔圣人也有赖皮时，灯谜最初是骂人的，情人节破镜重圆……

正月十五元宵节又称作上元节，元宵指的是正月十五这一天是新年第一个月圆之夜，古人把夜称为宵，所以称作元宵节。元宵节是中国的传统节日，早在两千多年前的西汉就已经形成了。

元宵节起源于“平吕”

传说元宵节是汉文帝时为了纪念“平吕”而设。什么是平吕啊？大家如果读过《史记》，读过《汉书》，或者对西汉有所了解的话，都知道。汉高祖刘邦死后，刘邦与吕后之子刘盈即位，就是历史上的汉惠帝。汉惠帝生性懦弱，优柔寡断。别看他当了皇帝，但是大权渐渐落在了吕后手里。这个吕后心狠手辣，非常独断，残忍地杀害了刘邦的戚夫人，把戚夫人双手砍掉，双腿砍掉，扔在瓮里，说这是“人彘”，就是人猪啊。汉惠帝看到母后如此残忍对待戚夫人，吓得当时就病了。没用多久，汉惠帝就病死了，英年早逝。

汉惠帝死后，整个大汉江山的大权都落在了吕后手里，吕后是独揽朝政，就把刘氏的天下变成老吕家的天下了。而且，吕后打破了汉高祖立下的“异姓人不得封王”的旨意，把她老吕家的人都封成王爵了。所以，一时之间朝室老臣、刘氏宗室都深感愤慨。但是愤慨没用啊，都惧怕吕后残暴，一个个敢怒而不敢言。

最后，吕后也生病了，病越来越厉害，终于不治，吕后病死了。

吕后一死，老吕家的靠山就没了。老吕家的那些王爷、将军、大臣们个个惶惶不安。害怕遭到老刘家的伤害，害怕遭到朝中老臣的排挤。于是乎，在上将军吕禄家，这些老吕家的人就秘密集合，密谋造反，以便彻底地夺取刘氏江山。

但是，这件事儿走风了，传到了刘氏宗室齐王刘囊的耳中。刘囊一听，这还了得啊？吕后在位的时候我们惧怕吕后残暴，不敢对你老吕家怎么样。现在吕后不在了，本来朝政就应该归还我刘氏的手中。哦，你们还想造反啊？哼哼，真是痴心妄想！我甭等你们造反了，我干脆赶紧谋划谋划把你们先打了吧！所以，这刘囊决定起兵征伐诸吕。随后，刘囊就找到了开国老臣周勃、陈平，跟他们商量，最后设计解除了吕禄兵权，使得"诸吕之乱"终于被彻底地平定。

"诸吕之乱"平定后，众臣就拥立刘邦的第二个儿子刘恒登基，称作汉文帝。

汉文帝登基之后，深感太平盛世来之不易。为了纪念平息"诸吕之乱"，为了纪念这个太平盛世的到来，汉文帝降了一道旨意，就把平息诸吕之乱的正月十五日定为与民同乐日。要求大家到这一天，京城里家家户户张灯结彩以示庆祝。由于正月为元月，古人称夜为宵，于是乎汉文帝就把这天命为元宵节。从此后，正月十五便成了一个普天同庆的民间节日，也就是中国的"狂欢节"——闹元宵。当然，汉文帝在位的时候，闹元宵还没有张灯、观灯的习俗，只是定下了元宵节这么一个节日。

到了汉武帝的时候，汉武帝把"太一神"的祭祀活动也定在了正月十五。太一神是我国春秋战国时代楚文化里面的一个神仙，也可以理解为楚文化里面的"玉皇大帝"，因为太一神是宇宙的主宰。到了汉朝，大量承袭了楚文化，所以把太一神也视作为宇宙之神，把他的祭祀活动定在了正月十五。这样一来，就加深了这个节日的隆重气氛。司马迁创建"太初历"时，元宵节就已经被确定为重大节日了。

到了东汉明帝时期，蔡愔从印度求得了佛法，说佛教中有正月十五日僧人观佛舍利、点灯敬佛的做法。所以汉明帝敕令在元宵节点灯。不仅要在宫廷、寺院里燃灯表佛，汉明帝还下了一道命令，命令王公大臣、士庶百姓一律在这一天要挂灯。这便是元宵节张灯、观灯的起源，也是元宵节中佛教文化的背景。以后这种佛教礼仪节日逐渐地就形成了民间重大的节日了。该节日经历了由宫廷到民间，由中原到全国的一个发展过程。

元宵节燃灯起源于道教

不过，还有一种另外的说法，说元宵佳节燃灯的习俗起源于道教的“三元”学说。因为在唐代的时候，唐代奉道教为国教。按照道教的三元的说法，上元、中元、下元，分别对应着天官大帝、地官大帝、水官大帝的生日。其实这三位大仙就是尧、舜、禹。就是说天官大帝尧的生日是上元节——正月十五；地官大帝舜的生日是中元——七月十五；水官大帝禹的生日是下元——十月十五。所以，为了庆贺上元赐福天官紫微大帝（尧）诞生于正月十五，元宵节又有了“上元节”这么一个称谓。又由于传说中天官喜乐，就是说尧非常喜欢大家娱乐。于是规定，上元节的时候要燃灯。大家一点灯，尧就高兴了，天官大帝就乐了。所以，有些人说元宵节燃灯是起源于道教。

其实，元宵节是一个中国的节日，它融合了许多教派里的一些特色，既有佛教，又有道教，还有儒教等等。又融合了一些民俗活动，逐渐地才成为了一个民众性的节日。张灯，放烟火，吃元宵，这些节俗也逐渐地固定下来。也就是说元宵节的节期与元宵节里面的节俗活动不是一蹴而就的，是随着历史的发展而延长的，而扩展的。

就拿节期来说，元宵节节期的长短各朝各代都不一样。汉代规定元宵节是一天，就是正月十五，放假一天；到了唐代，改为三天；到了宋代长达五天；到了明代那就更长了，自初八点灯一直要到正月十七的夜里才能落灯，整整十天。与春节相接，白昼为市，热闹非凡。夜间燃灯，蔚为壮观。特别是当时那些精巧多彩的灯火，更使元宵节成为春节期间娱乐活动的高潮。明代大才子唐寅唐伯虎有首《元宵》诗，就描写了当时元宵节的盛况：

有灯无月不娱人，
有月无灯不算春。
春到人间人似玉，
灯烧月下月如银。
满街珠翠游村女，
福地笙歌赛社神。
不展芳尊开口笑，
如何消得此良辰。

到了清代，又增加了舞龙、舞狮、跑旱船、踩高跷、扭秧歌儿等百戏内容，只是节期缩短了，缩短为四到五天了。

到了今天，这元宵节又回到汉代了，只有一天，而且这一天还不放假。所以，有一些人大代表已经提出来了，认为中国人应该好好地重视一下自己的传统节日了，应该在元宵节这一天放假一天，因为这一天是一个团圆的日子，是一个高兴的日子，是一个有人情味儿的日子，又是一个浪漫的日子。正月十五是新的一年的第一个月圆之夜，所以人们对第一次总是特别地重视，寄予了特别的希望。况且这个时候，春节的喜庆气氛尚未散尽，民间不是有那么句话吗——未过十五便不算过完年。这一晚上，人们乘兴踏月观灯，猜灯谜，祭门户，迎蚕神，非常忙碌。

关于元宵节，除了上面类似于历史典故的来历以外，和其他的节日一样，它在我国的民间同样有着不同的美丽传说。

玉皇大帝要火烧人间

在很久很久以前，地球上的凶禽猛兽太多了，不光只有一个年，其他的猛兽也不少。什么老虎、狮子、毒蛇、老鹰……四处伤害人和牲畜。人们一看这样不行啊，我们养的猪，养的羊，都被这些凶猛的野兽给叼去了，我们的人时常也会遇到野兽的侵害。怎么办呢？大家就组织起来，拿起刀、枪、棍、棒、猎叉……去打杀这些猛兽。见到老虎就给打死了，见到狮子就给戳死了，见到飞鸟就给射死了。总而言之，开展了大量的捕杀动物的活动。那位说了：老虎那都是珍稀动物，能捕杀吗？在那个年代，老虎还真不是什么珍稀动物，到处都是，你不杀它不行啊。到现在，你就不能随便杀了，人要学会保护动物。也可能正是因为当时人们无节制地捕杀动物才造成现在一些动物濒临灭亡的情景。

这些人到处去捕杀动物，打到最后都打花眼了。正好这个时候，玉皇大帝有一只非常喜爱的鸟，可以说是玉皇大帝养的宠物吧，这只鸟儿平时陪着玉皇大帝，玉皇大帝逗逗它，给它抚抚毛，非常喜爱，是只神鸟。结果有一天，这只神鸟不知道为什么，迷路了，降落人间。到了人间一看，这是哪儿啊？哦，这不是天宫啊。我怎么上天呢？站在树上正纳闷儿呢，正在这个时候，来了一群猎人。

这些猎人捕杀动物，忙活了一天，杀了不少的凶猛禽兽。正往前走着呢，抬头一看："哎哟，哥哥兄弟！""啊。""你看那树上站的什么东西？""哎呀！"那是神鸟儿啊，他们哪儿知道啊。一看，比那老鹰个儿还大，比那老鹰显得还凶猛。这些人一看："甭问啊，这是山禽！""怎么办呢？""射死它！""对！"其中有一个神箭手抽出一杆箭，搭弓摁扣，"嚓！"一箭射出去了，"噗！"正中神鸟胸部，把这只神鸟给射穿了，射死了。猎人们自然高兴，过去把这鸟捡起来，"哎哟，这鸟羽毛好啊！""可不是吗？没见过，金灿灿的。”“怎么办呢？”“拿回村子让大家开开眼。”“哎，对！”扛着神鸟扛村儿里去了。

这一下子，可惹了大祸了，真应了那句话——一个祸捅天上去了。玉皇大帝的爱鸟儿、宠物，被人给打死了，那还了得？！玉皇大帝闻知后十分震怒：“可恶，可恶至极！”他马上颁下了一道御旨，让天兵天将于正月十五日到人间放一把火，把什么人、牲畜、所有生灵，通通地给我烧干净，给我烧死！一个不留！让他们为射死我的爱鸟付出代价！

可是这道旨意在天上不得神心。这些神仙背后就嘀咕：“你说玉帝怎么了？为那么一只宠物鸟儿要把人都烧死，这，这也太过分了吧！”“谁说不是呢。”“那有什么办法呢？玉皇大帝的命令，让咱们放火，咱们也不好不放啊！”“唉，上支下派吧！”“唉，领导吩咐的嘛！”“没办法，干吧！”这些神仙束手无策。

可是，这件事情被玉皇大帝的女儿给知道了。哪个女儿啊？这个不可考了，总而言之，玉皇大帝有很多闺女，其中的一个闺女吧，心地良善。她不忍心看到百姓无辜受难，怎么办呢？这个帝女聪明，她就冒着生命的危险偷偷地驾着祥云来到了人间，把玉皇大帝在正月十五日要到人间放火把人间所有的东西全部烧毁的消息告诉了人们。

老百姓一听这个消息，犹如头上响了一个炸雷，一个个吓得不知如何是好了。“怎么办呢？玉皇大帝要烧死咱们，那还逃得了吗？”“啊？那怎么办呢？”大家就聚在一起要商量一个办法。

最后，还是有一个一百多岁的老人想出一个法子，他说：“各位呀，大家不要着慌，不要着慌。我出个主意吧。咱们大家在正月十四、十五、十六这三天里，每户人家都要在家里张灯结彩、点响炮竹、燃放烟火。这样一来，天帝在天上一看就会认为人们都被烧死了，他也就作罢了。”大家一听：“这主意可以吗？能不能瞒住天帝呀？”“但瞒不住现在也没有什么更好的方法了。得了，死马当活马医吧！”就按照百岁老人的言语，分头准备。

书说简短，就到了正月十五这天晚上。玉皇大帝想看一看天兵天将到底放火了没有。他扒着云端往下一看，哎哟，就发现人间是一片红光，响声震天，连续三个晚上都是如此。“嗯！”敢情玉皇大帝眼神儿也未必太好，还以为是天兵天将到下边儿放的大火呢。

这个时候，又有人过来给玉皇大帝说了：“哎，陛下呀，您不该因为一只鸟儿把人间烧成这样儿，您应该顾惜老百姓的生命。这已经烧了三天了，您就饶了老百姓吧。”

“嗯……”玉皇大帝一看人间大火已经着了三天啦，就算是有人，也活不几个了。“得了吧，法外开恩。哼！就这样吧。”玉皇大帝一拂袖子，他走了。就这样，人们才算保住了性命和财产。

为了纪念这次成功，从此，每到正月十五，家家户户都要悬挂灯笼，放烟火。

有人问了：“十万天兵天将为什么没下去呀？”这就是那个善良的帝女从中做的工作。怎么做的呢？无可奉告！这是天庭的秘密。

元宵的前世今生

元宵节最重要的习俗之一就是要吃元宵。要么叫元宵节么？元宵和我国的饺子一样历史悠久，乃是中国独有的美食。元宵又叫“汤圆”，历史上还有许多别称，如叫“面茧”，就是说这个元宵好像是用面做的蚕茧似的。还有叫作“粉果”的，还有叫“元宝”的，“汤饼”的，“圆不落脚”的等等。在唐代，元宵叫作“牢丸”；宋代，元宵叫作“圆子”，也有写作“元子”的。宋朝有一个诗人叫朱淑真，他写过一个叫《圆子》的诗就介绍了当时元宵那个味道、口感。诗曰：

轻圆绝胜鸡头肉，

滑腻偏宜蟹眼汤。

纵有风流无处说，

已输汤饼试何郎。

一直到了明朝永乐年间，这种美食才被正式定名为元宵。

元宵分两种，一种是有馅儿的元宵，一种是无馅儿的元宵。无馅儿的元宵个子小，味儿甜，以白糖、桂圆、桂花、藕丁、蜜饯为佐料，又称作珍珠汤圆。比如今天的什么酒酿圆子、醪糟圆子、醪糟汤圆……那就是无馅儿的元宵。更常见的是有馅儿元宵。有馅儿元宵个儿大，状如核桃。北方元宵多为甜馅儿，有白糖的，有豆沙的，有芝麻的，有山楂的等等。南方的呢，则甜咸荤素都有。也有白糖的、豆沙的，也有用火腿、鲜肉的。发展到了今天，那里面的馅儿更多了，还有用巧克力、果酱做馅儿的呢。

元宵的做法也不一样，一般两种——水煮和油炸。

我国各地的元宵风味儿也是各异，其中以贵阳吴家汤圆和宁波汤圆著称。尤其宁波汤圆最为有名。宁波汤圆也称作汤团儿，含有团圆如意的意思，到现在已经有了七百多年的历史了。宁波汤圆具有糯而不黏、滑而不腻、滑软可口的特色。它是以猪油和馅，水磨糯米粉做的皮儿。皮儿是既薄又白，馅儿是既甜且烫，别具特色，深受人们的喜爱。

过去，吃元宵的时间南北不同。北方是正月十五，而南方则在年初一吃，相当于北方的饺子。如今呢？你愿意什么时候吃，什么时候吃。元宵已经是一种四季皆有的美味小吃了。

有人问："元宵怎么来的呢？"也有很多说法。

吃元宵来源于楚昭王

有一种传说历史很久。说在春秋末期，楚昭王复国归途之中，路经长江，突然发现在江面之上有一个东西浮在那里。"嘶，什么东西啊？飘飘忽忽的。"楚昭王就命人："去，把那个东西捞起来，寡人要观看。"

舟人赶紧过去给捞起来了，一看，是个小圆球儿，色白而微黄。把这个圆球一打开，哎，里面还有馅儿，红如胭脂。楚昭王还愿意当第一个吃螃蟹的人，轻轻地拿嘴吃了那么一点儿，嗯！味道甜美。哎呀，这是什么东西呀？楚昭王马上命人："过来，过来，过来。大家都认认，都分辨分辨，这是什么东西啊？谁知道？谁能叫出名字来？"

这些文武大臣都过来了，看了看，都摇脑袋，不认识。"嘶！哎呀！"楚昭王一看摇摇头，"你们没有一个有文化的，啊？这种东西都不知道吗？要你们何用啊！看来寡人还得请大才人、大贤人来认一认。"所以，楚昭王立刻派人去问孔圣人。

孔子接到手中一看，说实在话，孔子他也不认得。但他不认得不像那些大臣似的，不认得就是不认得了。人家是圣人嘛，圣人怎么会不认识呢？又千里迢迢派人来请教自己，自己说：“你回去吧，告诉你家楚王，说我也不认识，叫他另请高明。”那哪能这样啊？不认识也得装认识。孔子看了看，微微一笑，手捻着须髯就说了：“啊！嗯，你问这个东西嘛……”

“啊。”使者说，“是啊！圣人，我就问您这是什么东西啊？”

“嗯……你们文武百官说它是什么呢？”

“我……”这使者心说：废话！文武百官要是说了，我还问你啊？“呵，夫子啊，嗯，我们文武百官无一识得。”

“哦？”孔子一听，“没人认识？”

“没有！”

“没人知道？”

“没有哇，这不正因为没人认识，所以才专程地来请教您来了吗？”

“哦，哈哈哈哈……哎呀，既然楚国无一人可以识得此物，那就好办了。”

“嗯，啊？”使者一听，“好办了？”

“啊，不不，啊……就是……那就不妙了。哎，这个东西啊很好辨认，我一看就明白了。”

“那您说，夫子，这个东西叫什么名字啊？”

“这个东西呀，啊，这个东西嘛，嗯，乃浮萍果也。”这孔夫子多会起名字吧，说这个东西是浮萍果儿。

使者一听：“什么？浮萍果！哦，就是那个绿浮萍长的果子？”

“啊，啊！对啦，就那果子。”

使者说：“不对啊，浮萍我见得多了，没见长什么果子啊？”

“哎呀，”孔子说，“如果说这些果子能够凡人看到，那它就不会稀奇了，那也就不会谁也不认识了。之所以谁都不认识，谁都不知道它叫什么名字，那就是说明这种东西非平常之物啊。得之者主复兴之兆！就是说谁得到这个浮萍果，他都有复兴的兆头。”

使者一听：“太对啦，我家国王就要复兴楚国了。哎呀，多谢夫子！”

使者拿着这个东西美了吧滋儿地回到了楚国，见到了楚昭王，把孔子所说的给楚昭王一说：“孔子说了，这个东西叫浮萍果，得它的人主复兴之兆。”

“哦？”楚昭王一听，直乐得是手舞足蹈，“哎呀，太好了。”让人一查日历，这一天为元月望日，望日就是十五。于是，楚昭王下了一道旨意，以后每逢这一天都要用面仿制此果，用山楂做成胭脂红的馅料，煮熟食之。之后，逐渐就演变成了元宵节吃汤圆的风俗了。

东方朔和元宵节

在民间也有另外一种说法，说元宵节正是因为元宵这个实物而得的名。这是怎么回事儿呢？

这个故事发生在西汉。西汉汉武帝的时代，汉武帝手下有一位宠臣，也是一位非常有智慧的人，此人复姓东方，单字名朔，叫东方朔。这个东方朔既善良又风趣，非常幽默、机智，为汉武帝做了许许多多的有用的事儿。

说有一年冬天，下了几天的大雪，东方朔奉帝命到御花园折梅花。东方朔刚到御花园的园门，前脚刚想往里迈，就这个工夫，东方朔一看：“哎呀嗬！”怎么了？他吃了一惊。就发现在御花园里有一口井，井的旁边有一个宫女泪流满面，坐在井沿儿那里看看井，流流泪，擦擦脸。看那个意思，好像这个姑娘有什么烦心事儿，或者什么想不开的事儿，要寻短见，跳井。

东方朔一看，这可不能不管。他马上把手一摆：“这位姑娘，休要如此！”

宫女一听有人说话，吓了一跳，回头一看是东方朔，宫女认得。

宫女还没有反应过来呢，东方朔“噔噔噔噔噔”几步上前，“欻！”身子一闪，就把这宫女给拦住了，把井给挡背后了。“这位姑娘，你这是干什么呢？如此冷的天，你在此干什么，莫非你要寻什么短见不成？有什么想不开的事儿，能否跟我说一说呀？或许我有办法可以搭救于你。您说说吧，有什么事儿想不开要自杀呀？”

这个宫女确实有烦心的事儿，她也不想死，谁想死啊？有一线生机也不想动这个念头儿啊。她一看东方大人问自己问得急切，又知道东方朔这个人可不是一般之人，而且心地善良，又有能耐。这个宫女当时就向东方朔说明了她要自杀的原因。

原来，这个宫女的名字就叫元宵。她家里还有父母双亲和一个妹妹。自从元宵姑娘进宫以后，就再也没有和家人见过面儿，这一晃都好多年了。每一年到了年关，到了腊尽春来的时候，元宵姑娘就比平常更加思念家人，每逢佳节倍思亲嘛。她想想自己入深宫以来，不知道何时才能出得深宫。如今父母年岁已大，自己不能在双亲跟前尽孝，也不知道自己什么时候才能脱离苦海，不如一死了之。小姑娘家的心思往往会把一件事情想太死了。一旦解不开，就想寻短见。

东方朔听完元宵的遭遇，“啊……”点点头，深感同情。东方朔微微一笑，“嗨，元宵姑娘啊，不就是这点儿事儿吗？有什么呢？只要人活着，总有一天可以全家团圆的。如果你死了，你想没想过，你的父母双亲不从此之后就失去你这个姑娘了吗？他们偌大年岁，以后又依靠何人啊？何人在他们床前再尽孝呢？你在宫中也不过几年的光景，为何寻此短见呢？既然你如此迫切需要见到你的家人。这样吧，元宵姑娘，你放弃寻短见，我东方朔以我的人格向你保证，一定设法让你和你的家人团圆。”

元宵一听："真的？东方大人，您说的是真的？"

"哎，我东方朔虽然平常没有什么正经的，但是一般答应小姑娘的言语我可从来没有失言过哟！难道说你还不相信我吗？"

元宵知道，东方朔哪非是等闲之人啊，赶紧要跪倒给东方朔磕头，要感谢东方朔。

东方朔双手相扶："哎，不要如此。我现在还没给你办什么事儿呢，等我给你办完了之后，你再谢我也不迟。好了好了，哎，你可不要再寻短见了，该干什么就干什么，该吃的吃，该喝的喝，把自己养得精精神神的、水灵灵的。等到你和父母相见那一天，父母看到了才不致伤心啊。听见了吗？可不许再寻短见了。"

"哎，东方大人，有您这一句话，我，我再也不寻短见了。我那种行为实在是太傻了。"

"哎！能认识到这一点就很不错了。好了，赶紧干你的事儿吧。我刚才答应过你的事儿，我一定办到，你不必挂念。回你自己的住处，以待好消息吧。"

"多谢大人。"元宵满怀希望地走了。

东方朔折完了梅花，见到了汉武帝，君臣二人谈论了一番，不在话下。东方朔还真就把元宵这件事儿放在心里了，他想出了一个主意。

转过天来，东方朔就出了皇宫，来到了长安街上。此时的东方朔已经乔装改扮了，把胡子也粘上了，把斗笠也戴上了，眉毛也是假的。总而言之，没人认出他来了。他就在长安街上摆了一个占卦的卦摊儿。然后写上："铁嘴钢牙、神卦妙算。"

大家一看，哟，有算卦的先生啊。那个时候人都迷信，甭管干什么事儿都得先占一卦。而且对卦非常迷信。一看有算卦的，就有一些人过来凑热闹，让东方说给算。

东方朔算卦那是行家呀，算了没几个，都说灵。这一下子，不少的人都争先恐后地向东方朔问卦。

东方朔先算了十来个人，给这十来个人算得挺好，再往后算，就出现怪事儿了。什么怪事儿呢？每个人所占所求到的都是一个签子。什么签子呢？“正月十六火焚身”这么一个签语。哎呀，大家拿到这个签语都害怕呀。什么意思呢？说自己到了正月十六这天要有天火焚身啊，那谁不害怕？一时之间，长安城里就引起了很大的恐慌。这要到现在，东方朔够判刑的！怎么？扰乱社会秩序，制造谣言啊，这还了得？可是那时候呢，也没人管。大家非常恐慌，纷纷向东方朔寻求解灾的办法。怎么回事儿呀？怎么到了正月十六我们就要火焚身啊？你说一个人火焚身，可能是他家着火了；两个人火焚身，可能是他俩挨边儿；那也不能所有的人都火焚身啊？这怎么回事儿啊？有没有什么法子可以破呀？

东方朔就说了：“啊，各位啊，少安勿躁，听我给你们说一说。什么意思呢？我算了一卦，原来，正月十三这天傍晚，火帝星君会派下来一位赤衣神女下凡来查访。她是干什么呢？她就是奉了火帝星君的旨意来火烧长安城。如果这长安城大火一起来，你们在场的所有的人都难免一死，都会引火上身。”

“啊？！”老百姓一听，“我的天啊，哦，火帝星君要派人火烧长安城啊？哎哟，先生啊，这这，这有什么办法可以破解吗？能不能不让那个火帝星君烧我们啊？能不能不让那个赤衣仙女烧长安啊？有什么方法可以破吗？”

“啊，我想想啊。”东方朔假模假样的在那儿想了半天，最后把头一点，“好吧！有方法可以破！”

“哎呀，什么方法可以破？”

“莫急！我把抄录的偈语给你们，你们拿着这个偈语可以让当今的天子想想办法。如今可以抵挡住火帝星君者非当今天子莫属呀！”说完话，这东方朔“唰唰唰”就写了一张红帖往桌上一拍，连桌子也不要了，是扬长而去。

老百姓哪顾得他呀，赶紧拿起了红帖。什么是红帖呢？就是红布，当然这个红布装在一个信封里，信封也是布的，那时候没纸。老百姓拿起一看，上面没字儿。为什么呢？在信瓤里呢。但是这是给天子看的，给汉武帝看的，平民老百姓敢看吗？赶紧地送到了皇宫去禀报皇上。有人禀报吗？有啊。长安城出现这么大的谣言，早就有人禀报给皇帝了。又有人告诉汉武帝，说：“有人说只有您才能救老百姓。”

汉武帝说：“我是皇帝呀，我怎么管这个火帝星君啊？”

“那我们也不知道。”

正商量着呢，老百姓拿着红帖来要求见皇上。汉武帝一打听怎么回事呢？

有人说：“这老百姓拿着什么偈语，说您看到偈语就有办法，能够救老百姓了。”

“哦，是吗？我来看看。”汉武帝这个人也迷信呀。他要是不迷信，在他当政的时候也不会三次出现巫蛊之祸，最后还把自己儿子给杀了。他赶紧命人把那红帖传来，打开一看，就见上面写着四句话，十六个字：

长安在劫，

火焚帝阙，

十五天火，

焰红宵夜。

“嘶！哎呀！”汉武帝一看这偈语，吓坏了。什么意思呢？这偈语写得很明白，说长安城现在是在劫难逃了，要遭天火。而且要把帝王所居的宫殿也给焚毁了。十五那天就要天降大火，整个长安城就完全陷在火海之中。届时，火焰能够染红整个夜晚的天空。你说害怕不害怕？厉害不厉害？汉武帝看过之后心惊肉跳，这如何是好？这谁能够给朕出谋划策啊？哎，他就想起了足智多谋的东方朔，赶紧派人："把那个东方朔，快，快给朕传来！"

东方朔早就在家等着呢，皇上一传，他就过去了，见到了汉武帝。

汉武帝把帖子往他面前一拍："东方朔，看见了吗？'长安在劫，火焚帝阙，十五天火，焰红宵夜。'怎么办？火帝星君果然来了，这是上天预警啊！咱们怎么办呢？怎么才能消除这场灾难呢？您有没有主意呀，赶快想想。"

"啊，哎，待微臣考虑考虑……"其实东方朔早就有主意了，他假意地想了半天："嘶，陛下呀，方法还真不是没有。"

"哦？"汉武帝一听，"赶快说说，赶快说说。有什么方法呀？"

"嗯，是这样的。陛下呀，听说火帝星君他有一个最最爱吃的东西，什么呢？汤圆儿。宫中的元宵不是经常给您做汤圆儿吗？这个元宵所做的汤圆儿，又好吃，又好看，陛下不是多次夸奖过元宵嘛。我看这样，到了十五那天晚上，咱可以让元宵做好了汤圆儿。万岁您也别闲着，焚香上供，传令京都家家户户都要做汤圆儿，一起敬奉火帝星君，敬奉火神爷。他们不会做怎么办呢？你派元宵出去教他们。然后，你再传一道旨意，晓谕满城的黎民百姓、王公大臣，要一起在正月十五这天晚上挂起灯笼来，谁家不会做汤圆儿，需要元宵上门教授的，就在灯笼上写上元宵的名字。而且让家家户户在这一天要点鞭炮、放烟火，弄得长安城就像大火似的。我想，火帝星君他不能无缘无故就放把火，他要放火，那肯定是得到了玉皇大帝的旨意了。等到那天，咱们城中又点灯，又点炮，又放烟花。玉皇大帝在天上肯定还以为长安城已经放火了呢。就可以瞒住玉帝了。玉帝一高兴就不给火帝星君旨意了，火帝星君无旨意他就不会放火，更不会派什么红衣女子到人间来放火。此外呢，为了双保险，这火神不是要烧死满长安的黎民百姓吗？这样着，咱通知长安城外的老百姓在正月十五这天晚上也要进城观灯，杂在人群当中。这样一来，那长安城里就不光光是原有的长安城老百姓了，还有外来的老百姓。你火神爷如果在这一天再放火的话，你烧死的就不光光是长安城的老百姓了。那这样一来，被冤烧死的老百姓就会增多，那就不符合火神烧长安原有的计划了。超额了！超额可就犯了天条了。所以，如果说城外的老百姓也进长安的话，火神爷也不可能烧长安。您看我这个主意怎么样啊？”

汉武帝一听：“哎，对呀。嗨，朕觉得你这个主意不错。好，朕看，所有的全交给你去办吧，你把这些事情全给朕办好了，怎么样啊？”

“哎，臣遵旨！”东方朔就等这一句话呢。

就这样，汉武帝下达了几道旨意：让满城黎民、王公大臣，在正月十五这天晚上要点灯放火；通知城外的老百姓在正月十五这天晚上也要进城观灯，也要进城放烟火；更重要的，通知元宵做好了汤圆儿，汉武帝要亲自上供。要让元宵带着自己这种技术到长安城内教给大家怎么做元宵。总之，一切都按照东方朔的计划行事。到了正月十五这一天，长安城里张灯结彩，有人熙来攘往，非常热闹。宫女元宵也出得城来。这个时候，满大街老百姓的家门口都高挂红灯，红灯上都写着“元宵”的字样。另外，城外的老百姓也涌进长安城观灯。在这些老百姓中就有元宵的父母，还有元宵的妹妹。他们一进长安城，就看到写有“元宵”字样的大宫灯，惊喜地高喊：“元宵！元宵！”他们这么一喊，元宵在街上呢，教大家怎么做汤圆儿呢。一听有人喊自己，抬头一看，正是自己的父母和妹妹。元宵双眼模糊，一家人在正月十五终于团聚了。

如此闹了一夜，长安城果然平安无事。汉武帝大喜，传令以后每到正月十五都要做汤圆供火神，正月十五照样全城挂灯放火。又因为元宵做的汤圆最好，所以人们就把汤圆叫作元宵，这一天就叫作元宵节。

袁世凯与元宵

传说中，汤圆起源于唐代，是唐玄宗为了犒劳大将郭子仪下了一道谕旨，让御膳房在正月十五的上元节，以上好的糯米制成特殊的食品应宴。御厨们灵机一动，就创制出了一道香糯柔软的白圆团子，献给皇上。唐玄宗一吃，赞不绝口，就把这个东西定名为“唐圆”，象征着唐朝统一天下。因为唐圆是在元宵夜吃的，所以民间又把这个吃食称为元宵。后来又称作汤圆。

怎么又被称为汤圆儿了呢？据说这个称谓的改变，还跟袁世凯有密切的关系。怎么和袁世凯挂上钩了？你看，中国的文化一脉相承嘛，发展到了袁世凯的时候，据传，那是在 1912 年，袁世凯袁大头篡夺了辛亥革命的成果，做了中华民国大总统。但这个袁世凯野心不小啊，做了中华民国大总统他还嫌不过瘾，什么过瘾啊？当皇上多过瘾啊！所以袁世凯复辟做了洪宪皇帝。在那个时候，复辟是逆历史潮流而动，冒天下之大不韪，遭到了人民的坚决反对，众叛亲离。你别看袁世凯手握重兵，但是都反对他。弄得这个袁大头脑袋大出五号去，心里十分烦恼。

袁世凯还有好几房姨太太。其中有个姨太太这一天突然间想吃元宵了，姨太太看到袁世凯坐在沙发上直挠秃脑门子，正烦呢。

这个姨太太过去了：“哟，皇上啊，别烦啦，

烦什么劲儿呢？来，咱俩一块儿吃点儿元宵吧。”

袁世凯正烦呢，一听：“吃什么？”

“啊，吃元宵哇！”

“吃元宵啊？”

“啊！”

“我叫你吃！”“啪！”一耳光子把这个姨太太扇得就地“滴溜溜溜溜溜”转了仨圈，“咕咚”倒地上了。

“哎，皇上，你怎么打我？”

“打的就是你，我打的就是你！”“啪！”“啪！”“啪！”袁世凯上去左右开弓，要不是旁边有人给拉着，袁世凯就要把这姨太太给打死。

怎么回事儿呢？袁世凯正烦呢，正烦恼大家都反对他，就怕自己被大家推下台。这姨太太在这个节骨眼儿上过来说要吃“元宵”，元宵的谐音就是“袁消”，这不就是说袁世凯要消亡、要消失、要销毁么？那袁世凯能不生气吗？当时就翻脸了。然后，下了一道命令，“以后在中国，都不许吃元宵！”

有人说：“皇上，这不行，这个圆、圆……圆不拉几那个东西呀吃了好多年了，您要是下旨不让民间吃那个，那个圆，圆、圆什么东西，这老百姓他们非得吃那个圆、圆什么东西，然后大家都，那，那什么东西了！”

袁世凯一听：“你说什么呢，啊？我让他们不许吃，就不许吃！”

“哎呀，不行啊！皇上，这是吃物啊，你无法禁止啊！”

“嗯！”袁世凯一想也对，你说吃了好几千年了，现在不让吃了，确实有些独裁。“这样吧，下一道命令，以后全国再吃元宵，不许叫吃元宵！”

“那叫吃什么啊？”

“叫……叫吃汤圆！那不下汤里的吗？下汤里的圆子，叫吃汤圆。”

“哎，好嘞！”

这道命令下到了民间，老百姓一听：哦，元宵不让吃，叫吃汤圆。大家就给这袁世凯编了一道民谣。尤其是北京的，数来宝整天唱啊：

哎，哎，

袁世凯立洪宪，

正月十五称上元，

大总统真圣贤，

元宵改名叫汤圆。

活画了一位窃国大盗袁世凯的丑恶嘴脸啊。据说，从此元宵就又有了一个名字，叫汤圆了。究竟是不是啊？嗨，民间传说而已。

正月十五点花灯

正月十五除了吃汤圆儿以外，更重要的一个习俗就是要点灯。在古时，一到元宵佳节，花灯如昼，不仅给人们带来欢乐，也点燃了历代文人不知多少的笔墨。唐朝诗人卢照邻曾在《十五夜观灯》中描述："接汉疑星落，依

楼似月悬。”唐代诗人崔液有首《上元夜》的诗：“玉漏铜壶且莫催，铁关金锁彻夜开。谁家见月能闲坐，何处闻灯不看来。”北宋文学家欧阳修在词中也曾经吟过：“去年元夜时，花市灯如昼”。宋朱淑真《元夜》诗中也有：“十里绮罗春富贵，千门灯火夜婵娟。”宋辛弃疾《青玉案·元夕》词曰：“东风夜放花千树，更吹落，星如雨。宝马雕车香满路，凤箫声动，玉壶光转，一夜鱼龙舞。”这些都为我们描绘了当时火树银花的热闹场面。

在我国古代各个朝代，为了安全起见都建立了严格的宵禁制度。就是说每天晚上不跟现在似的，你愿意玩到几点就玩到几点，通宵电影院，蹦迪去，酒吧，24 小时营业的拉面馆……那年代根本没有！怎么？到了晚上全部宵禁，谁要在大街上走，都得扣押起来。但是，唯独每年正月十五前后，国家是特许开禁，也不宵禁，要举办灯节盛会。在古代，每到正月十五来临之时，能工巧匠们也都是挖空心思，要将自己的精美技艺展现出来，制作出许许多多，各种各样，玲珑剔透的灯。

前面介绍过，元宵张灯的习俗始于东汉，盛于唐代，到了宋代达到了极盛。据说当时自腊月末至正月初民间已有各种奇巧灯彩应市，称为“灯市”，后世相沿。从正月十三开始，称为“上灯”，十四日称为“试灯”，十五日称为“正灯”，十七日称为“罢灯”，又称作“残灯”“阑灯”。也有人把十四、十五、十六这三天分别称为神灯、人灯、鬼灯。在古代，元宵节是皇家与民同乐的节日。据说大唐玄宗年间，开元盛世，长安的灯市规模非常之大，燃灯五万盏，花样繁多。敕造的巨型灯楼，广二十间，高一百五十尺，金光璀璨，极为壮观。五万盏灯都有什么灯呢？嚯，这可数不过来了。中国曲艺里面有专门为十五这天做的“灯赞”。这个灯，那个灯，种类繁多。甭说这个，就是古书上所记载的、所提到的那些灯，就让人目不暇接——人物类的有什么老子骑牛灯、美人照镜灯、钟馗捉鬼灯、月明度妓灯、刘海戏蟾灯等等；花草一类，有橘子灯、葡萄灯、杨梅灯、香蕉灯、金针菇灯——这，这，灯不了。怎么？太细了。禽虫类的有鹿灯、鹤灯、鱼灯、虾灯、走马灯、跳蚤——跳蚤灯也没有，也太小了。总而言之，那古书上所提到的灯也多如牛毛。发展到了今天呢？到了今天，反倒是灯少了。如今我们对元宵节习俗的传承越来越少了。倒是还有卖灯笼的，但是品种少了，而且有不少的孩子掂着不用蜡烛的灯笼，里面是什么呢？电池加灯泡儿。古时候的灯笼里面都是蜡烛，走起路来要小心翼翼。为什么呢？因为走快了容易灭，走慢了容易燃尽，所以要小心翼翼地走。而且灯笼的烛光朦朦胧胧，只能照到人们目前的几步。在这个朦胧的夜色中，掂着朦胧的灯笼，哎哟，那个美就甭提了。可是现在呢，这种高科技的东西，里面装上电池，放上灯泡儿，甭说快走了，就是抡都抡不灭，灯笼固有的那种朦胧美被去除了。所以有人也说，科技发展未必是件好事儿。因为，科技发展也许会给人类的一些美造成破坏，所以科技也未必全是美的，人们在得到了很高的科技之后，往往失去的是那种在人心深处的美感。

所以，建议大家到了正月十五元宵节这天，不妨掂着纸灯笼，陪着自己的爱人一起到野外，或是到安静之处游玩一下，可能那种感觉会与你在灯火通明、灯红酒绿的大都市有所不同。我们在过西方圣诞节时要带圣诞帽，为什么不能传承我们中华固有的元宵佳节点灯笼呢？

灯节源于隋炀帝

关于灯节也有很多传说。有的说灯节起源于隋代，和那位隋炀帝有关系。

隋炀帝是个好色之徒。宫里的嫔妃太多了，天天供他淫乐，但仍然没有满足隋炀帝的色欲。最后，隋炀帝竟然打起自己亲妹妹的主意了。隋炀帝不是有六大短处吗？杀父、鸩兄、欺娘、戏妹，哎，这就是戏妹。打起自己亲妹妹的主意了，要调戏他的妹妹，让他妹妹陪着他睡觉。他还说呢："生我者，不可。我生者，不可。其他无不可。"那意思，除了生他的亲娘和他生的亲闺女之外的女人都可供他淫乐，结果就找他亲妹妹去了。

这一下子，隋炀帝的妹妹气愤之极呀。但是面对这么一个昏君，也没有好的办法呀。无奈之下隋炀帝的妹妹就对隋炀帝说了："你不要如此逼我。除非正月十五夜里繁星落地，我就能以身相许。否则的话，你再逼我，我就死给你看！"

隋炀帝一听，哦，正月十五繁星满地呀？嗨！这个好办呀，等着。隋炀帝那是皇上嘛，他什么事儿办不出来呀，马上下了一道旨意，让长安城全城老百姓在正月十五这天晚上要家家户户点灯，全城灯光闪烁。

然后，隋炀帝把他妹妹请到了城楼之上，说："你看看，下面是不是繁星满地了？你给我提出的条件我都答应了，那你是不是要以身相许了？"

"啊？"隋炀帝的妹妹一看，"啊呸！你这个昏君啊，你还真的以为我能以身相许吗？我宁死不从。"说完话，"噌"的一下子从城楼上跳下去了。城楼之下那是护城河，他妹妹是跳河自尽。

从那以后，每逢正月十五的晚上，老百姓都要点灯燃火以纪念这个不屈的女性。据说这个纪念活动，最后就演变成了元宵节。

元宵点灯习俗源于"放哨火"

还有的传说，说这元宵灯会源于民间的"放哨火"。

"放哨火"就是一种农事习惯，每年到了正月十五左右，各地的农民都要忙于备耕，一些地方的农民就在这一天晚上到地里面把一些枯枝败叶、杂草等等，拢在一起，一把火烧掉，据说能够除虫害。这种习俗一直到今天有些地方还有呢。不过有些地方是在正月十六日。到了那天早晨，大家早早地起来，到各地方去放火，元宵节放火点灯就源于此。

黄巢与元宵挂红灯

但是也有人说，元宵节挂红灯和农民起义领袖黄巢有关系。黄巢就是那位“满城尽带黄金甲”的作者，他不写过那么一首诗吗？说“待到秋来九月八，我花开后百花杀，冲天香阵透长安，满城尽带黄金甲”。黄巢爱菊花嘛，还写过一首，叫“飒飒西风满院栽，蕊寒香冷蝶难来，他年我若为青帝，报与桃花一处开”。好大的气魄呀！那敢情，这位可是农民起义军的领袖啊！造反派的头子！敢造腐朽没落的唐王朝的反，了得吗？

话说唐朝末年，政局腐败，黄巢率领农民起义军北上，要攻打郓城。到了郓城城下，黄巢吩咐一声：“给我包围！”“哗！”大军就把郓城给围了。随后，黄巢吩咐一声：“给我攻城！架云梯！”“杀啊！”“攻啊！”农民起义军往上一攻，这郓城城头守城的唐军灰瓶炮碾礤木礌石一起往下砸，箭如飞蝗，“啪啪啪啪啪！”嗬！防守森严！围攻了三天没打下来。可把黄巢气坏了，又急又气，指着城楼破口大骂，扬言道：“你们守城的唐军听真，若是现在开关落锁，献城投降，我还能够饶你们不死。如果据力顽抗，等到我大军攻破城池，一定杀你们一个鸡犬不剩，孩丫不留！”可是甭管怎么骂，人家郓城的守将就是不开城，黄巢也攻不上去。

这个时候已经快过年了，又下了一场大雪，所以天气很冷。黄巢带领的是农民起义军，很多士兵都没换上冬服，没钱哪。黄巢一看，不能再硬攻了。要是再硬攻，恐怕要受到更大的损失。怎么办呢？只好把队伍先拉到山里去，等过了年再打。就这样，黄巢把队伍拉回去了。

书说简短，新年很快过去了。马上要到上元佳节了，家家户户都在磨米磨面，要做汤圆儿。但是黄巢却丝毫没有快乐感，郓城没拿下来呢。黄巢为了攻打郓城，愁得是食不甘味，夜不能寐。嘶！黄巢心说话：这小小的郓城我就拿它不下吗？兵书云：“知己知彼，百战不殆！”这要过元宵佳节了，我对于郓城城中的虚实还不知道，我何不趁人过节的时候进城里摸摸敌军的虚实，等到摸清虚实之后再定攻城之策呢？嗯，对，就这么办！黄巢主意打定，马上召集了众位将领，开了个军事会议，就把自己要进城打探消息的意思给大家讲了。开始大家不同意：“您怎么能进城呢？要进我们进啊！您是我们的领袖，万一进城被人发现，有个三长两短，我们怎么办啊？我们不就垮了吗？不行，不行，不行！”大家都不同意。可后来，黄巢给大家做工作，反复陈说利害，最后把大家给说通了。然后，黄巢就把义军交给了自己信赖的将领。自己乔装改扮，打扮成一个农民般模样，挑上了汤圆挑子，出了大营，直奔郓城。

黄巢到了郓城城下一看，这郓城防守真严密，进进出出老百姓都要严格地筛选，严格地盘查。但是由于黄巢早已经乔装打扮，就像一个老百姓无疑，所以通过了检查，进了城门，一直奔西街。

黄巢进了郓城城，就四下观看，干什么呢？他做特务来了，打探人家虚实嘛，不是来卖元宵的。他就发现，在十字街前有一伙子人围着那里不知干吗呢，指指划划地也不知道看什么呢。“嘶！嗯？”黄巢刚想过去看，正在这个时候，从那人群之中走出来一老头儿，也挑个担儿。干什么呢？卖醋的。一看这个老头儿，家庭就不富裕。穿了一身破烂不堪的棉袄棉裤，都露着棉花。走出人群之后，把梆子给抄起来了，“梆梆梆！”“卖醋！”“梆梆梆！”“换醋嘞！”“梆梆梆！”“谁要醋吧？”黄巢一看，这老头儿从人群中走来，肯定知道人群在干什么呢，我不妨上前打探。

黄巢也挑着担子来到老人家近前，把老人的去路给拦住啦。黄巢把担子放下，“老人家，前面出了什么事呀？为什么围那么多人哪？在看什么呢？”

“啊！”老头儿一看有人拦住自己，也把担子放下，上一眼下一眼打量黄巢，一看，哎呀，我的天啊，这人怎么长这个模样！脸色铁青，朱砂眉，好家伙，要多难看有多难看。那敢情，这黄巢就像东汉马武的长相似的。老人打量了一下黄巢，左右望望，又把黄巢拉到了路边儿，低声地说："小伙子，你还不知道吧？前两天黄巢带兵攻城不下，到山里去了，过几天还要来的。官家贴出告示，让百姓们出人出粮，哎呀，看这意思啊，嗨！就要打大仗了。"

哦？黄巢一听：原来如此。他正想再问其他的，突然间就听见一阵马蹄声响，"垮垮垮……""去你妈的！""闪开！""嗯？"黄巢吓了一跳，抬头甩目一看，就见一队人马飞驰而来。为首的有个当兵的，一边喊，一边跑，一边嚷！"众家百姓听着，那个反贼黄巢，据我们可靠的消息，已经进城啦。现在四门紧闭，这个黄巢跑不了啦！如果发现有个卖汤圆儿的，马上报告！知情不报者要诛灭九族！"跑过去了。

"嘶！"黄巢一听，"哎呀！"心里咯噔了一下子，就知道军中出了叛徒，走漏了消息。幸亏自己被老头儿拉到路边儿，谁也没注意，自己这挑子还放地上呢，怎么办？现在出城是出不去了，我先躲躲吧，避避风声！想到这里，黄巢扔下挑子就往东跑，急急忙忙就钻进了一个巷子里。一看有家门没关，就闪到这家里了，隐在门后。等到街上马队来回跑了几趟后，跑过去了，黄巢这才出来往北跑。没跑多远又听见马蹄声响，知道马队又回来了。黄巢一看旁边儿还有个人家也没关门，他转身就钻进这小院儿里了。反手把门一关，然后一转身插上了门，正要进屋儿。就这个工夫儿，就见有一个老头儿从屋里走出来了，两个人正打个对面儿。一看，都愣了！怎么回事儿呢？原来从屋儿里走出来的那老头儿正是自己今天在街上碰到的那位卖醋的老大爷。他住这儿！

老大爷跟黄巢谈完话，就见黄巢扔下担子跑了。老大爷低头一看是元宵摊子。哎哟！老头儿心说：不妙，我也赶快跑吧！老头儿挑着担子回家了。

黄巢由于躲避官军来回地躲藏，所以到现在才躲到老头儿家，两个人正好打了个正面儿。

黄巢一看老头儿发现自己了，没有办法，赶紧地走过去，一抱拳："老人家，您行行好吧，把我藏起来吧。"

老头儿一看是今天自己在街上碰见的那小伙子，先是一愣，紧跟着，老头儿琢磨琢磨点了点头，就算答应了。

就这个时候，又听见街面之上传来了一阵急促的马蹄之声，"哗啦啦，哗啦啦……""快点儿，快点儿，快点儿！刚才有人看见往这儿跑啦！""在哪儿呢？"吵吵闹闹，紧跟着就听见外边儿有敲门之声。敲邻居门，"咣咣咣！""开门，开门，开门！要搜查黄巢，搜查反叛！快开门！快开门！"

老头儿一听着急了，话都顾不得说，急忙一把抓住黄巢："你赶快跟俺来吧！"就把黄巢领到了后院儿。

到了后院儿，黄巢一看，嚯！怎么？老头儿是造醋的嘛，这后院儿全是醋缸啊，一口挨着一口。

老头儿领着黄巢到了一口醋缸跟前，掀开缸盖儿："赶快钻进去。"把黄巢给塞进去了。老头儿拿着缸盖儿对缸里的黄巢就说了："这位客官，先委屈你一下吧。我把这些官兵打发走了，再把你救出来。"说着话，"啪！"把缸盖儿盖上了。然后，老头儿又拿把扫帚，装着在家扫地。刚拿起来，这时候他家的门就响起了敲门之声。"梆梆梆梆梆！""快开门！快开门！搜查！""梆梆梆梆！""嘭！"怎么了？这老头儿家的门也不结实，外边儿拿脚一踹，给踹开了。"呼啦！"十几个官兵闯进来了，把老头儿就给围住了。

就见为首的一个官兵，可能是个头儿吧，把眼睛一瞪："老头儿，大白天的，为什么插门？"

"啊，嗯，长官，俺怕这小偷儿进来偷东西，俺家没多少东西了，再让这个小偷儿一偷呢，俺家的东西就更少了，所以俺白天也关门。”

“哼！少废话！有个大汉，你把它藏哪儿啦？”

“啊？这，这，什么大汉？俺家就俺这个孤老头子一个，俺也没儿啊，没见什么大汉啊。”

“少他妈废话！刚才有人报告了，说有个大汉就躲到你们家了。”

“哎哟，这位官爷，你看，俺家大门插着嘞，没人进来。你说他要翻墙吧，俺一直在院子里扫地嘞，他也不可能翻墙啊！你说的大汉，俺真没看见！”

“少废话！没看见？给我搜！”

“嗯，嗯，行！行！官爷，你不相信，你就搜吧，反正是没人。”

这头目也不管老头儿，立刻下令去搜查。“哗！”十几个官兵马上就闯进了老头儿的屋里，翻箱倒柜，“乒乓”一阵乱响，东西给砸碎了不少，没见人。又到了后院儿，一看后院儿都是醋缸，“藏缸里了吗？砸缸！”他不说掀缸盖，他砸缸。“乒了乓啷”几个醋缸都打破了，这醋流满了院子。一闻这气味儿，嗬！这些当兵的人顿时顺着嘴角儿往下流哈喇子！怎么？酸的！

就见这头目把鼻子一捂：“哎呀，这味儿太难闻了！有吗？”

里面砸缸的人说：“砸了好几个了，没见！”

“没见，出去！这都是醋，走！”

这官兵砸破了几个缸，流了满院子的醋，走了。幸亏没砸完啊，黄巢就躲在缸里呢，在最里边儿呢。

老头儿一看官兵走远了，不在自己胡同儿了，等了好半天，这才到了后院儿找到了藏黄巢的那口缸，掀开缸盖儿：“小伙子，出来吧，都跑了，都走了。”

黄巢一看老头儿，赶紧从缸里爬出来。然后一看这后院儿，哎哟，满院子不是醋，就是碎缸片儿啊。再看老人看看这院子，老头儿泪落了。怎么了？本来就不富裕，这缸也是钱啊，而且缸里还那么多醋，就指着这些醋拿出去卖钱呢，这下好，全给了土地爷了。老头儿能不难过吗？泪下来了。

“唉！”黄巢叹了口气，走过去安慰老人，“老大爷，您不要哭了，这样吧，过两天我赔你几口也就是了。今天我没带钱。”

“哎呀，”老头儿把手一摆，“我说这位小伙子，你赶快走吧，这些当兵的跑前边儿去了，找不着人，他还会回来哩。到那个时候，把你找着就麻烦了，你赶快走吧。”

“好，老人家，我这就走！不过，现在天还不黑，到处都是官兵，我从哪里能够出城呢？”

“啊，出城是吧？你看着啊，你出俺家的家门儿，然后一拐，出了这条胡同，钻进对面儿的院子，从后边儿出去，那儿有座庙，什么庙呢？天齐庙！你先在庙里藏着，等到天黑过后，顺着城墙往南走，走出两丈多地，那里有个豁口儿，你就从那里出去吧。”

“哦！”黄巢一看这个老头儿为人厚道诚实，黄巢一抱拳：“多谢老人家。老人家啊，嗯，我还有一事不明，想跟您老人家打听打听。”

“小伙子，有啥事情，你赶快说。”

“老人家，这座城有何妙处，为什么黄巢十万大军攻了三天，竟攻它不破呢？这其中有什么原因吗？”

“嗨！”老头儿一听乐了，“客官啊，你有所不知，这个郓城历史悠久，建在始皇帝时期，城墙是又高又厚，上边有滚木，两厢藏有弓箭手。你一攻，滚木礌石，弓箭一放，你根本攻不上来。”

“嘶！那就没办法了吗？”

“哎呀，也不能说没有啊，攻城不就是为了进城吗？进城非得要攻城吗？进城不一定非得从城门进，你可以从天齐庙的那个豁口儿进啊，你既然能从豁口儿出去，你怎么不能从豁口儿进来呢？”

“嘶，对呀！”黄巢一听十分高兴，“哎呀，多谢老人家！”他转身要走，又回来了。“嗬，老人家，您知道我是谁吗？”

“你，”老头儿犹豫了一下，“嗨！俺一看见你呀，俺就知道你是谁了，你肯定是黄大将军黄巢，对不？”

“哦？”黄巢一听，“老人家，唐兵骂我杀人如麻，吃人不吐骨头，你叫我黄大将军，你不怕我吗？”

“嗨，”老头儿一听，把手一摆，“那都是官家骗人哩，官家能有好话吗？俺们穷人怎能怕你哩？俺穷老百姓就盼着你们过来哩。”

哎呀，黄巢闻听老人这么说，十分感动，想不到老百姓对自己这么尊重。又冲老人家一抱拳：“老人家，实不相瞒，我正是黄巢，你们家有红纸吗？”

“红纸？哎哟，红纸还真没有。前两天过年贴红纸也没剩下几张，现成的是没有了，不过店铺里能买到，你需要吗？你需要俺给你买去。”

“哎，不，我现在不要。我告诉你，你买几张红纸回来，扎个灯笼，正月十五那天要挂在房檐上。到那天我要带兵攻城，我看到挂红灯的房子我是绝对不攻，保证安全。”黄巢说完这话走了。

老人赶紧地上街买了红纸，又把这个消息传给了邻居。一传十，十传百，不久全城穷百姓都知道了，家家户户买红纸扎灯笼，忙得不可开交。

黄巢按照老人家的指点，出了城。回到大营之后，马上召集将士商量。就在正月十五这天晚上，带着五千精兵，按老人所指的道路悄悄入城。内外夹击，很快地攻破城门，起义军进城。

这时候穷人家门口都挂起了红灯，全城灯火通明。黄巢吩咐过凡是挂红灯的大门，起义军一律不入，那是老百姓的家。不挂红灯的，起义军冲进去抓赃官老财。就这么一晚上，就把整个郓城的贪官污吏、土豪劣绅杀光了。

到了第二天，黄巢吩咐一声“开仓分粮！”还派人给那位老人送了二百两银子作为醋钱。

打这以后，每到正月十五，家家户户都要挂起红灯。

花子闹灯节

在古时候，尤其是京城，到了正月十五这天晚上，大街小巷真是人如潮涌灯如海啊！到处都是美丽的彩灯，到处都是欢乐的人群。这一天连皇上都得出来与民同乐，什么大姑娘小媳妇儿，到这天晚上也大大方方地出来，干什么？看灯啊！除了看灯以外，当时还有个风俗——这天妇女要特地地在京都一些桥上走来走去，谓之“走百病”。以求消灾祛病，全家健康。一般来说，他们都要涌到正阳门前。干什么呢？抢着抚摸城门的大铜钉。据说这样，能够给自己求来一个如意郎君。还有的说这样可以给自己求来一个孩子，生子得继。

灯节在过去不仅仅是平常老百姓家的节日，也是乞丐们的节日，因为那个时候，在京城里的乞丐可不在少数。乞丐叫花子的处境是最悲惨的，地位是最低下的，整日愁容满面，抬不起头来。但是在正月十五灯节这一天，京城的花子们也可以破一天例，可以堂而皇之地招摇过市，恣意欢乐一番。

这天晚上，京城里面会出现一支花子队，由花子头儿带领组成了一个与衙门、官老爷出巡相仿的仪仗队——乞丐花子仪仗队。走在前面的花子挑着大竹竿，竹竿上挂着鞭炮，是响鞭开道，后边跟着一帮手握讨饭杆子的“拜杆儿”群。再往后乌泱乌泱的一大帮花子。他们每个人手中都拿着一个装有数枚铜钱的讨饭竹板，一边走一边狠劲儿地摇啊“哗！哗！哗！哗！哗！哗！”，就听前边儿“噼里啪啦！噼里啪啦！咵！咵！咵！咵！”干什么呢？敲地呢！嗬！震耳欲聋啊！在后边儿还有四个花子打着灯牌，上面分别

举着“纠察”“弹压”“回避”“肃静”——整个一官老爷出巡。灯牌后面紧跟着一个写有“灯政司”三个大字的大灯牌。那大灯牌后面就是花子头儿——丐帮帮主，坐着八抬大轿。所谓的八抬大轿，其实就是八个叫花子用几个大竹竿抬的一把破椅子。花子头儿傲然而坐，八面威风，这就是“灯政司”老爷，脸上还抹着粉儿，头上戴着一顶七品县令式的官帽儿，帽前正中央“镶”着一块宝石。花子有宝石啊？没有。那怎么安的宝石呢？这宝石特殊，萝卜刻的，两个帽翅儿忽忽闪闪的。嗬！威风！在那儿装腔作势，耀武扬威。哪儿灯火盛，“灯政司”就指挥着花子队伍“给我往那儿闯！”据说“灯政司”在灯节这一天权力最大了。他巡查到哪儿就指挥到哪儿，大呼小叫地发号施令，可以命令所有的人。走到一个店面上就命令人家店家：“把你们家的火给我烧得旺旺的！把灯给我点得亮亮的！”其实不劳他吩咐，人家也会把火烧得旺旺的，把灯点得亮亮的。看哪家店面不顺眼，他还煞有介事地扬言要罚这家灯钱，罚那家油钱。总而言之，每走到一家店铺，店主就让伙计把事先封好的铜钱扔给他们，图个吉利，取个乐呵，大过节的，乞丐叫花子也不容易，谁愿意跟花子们过意不去呢？这些花子们见钱眼开，一哄而上，抢到铜钱后全放到竹筒里面。于是，这花子竹筒里面的铜钱就更多了，摇得更响了，看热闹的人也就更多了。

可能有人问：这么多叫花子，这么乱，官府就不管一管吗？也管。刚开始的时候不管，等灯节到了深夜的时候，仍然人山人海。官府们怕人多闹事儿，就预先嘱咐更夫在三更时就打五更的梆子，误导人们早些散市。据说，当年那八旗驻军都雇有由数十名小花子组成的梆子队，在各自辖区内敲梆子。北新桥是镶黄旗三个军驻地的交界处，所以到了二更时分，三军的梆子队在这里相遇，汇成一处。就听见一声号令，三个军的百来只梆子突然骤响。节奏时急时缓，时长时短；声音时高时低，时大时小。而且连连敲出一个个的曲牌。人们是闻声赶来，都非常有兴致地看着这些叫花子们敲梆子，把整个北京城的北新桥围得是水泄不通。梆不停人不散，人不散而梆不停，直至更深。

当然了，随着时代的变迁，花子们大闹灯节的场面也销声匿迹了。对于这个传统风俗估摸着现在已经继承不下来了。但是没关系呀，咱们是不是可以考虑考虑那些花子们敲的那一个个梆子的曲牌，是不是可以作为一种非物质文化遗产而保留下来呢?

灯谜来历的民间传说

有了灯，自然而然地就产生了灯谜。灯谜，又叫猜谜语、破闷儿、猜闷儿、打灯谜、射灯谜。这也是咱们中国的一种国粹，里面蕴含的文化太深了。

说到射灯谜，有一个有趣的传说，相传中国早在两千多年前就有了猜谜的活动。当时不叫猜谜，叫作“庚辞”，就是隐语的意思。在民间便俗称为谜。但是猜谜怎么演变成为灯谜的呢？据说这跟一个叫王少的穷秀才有关。

传说也不知道是哪个朝代，有一个姓胡的财主家财万贯。但是这个财主为富不仁，横行乡里。而且胡财主是一个标准的势利眼，见人也总是皮笑肉不笑的，所以人送绰号“笑面虎”。

说有一天穷秀才王少家里揭不开锅了，跟胡财主家里去借口粮。

胡财主一看：“哦，你是秀才呀，跟我借口粮。哎呀，啧啧啧……瞧你穿的这个样子，破破烂烂的。走走走走！”嘀，不等王少再开口，就把王少给轰走了。

穷秀才王少在回家的路上越想越憋闷，越想越生气，心说话：胡财主啊，你不借给我粮食没关系呀，为什么侮辱我呀？为什么像轰狗似的轰我呀？哼！胡财主，我非得要戏弄戏弄你不可！我要好好地整整你这个笑面虎。

当时刚好时近元宵，家家户户门前都挂了花灯，挂了红灯。而且开始有许多的人打着花灯逛街了。王少也扎了一个又大又漂亮的花灯上街了。与众不同的是，他在花灯上题了一首诗：

头尖耳细白如云，
论称没有半毫分，
眼睛长到屁股上，
光认衣裳不认人。

哎呀，大家一看，这，这诗好哎。这说谁呢？大家越看越觉得像那个笑面虎胡财主。为什么呢？这胡财主敢情就长得夹扁脑袋，头挺尖的，耳朵挺细的，而且生来的皮肤雪白。再加上胡财主是个势利眼，光认衣裳不认人嘛，这不眼睛长到屁股上吗？“哇！”大伙儿你传我、我传你，都是一笑

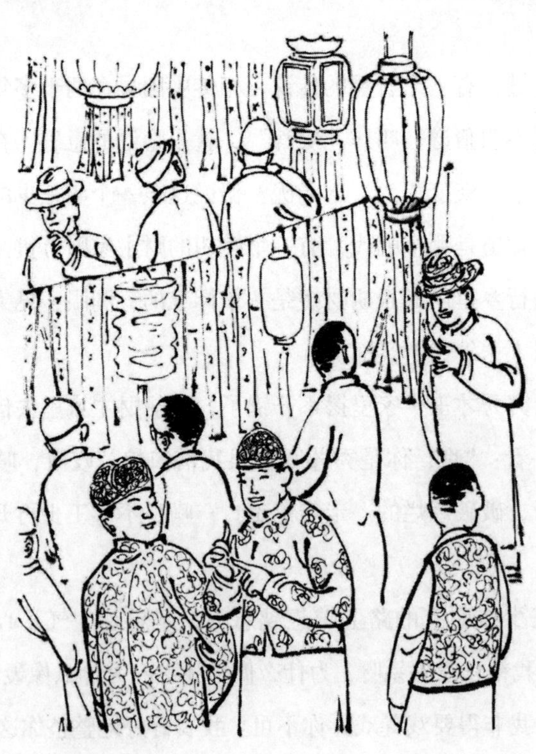

啊。结果这件事儿就传到了笑面虎胡财主那里了。

胡财主听到了是火冒八丈。嘿，这个王少，真是可恶！怎么能这样说我呢？不行，我得找他论理去。就这样，笑面虎胡财主就找到了王少，当面质问："你为什么在花灯之上写诗来辱骂我？"

王少一听："哎，我说胡财主，你这可就冤枉好人了，我怎么骂您了呢？"

"你说我'头尖耳细白如云''论称没有半毫分'，还，还什么'眼睛长到屁股上，光认衣裳不认人'。你这不是骂我吗？"

"哎，"王少一听，"胡财主啊，你怎么那么多心啊？我写的这不是诗，是猜谜语呢！我给大家出了一个谜面，打一个物件，怎么是你呀？"

"嗯？打物件？打什么物件儿啊？你这诗明明写的我，还说什么打谜，你休要强词夺理！"

"哎，我说胡财主啊，你猜不出来就说它没谜底呀？就说它是你呀？我告诉你吧，'头尖耳细白如云，论称没有半毫分，眼睛长到屁股上，光认衣裳不认人'我这个谜底是"针"，缝衣服的针！您看是不是？针，它头尖耳朵细吧？而且亮闪闪的，'白如云'嘛。'论称没有半毫分'，给它称一称都没有一钱。眼睛不正好长在屁股上吗？还穿线呢！它是裁缝用的东西，自然'光认衣裳不认人'嘛！我说的是针，哪儿说你了？"

"啊，啊，我这，我……"笑面虎一听，还真就是这个理儿，直气得是干瞪眼啊，哑巴吃黄连——有苦说不出，狼狈地走了。

周围看热闹的，都乐了，一个个捧腹大笑。

这件事儿就传开了，后来越传越远。到了第二年的灯节，不少人都跟着王少秀才学，将谜语写在花灯之上，来供赏灯的人猜谜取乐，就叫作灯谜。

所以，自古以来元宵佳节猜灯谜、打灯谜，可以说是咱们中国人独一无二的活动。

元宵——中国的狂欢节和情人节

元宵节又吃元宵，又打灯谜，又放烟火，又挂灯……有这么多好玩儿好看的节俗，自然而然的，元宵节就成了咱们中国人的狂欢节了。这个狂欢节丝毫不逊色于外国的。外国的狂欢节那真狂欢呀。中国的呢？还有文化呢。那不仅仅是光狂欢，狂欢得有品位，狂欢得很高雅。所以，别说咱们中国没有什么好节，正月十五元宵节那就是一个狂欢的好节。

在古时候，到了这一天，连皇上、娘娘都得出来与民同乐，那就甭提普通的老百姓了。到这一天，男男女女老老少少齐动员，尤其是平常不出门的大姑娘小媳妇都出来了。这位说怎么不出来呀？不是初七刚出来过一次吗？嗨，初七那天仅限于白天。到了晚上，大姑娘小媳妇还得回家。可正月十五的晚上，大家都能出来。咱说了，可以狂欢一晚上呢。所以咱们说书的、听书的，往往听十五的书，就能听到这一天有什么恶霸抢姑娘，被英雄好汉看见了，英雄好汉把恶霸杀了，闯出祸来了，反了……就有许多类似的故事。为什么呢？因为这一天那些久不出门的大姑娘小媳妇全出来了。所以中国的元宵节不仅是狂欢的节日，还是一个浪漫的节日。元宵灯会在封建的传统社会中也给了未婚男女相识提供了机会。未婚男女借着赏花灯顺便也可以物色一下自己的对象。元宵灯节期间，就成为中国男女青年与情人相会的时机，可以说中国的元宵节又是一个情人节。

所以古时候一到元宵节，年轻的小女孩儿都要打扮得漂漂亮亮的掂着灯笼出来。怎么打扮呢？其实出乎大多数人的想象，和春节喜庆的红色相比，元宵节在宋代其实是偏雪白的色彩。你看，这和我们平常对传统文化的理解有点出入吧？其实，古代的人，并非像我们现在臆想的那样，凡是遇到喜庆事儿，大红啊，大绿啊，大紫啊，其实不是那样。咱们中国对色彩也是非常讲究的，不是单调的。在宋代，元宵节尚白色，宋代周密写过一部书叫《武林旧事》，上面有一篇是“元夕”，写的就是元宵节。说：“元夕节物，妇人皆戴珠翠、闹蛾、玉梅、雪柳……而衣多尚白，盖月下所宜也。”说元宵佳节那天，妇女们都佩戴很多的首饰，像什么玉梅、雪柳、灯球、闹蛾等等。这些都是宋代以来元宵节女子所戴的应景首饰，都是以白绫或白绢做成。要是没有呢？没关系，那时候到了元宵佳节，街头巷尾，都有售卖的。这种风俗一直延续到宋以后。宋代李邴写过一首《女冠子》，词曰：“东

来西往谁家女，买玉梅争戴，缓步香风度。”宋朝孟元老写的《东京梦华录·正月十六》上说：“市人卖玉梅、夜蛾、蜂儿、雪柳、菩提叶。”宋朝的辛弃疾在《青玉案》上也说：“蛾儿雪柳黄金缕，笑语盈盈暗香去。”宋朝的范成大在《菩萨蛮》词中也说：“留取缕金旛，夜蛾相并看。”说的都是这些首饰。上边介绍了玉梅和雪柳都是用白绫或白绢做成，玉梅被作为梅花之状；雪柳呈柳树之状，插在髻中以为装饰；“夜蛾”、“蛾儿”就是“闹蛾”，它的形式比较复杂一些。通常用竹篾、绫绢等制成花朵。另用硬纸剪成蝴蝶、飞蛾之形，然后粘在细竹篾上，并附缀在花朵周围。使用的时候安插在发髻之上，人迈步往前一走，再有点儿小风儿一吹，嗬！牵动了竹篾，花旁的那些蝴蝶飞蛾颤巍巍那么一动，就像围着花朵飞舞似的。和玉梅、雪柳相比，这种饰物具有一种动感。姑娘们梳妆打扮以后，戴上这些首饰，拿着一盏小灯笼，就出去了。出去干吗呢？会自己的情郎，想要碰上一见钟情之人。所以，历来在文人墨客笔下都少不了对元宵节这种情人节的描写。宋朝的欧阳修写了一首叫《生查子·元夕》的词：“去年元夜时，花市灯如昼。月上柳梢头，人约黄昏后。今年元夜时，月与灯依旧。不见去年人，泪湿春衫袖。”就是说去年过元宵节的时候，有个小姑娘出去碰见情郎了，人约黄昏后嘛。今年再出去约人，不见去年人了，思念去年人。辛弃疾也有那么一首非常著名的词叫《青玉案·元夕》，词曰：“东风夜放花千树，更吹落，星如雨。宝马雕车香满路，凤箫声动，玉壶光转，一夜鱼龙舞。蛾儿雪柳黄金缕，笑语盈盈暗香去。众里寻他千百度，蓦然回首，那人却在，灯火阑珊处。”这就是描写了当时元宵夜那种情人相会的情景。

元宵节与丽静记

正月十五，在这一天发生的男女爱情故事，自古以来可以说是数不胜数。在各种文艺作品里，这样的例子也是很多。如，很多地方曲种之中都有一出戏，叫的名不一样，有的叫作《丽静记》，有的叫作《陈三五娘》，讲述的就是陈三和五娘两个人在元宵节赏花灯时相遇而一见钟情的故事。故事主要内容是，有一个福建泉州人，此人姓陈叫陈三，送兄嫂往广南上任，路过广东潮州，正逢上是元宵佳节盛会。在元宵灯会上与富家女子黄五娘邂逅，互相爱慕，一见钟情。但黄五娘的父亲贪财爱势，不同意这门婚事，把五娘许配给了一个富豪大款，叫林大。可五娘不满意啊，心中愁闷，思念她的陈三郎。再说陈三，在灯节上与五娘相会也是一见钟情，他重来潮州后，乔装一个磨镜的匠人，进入了黄府。五娘在绣楼投以荔枝和手帕示爱。陈三在磨镜的时候故意把镜子摔破，借口赔宝镜，卖身为奴。后来林大强娶五娘，陈三和五娘得丫鬟亦春的相助，私奔就回了泉州，有情人终成眷属……各种戏剧曲种上，大多都能够找到这一折子戏。另外电影也拍过。所以，咱们就大体地介绍一个梗概，就不多说了。总而言之，在元宵佳节发生的这种爱情故事是数不胜数。其中最有名的那就是“破镜重圆”的故事。

破镜重圆的团圆节

说在南北朝的时候，陈后主陈叔宝的妹妹乐昌公主嫁给了太子舍人徐德言。舍人是官名。太子舍人就指太子身边比较亲近的人，比较亲密的人，太子的秘书，太子的助理，就这种人。可是，当时在南北朝时期，战事频繁。南陈政治腐败，文官爱钱，武官怕死，那能好得了吗？可以说灭亡已指日可待。乐昌公主是个明白人，徐德言更是个明眼人。两个人早就看出来自己的国家长不了了。所以，两口子一商量，就说万一咱们国家真的不行了，真的到了有一天外国军队入侵我国，把我国给打散了，在战乱之中，我们两个人保不齐会失散，那失散后咱们怎么联系呢？怎么再重逢呢？怎么通讯呢？那时候没电话、网络。两口子感情很好，就想了一个主意。找到了家里的一面古镜，那时候镜子都是铜做的，把这面铜镜劈成两半儿，各自揣了一半儿。两口子约定，如果是真的到了国破家亡、妻离子散那一天，咱们两个人给打零散了，那么咱们两个人各怀着一半铜镜，作为日后相见时的凭证。

乐昌公主说："要真的到那一天，咱们两个人走散了，彼此失去了音讯，咱们怀揣着镜子那也没用啊？咱们怎么着才能够使彼此知道对方在找对方呢？"

徐德言就说了："这么着，咱们如果一旦离散，就要在一个正月十五这天到街市上卖镜子。说卖镜子啊，谁买也不卖，互相寻访。卖半块镜子很稀奇，肯定有人传言。这么互相一传言，彼此可能就能知道信息，就能找到对方。"

哎，乐昌公主觉得这个计策不错。两口子在家就把离散后的计策给想好了。

果然，不久南陈灭亡了，乐昌公主落到了隋朝越国公杨素府中。由于乐昌公主才貌双全，颇得杨素的宠爱。那杨素在隋朝年间可是个大官啊！手握重兵。

徐德言在国破的时候和妻子离散了，找了很久也没找到妻子。徐德言一看没办法了，只能按照自己和妻子约定的事情行事了。就这样，徐德言千里寻妻也赶到了京城长安。

到了正月十五元宵节，乐昌公主为了寻找丈夫，派人拿着手上的半面镜子到长安灯市上沿街叫卖。

这一说卖镜子的，当然也有顾客了。"哎哟，什么镜子啊？我看看。"

把镜子拿出来，顾客一看。"破镜子啊！就半个啊？这能卖吗这玩意儿？多少钱啊？"

这个卖镜子看看顾客说："我这镜子，给多少钱都不卖！"

“嗯，不卖？哎，奇了怪了，不卖你叫什么卖镜子啊？”

“我这镜子也卖！”

“哎，你这是什么话啊？你到底卖不卖啊？”

“是这样的，我这镜子卖不卖是有条件的。这不是半面镜子吗？如果你有另外半面，一对，成一面镜子。我就卖给你。如果没有，我就不卖。”

“哎，”这顾客一听，真稀奇呀，“哪有这样卖镜子的？”旁边有围观的人，一看这个事情太奇怪了，简直能上明天的头版了，大家议论纷纷。灯市上人山人海，这么一传，有人在灯市上卖半块镜子的消息就传开了。

正好徐德言怀揣着另外半面镜子也来到灯市之上。他也准备卖呢，还没等着吆喝，就听人就说了：“哎呀，听说了吗？那边有个卖破镜子的。卖一半，给钱还不卖，还必须找到另一半才卖，你说新鲜不新鲜？”“嗨！没什么新鲜的，炒作！现在的人为了出名，要炒作的太多了，纯粹是炒作，你看吧！”“是吗？”“哎！”这些人一嘀咕，被徐德言听见了：哟，有人卖半块镜子，是不是我的妻子啊？这徐德言赶紧地找到那个卖半块镜子的人，他把怀中的那半块镜子取出来，两个破镜子往中间一合，合成了一面镜子。哎呀，徐德言当时泪都下来了，非常兴奋啊。但是兴奋之余，徐德言也发愁了。为什么？自己的妻子现在在越国公杨素府上，那杨素能不能把自己的妻子归还自己呢？现在卖镜子的不是自己的妻子，是妻子派来的人，可见妻子现在行动不便啊！那我还能否与我妻子再重逢呢？徐德言发愁，当即赋诗一首：

镜与人俱去，
镜归人不归；
无复嫦娥影，
空留明月辉。

然后，让那个卖镜子的带着自己这半块镜子，带着那首诗，去见乐昌公主。当然，告诉那个卖镜子的自己住在什么地方，怎么联系，都告诉好了。

那个卖镜子的怀揣着两面镜子见到了乐昌公主。把这首诗给乐昌公主一呈。

乐昌公主读诗后百感交集，眼泪下来了，一连几天也吃不下饭。

杨素一看，哎，这两天乐昌公主怎么有点儿不对劲儿啊？气色也不好了，也熊猫眼儿了，眉也耷拉了，人也消瘦了。嘶！怎么回事儿啊？问一问。就把乐昌公主召来，一询问，乐昌公主也毫无隐瞒，就把自己和丈夫的约定一五一十给杨素说了。

越国公杨素听完话后，“啧，啧，啧……”直晃脑袋，直嘬牙花。怎么？被他们坚贞的爱情给感动了。立刻派人把徐德言找来了，说：“我越王杨素也是一个有情有义之人，看到人间有如此坚贞的爱情怎么能不感动呢？我让你们夫妻二人团圆了吧。”

就这样，在杨素的安排之下，夫妻二人终于团圆。这就是“破镜重圆”的故事。

这个故事从侧面也反映了在古时元宵节灯会是非常热闹的，也反映出元宵节自古以来都是一个团圆的节日。

正月十五的其他民俗

除了吃元宵、点灯放火以外，元宵节是不是还有其他的风俗呢？有。比如，有的地方在元宵节要祈福祭祖。上面介绍过，汉武帝在元宵节规定要祭祀“太一神”。唐代元宵节要庆祝天官。这些神仙主要的职责就是赐福。后来这“太一神”逐渐地被忽略了。因为“太一神”是中国战国时代楚文化里面的神仙。那楚国文化当然只是一个区域文化了，后来逐渐被忽略了。

随着道教的发展，民间逐渐盛行起了在正月十五清晨背上供品来祭拜天官大帝的祈福习俗。我们的传统习俗中，节日也是祭祖的日子，更何况是元宵佳节呢，那自然也要祭祖。不但要祭祖，在这一天还要祭门、祭户。在古代，元宵节这一天要有七祭，要祭七种东西。这只是其中的两种。祭祀的方法很简单，折一些杨树枝插在门户上方，在盛有豆粥的碗里插上一双筷子，或直接将酒肉放在门前等等。

另外，在正月十五这天还有一个习俗，要“逐鼠”。说白了，就是驱逐耗子。这项活动主要是对一些养蚕人家所说的。因为老鼠常在夜里把养蚕人家的蚕大片大片地吃掉。人们听说正月十五用米粥喂老鼠，它就可以不吃蚕了。于是乎，这些人家就在正月十五元宵节这天，熬上一大锅黏黏糊糊的粥，有的还在上面盖上一层肉，将粥用碗盛好，放到老鼠出没的顶棚、墙角、鼠洞口等等地方。边放，嘴里还要念念有词。什么词呢？词很多。一般就是告诫老鼠：“你看，现在我给你吃粥，给你吃肉。你就好好儿地给我吃粥吃肉。但是，你别再吃我家的蚕宝宝了，你要是再吃我家的蚕宝宝，你就不得好死！”这和祭奠老鼠娶亲其实差不多，都是对这种鼠害既怕又恨又无奈的一种表现。

除了“逐鼠”以外，在我国的不少地方，民间还会在正月十五元宵节这天进行“迎紫姑”的活动。就是前文说的厕神。因为，有种传说说，这个紫姑是我国民间中一个善良贫穷的姑娘。可惜，在一个正月十五的夜晚因为贫困而死。就像那个卖火柴的小姑娘似的，在正月十五冻饿而死。百姓们同情这位紫姑，怀念这位紫姑，所以有些地方便出现了“正月十五迎紫姑”的风俗。每到这一天的晚上，人们就会用稻草、布头等扎成真人大小的紫姑肖像。尤其是妇女们，纷纷站到了紫姑常做活的厕所、猪圈和厨房旁边来迎接她，像对待亲姐妹一样，拉着紫姑的手，跟紫姑说长说短，说着贴心话，流着眼泪安慰她。这个情景十分生动。迎紫姑的活动真实地反映出了我们中国劳苦民众的善良、忠厚、同情弱者的思想感情。

另外，正月十五在民间还有祭蚕神的风俗。据《荆楚岁时记》中记载，人们在正月十五要煮粥祈祷蚕神，把肉盖在粥上，爬上屋口念祭词将粥供与蚕神。蚕神吃不吃啊？蚕神不吃给老鼠啊，您看，和那个逐鼠活动差不了多少。据有关学者研究认为，中国的元宵节可能就是起源于煮蚕茧祭蚕神的活动。您看，煮蚕茧像不像煮元宵？煮元宵像不像煮蚕茧？哎，可能两者有密切的关系。但这也是一种假说。

另外，在古代的正月十五元宵节，据一些文献记载，有些地方还有登高迎月的仪式。对于这些仪式，文献记载得不详，好像是开始汉族有这么一个习俗，到后来逐渐地流失了。但是这种习俗在朝鲜族的上元节里好像还保留着。为什么呢？因为朝鲜族与汉文化有着密切的渊源。我们觉得登高迎月这是一个好的风俗，既欢乐又不失优美，而且是适合男女老幼参与的元宵活动。所以，我们建议在以后过元宵节，大家不妨去登高望月。男女老少都穿着汉族的服装，提着灯笼，结伴登高山，到了山顶，迎月出，赏月明，也挺浪漫的。

另外，正月十五有些地方还要“走百病”。在明朝，诗人周用就写过一首诗，专门介绍了走百病，诗的名字就叫《走百病行》：

都城灯市春头盛，
大家小家同节令。
姨姨老老领小姑，
撺掇梳妆走百病。

虽说像打油诗，但是能够反映出当时在正月十五有走百病的习俗。

走百病的习俗一直传到今天。有些地方名称不一样，有叫“烤百病”的，有叫“散百病”的，有叫“走桥”的，有叫“摸灯”的。在鲁西南地区，人们是在正月十六那天早晨走百病，他们说转音了，说“走蹦蹦”，其实就是走百病。参与者大多都是妇女，她们身穿着白绫衣裳，结伴而行，或走墙边，或过桥，走郊外，目的是祛病除灾。走到最前面的要举香开道，其他妇女要紧随其后，相继过桥，谓之“度厄”。据说，这样走百病，过桥的人能够保一年腰腿无病，健康长寿。过桥后呢，妇女们还要到各城门洞去摸城门上的铜钉，称此举可以“宜男”。就是可以生男孩。所以，明代的刘侗、于奕正在他们的《帝京景物略·春场》中说：“八日至十八日……妇女着白绫衫，队而宵行，谓无腰腿诸疾，曰走桥。”这一习俗也流传到了清朝。清朝顾禄在《清嘉录·正月·走三桥》上说：“元夕，妇女相率宵行，以却疾病。必历三桥而止，谓之走三桥。”也有的地方在正月十六走，刚才介绍了，在我国的鲁西南地区正月十六一早大家出去走百病。不仅走百病，据说这一早晨谁出去得早，谁就可能会碰到财神。碰到财神，这一年就能够发财。还要在一些胡同口儿、郊外的道儿上点一堆火来迎财神。

第十七章 二月二龙抬头

——龙不抬头我抬头

哪来的一亩三分地，天文学上的说道，武则天和龙王都招惹了玉帝，龙女在今日出嫁……

一般来说，中国的春节过了正月十五、正月十六之后，基本上就算过完了，该开业的开业了，该上学的上学了，年味儿也逐渐淡薄了。但是，在开篇的时候咱们说了，其实中国广义上的年应该一直延续到农历的二月初二。因为，二月初二是“龙抬头”，一直等到龙抬了头，这个年才能过去。又因为，二月初二基本上已经进入春天了，所以这个年才能真正地过去。那么从正月十五到二月二期间的一些日子，基本上都没有什么大的风俗习惯了，有些风俗，也可能是各地方不同的区域文化、区域风俗。所以，对此期间的日子咱们就不一一介绍了。咱们着重要介绍一下春节最后一天。哪天啊？二月二，龙抬头！

二月二龙抬头的渊源

农历二月初二，是我国广大农村重要的一个传统节日。因为这个时候，春节马上就过去了，其实很多地方都算过去了。田间的农事活动即将开展。故此，二月二又称作春农节、龙头节、春龙节等等。在南方又叫作踏青节，古代称作挑菜节，节日的名称也不一而足。

在我国的民间谚语上说“二月二龙抬头，大家小户始耕牛”，就是说到了二月二就开始耕作了。依据气候规律来说，二月二之时我国大部分地区要受到季风气候的影响，温度回升，日照的时数增多，光、温、水，条件已经能够满足农作物的生长。所以，二月二也是南方农村的农事节。那么二月二龙抬头的起源是什么呢？据说，它起源于三皇之首伏羲氏时代。

说伏羲氏“重农桑，务耕田”，每年二月二这天，伏羲氏的老婆都给他送饭，伏羲氏亲自耕作。其实那个时候，他不想亲自耕作也不行。为什么呢？根本条件不允许。原始时代嘛，生产力极为低下，要是自己再不耕作，等谁供养呀？根本没那么多粮食。“御驾亲耕”也不过是后世统治者自己标榜而已。说后来的黄帝、尧帝、禹帝都纷纷地效法先王。这个风俗一直到了周武王时代，还被发扬光大了呢。

据说，周武王每逢二月初二，都要举行盛大仪式，让文武百官都要亲自耕作。耕作多少呢？耕作一亩三分地。为什么现在有人还说“到我这一亩三分地上来了”呢？那就是从那个时候的习俗开始的。打这以后，二月二便定名为龙头节。怎么又叫作“龙抬头”了呢？

“龙抬头”这一说法最早见于明人刘侗、于奕正的《帝京景物略》上。上面说：“二月二，龙抬头，蒸元旦，祭馀饼，熏床炕……”

可能有人提出异议了：为什么抬头的非得是龙呢？为什么不能是虎啊，不能是豹啊，不能是熊啊，不能是猫啊，非得是龙吗？即便是龙，那为什么非得选二月二这一天呢？为什么不是二月三龙抬头啊？三月二龙抬头？

有关这两个问题的说法和故事就多了。民间认为龙是咱们中华的图腾，是咱们中国人的吉祥之物，龙主管云雨啊。而二月二则是龙欲升天的日子。一般的来说，到了二月二，正值“惊蛰”节气。惊蛰，顾名思义就是所有的动物到了这个节气，基本上都已经从冬眠苏醒过来了。我国许多地方到了这时候也已经进入了一个小雨季，这是自然规律。但是古代人不那么认为啊。古代人认为龙主管云雨。天上打闪打雷刮风下雨，这些都是龙的功劳。再加上不少地方把二月二这一天认为是土地爷爷的生日，所以祭祀活动便名目繁多了。

据明朝的《宛署杂记》上说，当时的乡民“用灰自门外蜿蜒布入宅厨，旋绕水缸，呼为‘引龙回’。”就说当时的乡民一般到了二月二这天，从门外边拿着锅底灰曲里拐弯儿，一直撒到厨房内。而且还要围绕厨房的水缸围那么一圈儿，还给它起个名字叫作“引龙回”。清朝让廉在他的《春明岁时琐记》上面记载：“二日为土地真君生辰，城内外土地神庙，香火不绝，游人亦众。”就是说，当时的二月二是土地爷爷的生辰，无论城内城外的土地神庙，到这一天都是香火不绝，游人是熙熙攘攘。

龙抬头与天文学

“二月二，龙抬头”这句话还与中国古代天文学对星辰运行的认识有关。

中国古代天文学观天模式，在周天黄道确定了二十八个星座，称为二十八星宿。古人把这二十八个星宿按照东南西北分成四宫，每宫七宿，并按照它们的形象将四宫附会成了四种动物，所以称之为四象、四兽、四维、四方神。他们本别是：

东方苍龙七宿，青色：角木蛟，亢金龙，氐土貉，箕水豹，尾火虎，房日兔，心月狐；南方朱雀七宿，红色：井木犴，鬼金羊，柳土獐，轸水蚓，翼火蛇，星日马，张月鹿；西方白虎七宿，白色：奎木狼，娄金狗，胃土雉，壁水蝓，觜火猴，昂日鸡，危月燕；北方玄武七宿，黑色：斗木豸，牛金牛，女土蝠，参水猿，室火猪，虚日鼠，毕月乌。

其中，东方七宿被古人想象成一条南北伸展的巨龙，包括四十六个星座，三百余颗星。不少学者认为，《易经》乾卦六爻的“潜龙勿用”“见龙在田”“或跃在渊”“飞龙在天”“亢龙有悔”，正是描述的苍龙七宿在春天时的天象。《石氏星经》称：“角为苍龙之首，实主春生之权，亦即苍龙之角也。”《说文》称“亢人颈也”，所以亢宿是苍龙的脖子；氐宿又名天根，它是苍龙的胸；房宿为苍龙之腹，由于龙为天马，所以房宿又称为天驷或马祖；心宿即大火星；尾宿是苍龙之尾，按古代分野说（天上的星星各自对应着地上的某一区域），尾宿和箕宿对应着九江口，因此尾宿又名九江，它附近有天江星、鱼星、龟星；箕宿也是苍龙之尾，它附近还有糠星和杵星。

当被称为“龙角”的东宫七宿的第一宿角宿出现在地平线上的时候，正值春天来临。所以，古人将它的出现作为春天的标志。而此时，恰逢中国农历二月雨水节气前后，由此产生了“二月二，龙抬头”的说法。唐代著名诗人白居易有诗云：

二月二日新雨晴，
草芽菜甲一时生。
轻衫细马春年少，
十字津头一字行。

二月二龙抬头，户户家家炒苞谷

有关于二月二龙抬头的民间传说故事就更多了。

有一种说法说二月二龙抬头的来历和女皇武则天有密切的关系。

武则天废唐立周，自称皇帝，做了中国历史上唯一的一位女皇帝。就因为她是女人，所以，自古以来受到了很不公正的待遇，被部分人认为女人当皇帝是乾坤颠倒，甚至把武则天说成一个昏君，所以，给她编了个故事。

话说武则天废唐立周，自称皇帝，天人共怒，连玉皇大帝都非常愤怒。玉皇大帝一看，这还了得？人间竟然出现个女皇帝，这不乾坤颠倒了吗？尤其使玉皇大帝不能容忍的是，这个女皇帝还要管天。怎么管天呢？武则天本身这名字就犯忌讳。再加上这位女皇到了寒冬腊月间，突然想看百花齐放。你说这不瞎扯吗？腊月天看百花齐放，除了梅花以外，谁在腊月天开放呢？

但，武则天说：“朕是皇帝，主管天下一切。朕想在腊月看百花齐放，那百花必须在腊月期间给朕开放。朕下一道圣旨，命令天下百花必须在腊月间给我开放！”这道圣旨下去，百花仙子们都不敢违抗，什么月季、芍药、菊花，桃花、杏花、喇叭花……甭管哪个季节开的花，在武则天规定的日子里都开花了。唯有一种花没开，谁呀？百花之王——牡丹。牡丹仙子有个性，她不开花——我不听你的！武则天一看，非常愤怒，一道旨意把牡丹从曹州（今菏泽）就贬到洛阳去了。本来是“曹州牡丹甲天下”以后就成了“洛阳牡丹甲天下”了，洛阳有名气啊，不过洛阳牡丹是被贬的配军牡丹、罪牡丹。是这样吗？传说而已。但别看牡丹没开花，其他的花都开了，这就不善啊。您说，武则天这不是对抗天庭吗？这玉皇大帝能不生气吗？“我要惩罚一下人间！”怎么惩罚呢？玉皇大帝就下了一道御旨，命令龙王三年不给人间下雨。

甭说三年之内，一年不下雨，再看这人间，就坏了。土地龟裂，河流干枯，庄稼枯死，哀鸿遍野。但奇怪的是，只有黄河以北的土地这一年丰收了，没有出现旱灾。

玉皇大帝传旨一年后，他想看一看自己的旨意传下去龙王们施行的结果。结果一巡游，到了黄河以北一看，“嗯？嘶！”怎么回事儿呀？怎么这个地方没出现旱灾呀？土地还获丰收呢？这，这怎么回事儿？玉皇大帝立刻命令太白金星下界调查。

太白金星下界这么一查，闹了半天原来是司管北方的龙王敖寅心疼自己的这一方百姓，他暗地使了一个法子，救了百姓。

玉皇大帝不是下了旨意——三年不许向人间施雨吗？这敖寅犯了愁了，三年滴雨不施，我这方土地上的老百姓可怎么活呢？你说这皇帝得罪你了，老百姓没得罪你呀！你干吗惩罚老百姓啊？你当玉皇大帝的可以忍心让老百姓受苦，我这当龙王的可不忍心让老百姓受苦啊。但，玉皇大帝的旨意自己也不敢违抗啊。我怎么样才能救老百姓啊？敖寅犯愁了，早也想，晚也想，直想得自己脱了三层皮，脑门儿又多了三道沟啊。

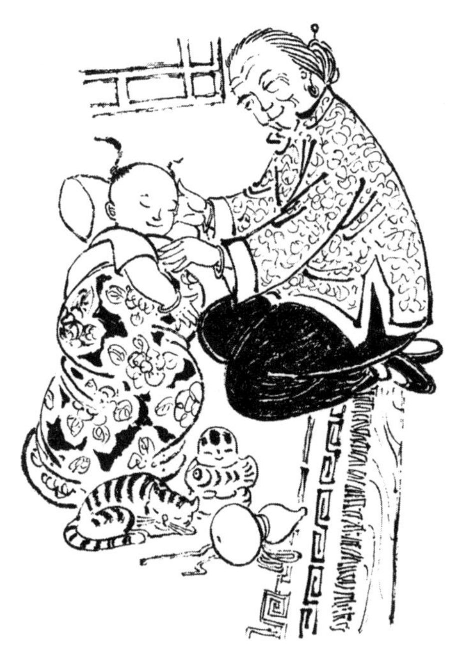

正在敖寅犯愁的时候，敖寅最疼爱的小女儿哭着找他来了。哭什么呢？闹了半天，他这个小女儿跟龟丞相的独生子两个人玩儿，结果“龟儿子”把这“小龙女”的贝壳给弄坏了。小龙女非常任性啊，捧着弄坏的贝壳来找龙王评理来了。哎哟，哭得泪眼汪汪的。

龙王敖寅正犯愁呢，哪有工夫理这个小女儿啊？小龙女站在一旁不住地落泪，这一哭，泪珠就落到了手中的贝壳之上，“咕噜咕噜咕噜”在贝壳之上那么一滚，被龙王敖寅发现了。哎呀！敖寅一拍自己的脑门儿，有主意了！对呀，玉皇大帝不是不让我施雨吗？他光说不让我施雨，没说不让我布露啊？我不施雨，我下露水。对不对？我把露水多给下点儿，老百姓不也照样不旱吗？就这个主意。这就叫上有政策，下有对策。于是乎，龙王从立夏开始，一直到寒露这个期间，那是庄稼最需要水的时候，龙王每天黎明时分布露三十勺，比以前多布二十勺。您想想，这样一来尽管不下雨，那庄稼光靠露水也能成活啊！并获得了大丰收。所以，这一方的百姓仍能安居乐业。

太白金星奉旨调查，就把这件事情调查清楚了。赶紧向玉皇大帝做了汇报。

玉皇大帝听完太白金星的汇报，嗬！气得是暴跳如雷。“可恼！可恼！”对中央的指示就如此执行吗？命令太白金星，“立刻用拂尘把这个龙王给我索回来，压到压龙山下！”而且，玉帝在山上立了一石碑，石碑上刻了一首诗：

龙王降露犯天规，
当受人间千秋罪。
要想重登凌霄阁，
除非金豆开银花。

就是说，这个龙王犯了天规啦，要受罪。要想使他不受罪呀，哼，没门儿！除非金豆子开银花儿！就这样，龙王敖寅被压在了压龙山下。

这件事情被老百姓知道了。老百姓看到龙王被玉帝惩罚，心里非常难过，知道龙王是为了老百姓才犯的天规，才受的罪。那怎么才能拯救龙王报答他的救命之恩啊？有的说“那很容易呀，咱们找到一种能开银花的金豆子，就行了呗。”“嗨！哪有这样的金豆子呀？什么金豆子能开银花呀？”“哎呀，甭管有没有，咱们先找找啊！你不找怎么知道没有啊？”“好吧！找找吧！”老百姓都找能开银花的金豆子，找啊找啊，找了很长时间，怎么也找不到。这龙王敖寅就一直被压在压龙山下。

很多年过去了，这年的二月初一，有一个王婆婆，这个王婆婆是当时的一个“五保户”，没儿没女，家里很贫穷，到了二月初一没有粮食吃了。王婆婆没有办法，只好到邻村的亲戚家借了一袋子苞谷，也就是一袋玉米。然后，她背着苞谷回家。可是，王婆婆的年纪太大了，她背苞谷背到村口，就走不动了。她想歇歇腿儿再走。于是，王婆婆就到村口正在打铁的铁匠那里借了一个小板凳儿，把苞谷放在旁边，坐在铁匠的炉旁，就和这铁匠唠起嗑儿来了。正好，这天铁匠还没什么活儿，两个人唠得挺好，挺投机，把其他的事儿都忘了。正好这铁匠有一对七八岁的儿女，龙凤胎，两个人一般大。

俩小孩儿在炉前跑来跑去，玩耍，一不小心，就撞倒了王婆婆的苞谷袋子。苞谷袋子一倒地，“哗！”袋口儿打开了，里面金黄黄的苞谷撒了一地。您别忘了，这是在铁匠炉子旁边儿啊，所以有些苞谷就撒到了炉子里去了。苞谷遇到火儿，“噼里啪啦！”就炸开了，成爆米花儿了。哎哟，两个孩子一看一地金黄黄的玉米，和火炉里炸开的爆米花儿都喊起来了。“哎呀，你看，金豆子开银花儿啦！金豆子开银花儿啦！”这苞谷是黄的，爆出来的玉米花是白的呀。他们这么一喊王婆婆才注意，“哎哟，我的苞谷！”王婆婆赶紧收拾玉米，可是铁匠却从孩子的嘴里听到一个讯息——金豆子开银花儿啦。“哎呀，这不龙王有救了吗？”铁匠十分高兴，一蹦多高，就大声地同孩子们一起喊起来了。“金豆子开银花儿啦！金豆子开银花儿啦！”

乡亲们听到喊声纷纷地赶过来：“怎么回事儿？什么金豆子开银花儿啦？”过来一看，哎哟，可不是吗？“金豆子开银花儿啦！”大家是欢喜雀跃呀！

就这个情况，一传十，十传百，很快传遍了黄河流域。大家商定第二天正午，一起要炒玉米，炒苞谷。第二天就是二月二，这天所有的百姓都拿出了自己家中的所有的苞谷炒成玉米花，然后盛到盘子里，供奉到院儿里。离那压龙山近的人，干脆就送到了敖寅身边。

敖寅一看，老百姓们为了营救自己，这些年没少吃苦受罪呀，如今又看到老百姓们拿出储存的口粮炒成一堆一堆的爆米花儿，龙王实在是不忍，也感动了！他使劲把头抬起来，对着天空大喊。喊谁啊？喊太白金星。“太白金星！太白金星！你睁眼看看，金豆子开银花儿啦，你还不放我出来吗？”这龙王的声音那多大呀，穿透力特别强。

本来今天太白金星就有点纳闷儿。“嘶！”他一大早就发现，人间的老百姓干吗呢？忙忙碌碌地，炒什么东西呢？他正在疑惑不解的时候，听龙王这么一喊，把太白金星还真吓了一跳，手一哆嗦，拂尘就离开了山头儿。

咱们说了，太白金星奉玉皇大帝之命用拂尘去索龙王，把龙王压到山底下了。现在拂尘离开山头儿了，再看龙王敖寅“咕噜噜噜”一个滚身是腾空而起！人家龙王走了！

这件事儿就被值班的功曹传报给了玉皇大帝。玉皇大帝一听：“什么？龙王跑啦？哎呀！”非常生气！“赶快把太白金星和那个龙王都给我找来，我要当面质问！那个看守的怎么看守的？那个被压的为什么要跑？”把太白金星和龙王全找来了。玉皇大帝拍着龙书案，就问太白金星：“我说李长庚，你怎么回事儿？嗯？我让你看守着敖寅，你怎么把他给放啦？”

“啊，啊，是啊，我是奉旨放的。”

“哎，嗯？”玉皇大帝一听，“什么？奉旨放的？”

“啊，对呀，我奉旨放的！”敢情这太白金星误放敖寅之后，自己为了开脱罪责，早就在下面合计好了，有一套词儿等着呢，所以见到玉皇大帝问话，他一点儿不害怕，说：“我确确实实是奉旨把这龙王给放的。”

“奉什么旨呢？”

“你不是说了吗？说什么时候放这龙王呢，除非金豆子开银花儿。陛下呀，老臣今天看见金豆子开银花儿了。所以，老臣才把他给放了。我有错儿吗？”

“嗯？”玉皇大帝一听：“什么金豆子开银花儿呀？哪有什么金豆子开银花儿呢？”

太白金星说：“有哇！我带来了！”

“还带来了？”

“啊！带来证据了。谁提出谁举证嘛！嗨！我早就带来了。”敢情太白金星早就到人间取来了证据。“哗啦，哗啦！”把一把玉米，一把玉米花儿，往玉皇大帝龙书案上一放。“陛下，您过过目，这就是金豆子，这就是它开的银花儿。”

“嗯？”玉皇大帝一看：“啊？！胡闹！这是金豆子吗？这不是玉米吗！这是银花儿啊？这不是爆米花儿吗？你怎敢欺瞒于朕，说这是金豆子呀？”

旁边的龙王把话茬儿接过来了：“陛下，听微臣说一句，这玉米在陛下眼里它只是普通的粮食。可是对于我们天下的老百姓来讲，那就是金豆子。民以食为天啊！再者说，你不许我施雨，也没说不许我布露啊？你让我分管北方百姓的年景，我就要尽职尽责。你认为武则天有错，可是老百姓没错呀，你干吗去惩罚老百姓呢？”

旁边的太白金星一听，赶紧地接着话茬儿来劝了一下玉皇大帝。经过太白金星一番劝阻，玉皇大帝仔细琢磨琢磨，想想，确实有道理。您看，我一年不让下雨，这天下的百姓就怨声载道啊！整天喊：“天啊！天啊！”整天骂我。而且天庭里少了许多百姓的香火供奉，怎么？老百姓都埋怨我，谁还供奉我呀？再者说了，我确确实实没说不让人家布露啊。又说回来了，即便是压了龙王，确实现在那个金豆子也开银花儿了，怎么我都不占理儿啊。“嗯……”最后玉皇大帝只能默许了龙王不施雨只布露的行为，无罪释放。

龙王说：“那我们还下雨吗？”

玉皇大帝说：“原来怎么样就怎么样吧！接着下吧！”

“哎，臣遵旨！”龙王敖寅领旨高高兴兴地走了，告诉老百姓：“明年，玉皇大帝能够给你们下雨了。”

但是，老百姓不相信玉皇大帝，怕这玉皇大帝后悔。到了第二年的二月二，老百姓们一合计，干脆今天咱们大家还家家户户炒玉米，干什么？来提醒玉皇大帝。所以就形成了一个“二月二龙抬头，户户家家炒苞谷”的风俗。

这种“天上人间，融为一体”的民间故事，是古代劳动人民智慧的结晶。从另一个角度也反映出古代农业受天气制约的现实以及耕者渴望风调雨顺、五谷丰登的美好愿望，正如农谚所言：“二月二，龙抬头，大仓满，小仓流。”

龙女出嫁的日子

相传，早年间，太行山一带闹了旱灾，一连三年天不下雨，旱得河渠干涸、大地龟裂，山上的树木都干死了，庄稼更是颗粒不收，甚至人们连喝的水都没有了。那怎么办？到处找水啊。

就有一位小伙子也去山沟里找水，扛着铁锹，到山沟里挖呀刨呀。日复一日，双手都磨出了血，沾满了镐头，染红了山石，可是半点水也没有挖出来。

水虽然没挖出来，但小伙子这个行动被一个神仙看见了。谁啊？龙王的女儿——小龙女。是不是那个玩贝壳的？这就不清楚了。总之，也是个小龙女。呦，一看，这小伙子为了挖出水，天天不懈努力，真不容易。唉！现在天下大旱，还不是我父王听从上天的命令不下雨啊。这要是能够帮着百姓下场雨，该有多好啊。但是，小龙女不敢下啊，怕父王怪罪。怎么办呢？哎，有主意了！

小龙女就变成了一位美丽的姑娘，来到小伙子身边，送给了小伙子一把金豆子，并告诉他在夜半无人之时把金豆子撒到哪里，哪里就会出现泉眼。

“是啊？”小伙子半信半疑，但是事到如今，死马当活马医吧，反正没水，试试看吧。于是，小伙子当天晚上就沿着山里没水的地方整整跑了一夜，金豆子也撒完了，他也累倒了。哎，真有用，山里果然处处出现了泉眼，受旱的人们见了，欢呼雀跃，很是感激，把小伙子视为英雄来颂扬。但小伙子不昧天功，他把姑娘送金豆的事告诉了人们，人们便在泉眼边设起香案，为姑娘祈祷，小伙子更是每天在泉眼边守着盼着姑娘再次出现。

人们的感激之情和小伙子的执着思念，终于传到了龙宫。小龙女每天神情恍惚，夜夜做梦。一闭眼就看见小伙子在泉边等着她，在为她祈祷。她再也控制不住自己的感情了，渐渐爱上了这个小伙子，犯了相思病了。渐渐茶饭不思，卧床不起。

龙母看到女儿憔悴恍惚，终日愁眉不展，可害了怕了，问闺女："孩子，你这是咋啦？"

小龙女只好向龙母讲了实情，并说自己决心已下。要到人间去和小伙子结为姻缘，不然自己就得想死。

龙母一看，闺女这么可怜，赶紧去劝说龙王。

龙王一看，不答应，闺女就死，"好吧！"最后点头答应了。

这下，小龙女高兴坏了，一高兴，病好了！本来就没什么病嘛。接下来，就该出龙宫找小伙子去了。

出龙宫那天，正是二月初二。母女难舍难分，洒泪成雨。打那以后。每年这天，龙王龙母思念女儿，都要从海里抬起头来。仰望人间，挥泪不止。所以，老百姓都说，到了二月二那天，只要老天下雨，那就是龙母思念女儿的眼泪。

二月二的各地风俗

"二月二，龙抬头"在我国各地有着不同的风俗。

这天，河南农村的妇女一般都不动剪刀，不做针线活，怕动了刀剪伤龙体。按老年人的说法。这是为了表示对龙的尊敬。在这个节日里，人们到田野里采野菜，包饺子，煎煎饼，炒黄豆，煎腊肉，蒸枣馍，改善生活成为节日的一项重要内容。

在山东，人们在这一天不允许打水。为什么？龙抬头啊。龙不仅仅生活在海里。中国人认为有水的地方就有龙，海里有海龙，江里有江龙，河里有河龙，井里有井龙……二月二，龙抬头，所有海里江里河里井里的龙都抬头，它刚一抬头，“咣！”从上面扔下来一水桶，这不把龙头砸了么？那还了得么？所以，二月二这天不能打水。那喝水怎么办？头天打好啊。不仅不能打水，还不能理发，怎么？人的头就如同龙头，在这一天是不能碰的。所以，不但不能理发，甚至不能梳头。民间传说，二月二梳头，房梁上掉长虫（蛇）。其实这还是跟惊蛰有关。到了这个时候，山东，尤其鲁西南一带就已经回暖了，长虫、蚂蚁都出来了，家蛇也出动了，从房梁上掉下来只是巧合而已。

与山东习俗正好相反的是北京。北京这边，二月二，人们必须理发，称之为“剔龙头”。据说，二月二理发能给人带来好运，尤其是第一个剔龙头的人，好运最盛。所以，在北京你看吧，到了二月一这天，有些人晚上不睡觉，跑理发馆里面等着二月二零点的钟声敲响，马上第一个理发。到这天，北京理发馆的生意也最红火，理发师们忙得不可开交。

还有的地方，在二月二这一天，人们要在院子里用灶灰撒成一个个大圆圈，将五谷杂粮放在中间，称作“打囤”或“填仓”。预祝当年五谷丰登，仓囤盈满。

有的地方的人们，在这一天早晨起床先叨咕，说什么？“二月二，龙抬头，龙不抬头我抬头！”起床后还要打着灯笼照房梁，边照边念：“二月二照房梁，蝎子蜈蚣无处藏。”

结语

过了二月二，中国的春节这才算真正的结束，《中国年：正在消失的记忆》写到这里就全部结束了。当然，书中所说的春节的一些掌故、民俗，只不过是中国民间传统春节里面的沧海之一粟，九牛之一毛，还有更多有趣好玩儿的典故、风俗等待着我们每个中国人去继承和发展。

这正是：

闲话中国年，
到此已讲完，
如果意未尽，
以后接着谈，
如果太乏味，
希望您别烦，
新春祝快乐，
来年开财源，
福慧双双至，
阖家都康安，
为政官运通，
经商老赚钱，
抬头逢喜事，
福寿永延绵！